Informations-technologie 8

Erarbeitet von
Ingrid Brem, Wolfgang Flögel,
Gerlinde Lanzinger und Karl-Heinz Neumann

1. Auflage, 4. korrigierter Nachdruck

D1753031

Bestellnummer 74204

wolf verlag

Diese Zeichen helfen dir

An verschiedenen Stellen des Buches entdeckst du Zeichen, die dir bei der Arbeit weiterhelfen.

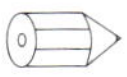
Löse die Aufgabe schriftlich.

Löse die Aufgabe mündlich.

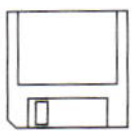
Benutze deine Diskette oder ein anderes Speichermedium.

Arbeite am Computer.

Hier erhältst du einen Hinweis.

Informiere dich im Internet.

Dieses Männchen gibt dir genauere Informationen.

Es winkt so freundlich, weil es sich auf die Zusammenarbeit mit dir freut.

Diese kleingeschriebenen Wörter sind zeilenweise nach dem Alphabet geordnet

Auf den folgenden Seiten werden dir viele Übungen angeboten.
Wiederhole regelmäßig diese Übungen.

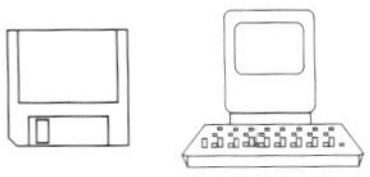

antworten aufstellen arbeiten aussuchen anordnen ansprechen
berichten bewerben benutzen betragen bitten bedanken bilden
charakterisieren campen chiffrieren cutten checken chartern
danken dinieren dämmern denken dosieren darlegen durchlesen
erleben erfahren ersetzen ernennen erwarten erkennen ernten
finden feiern folgen flimmern fertigen filmen füllen fahren
glänzen gründen gedulden geben grüßen garnieren gratulieren
helfen handeln heften hindern herholen hinlegen herausragen
informieren interessieren inspirieren imitieren instruieren
jonglieren joggen jetten jubeln jammern jauchzen jubilieren
kaufen kümmern kichern kommen klammern kosten kämmen krönen
lächeln landen lehren leisten lästern lenken lösen linieren
melden meistern mixen messen mustern modellieren meditieren
notieren nicken nummerieren nachahmen nachblicken nachsehen
ordnen organisieren orientieren offenbaren operieren ordnen
probieren prägen patentieren plaudern präsentieren predigen
quittieren qualifizieren quietschen quer quengeln quotieren
rufen rasten rütteln rühmen rollen ragen retten reklamieren
sprechen singen starten senden schenken schreiben sortieren
tanzen tönen tragen testen teilen trainieren tasten treiben
umdenken umändern umfahren umlaufen unterbringen unterlegen
verändern veräußern verlangen verdanken vertragen versorgen
warten weigern wissen weichen wohnen wundern wandern wählen
x-fach x-förmig x-beliebig x-te xerographisch xylographisch
yes young youthful yellow yellowish you your yours yet yell
zahlen zielen zählen zeichnen zeigen zucken zaudern zaubern
ändern äußern ärgern ächzen äugeln äsen ächten ätherisieren
östlich örtlich öffentlich ökologisch ökonomisch ökumenisch
überbringen übersetzen übernehmen überraschen überschreiten

Diese großgeschriebenen Wörter sind zeilenweise nach dem Alphabet geordnet

1 **A**utofähre Atlas Abendveranstaltung Artistin Adria Augusttag
2 **B**lumenstrauß Berge Bewerbungen Berufsausbildung Berlin Bonn
3 **C**hormitglieder Charakter Chance Christiane China Campingbus
4 **D**iskothek Diskussionen Dialekt Dichter Designer Domizil Duo
5 **E**lternabend Eishockey Eleganz Erfahrung Erlebnisse Empfänge
6 **F**erien Flohmarkt Flugzeuge Fahrrad Festival Fasching Fächer
7 **G**ymnastik Gitarre Gerätturnen Gelegenheit Gruppe Gedächtnis
8 **H**umor Hallenturnier Heiterkeit Höflichkeit Hockey Humanität
9 **I**ntercity Insel Irland Idee Interesse Intelligenz Intendant
10 **J**ugendzentrum Jahrmarkt Japan Jugendherberge Jazz Jahrzehnt
11 **K**ino Konzerte Klavier Kleidung Kimono Künstler Klassenfahrt
12 **L**äufer Leistung Landung Lockerung Lappland Ledermoden Logik
13 **M**askottchen Motorrad Mofa Marathonlauf Meisterschaft Modell
14 **N**ovelle Natur Noten Nachrichten Nautik Nordpol Nacht Normen
15 **O**lympiade Ostern Ort Orchidee Ovationen Orchester Originale
16 **P**arty Programme Pantomime Panorama Palmen Popularität Pässe
17 **Q**ualifikation Quartal Quitten Quadrophonie Quiz Querschnitt
18 **R**omane Rennräder Ruderboote Riesenrad Rechtshänder Realität
19 **S**challplatte Sänger Schiffsreise Sensation Sehenswürdigkeit
20 **T**anzkurse Theater Taxi Trompete Töne Tamburin Tibet Tournee
21 **U**ferpromenade Unternehmungen Uhren Ukraine Unterhaus Urteil
22 **V**olleyball Veranstaltung Vorführung Viktoria Venezuela Vase
23 **W**intersport Weitsprung Wasserski Wissenschaft Weinlese Witz
24 **X**ylophon Xerographie Xerxes Xanten Xenia X-Strahlen X-Beine
25 **Y**ellowstone Yankee Yuan Yoga Yard Yorkshire Youngster Yacht
26 **Z**irkuszelt Zeitung Zeppelin Ziel Zentrum Zinsen Zeichnungen
27 **Ä**ußerung Ägypten Ära Ägäis Änderungsvorschlag Äußerlichkeit
28 **Ö**ffentlichkeit Ölgemälde Ölfarbe Ökologie Ökonomie Ölpreise
29 **Ü**bernachtung Übersicht Übersee Übereinkunft Überfahrt Übung

Tastwegübungen mit allen Buchstaben

1 aqa sws ded frf ftf fgf öäö öüö öpö ößö lol kik juj jzj jhj
2 aya sxs dcd fvf fbf ö-ö l.l k,k jmj jnj aya sxs dcd fvf fbf

3 frfr juju ftft jzjz frfr juju ftft jzjz frfr juju ftft jzjz
4 fvfv jmjm fbfb jnjn fvfv jmjm fbfb jnjn fvfv jmjm fbfb jnjn
5 dede kiki dcdc k,k, dede kiki dcdc k,k, dede kiki dcdc k,k,
6 swsw lolo sxsx l.l. swsw lolo sxsx l.l. swsw lolo sxsx l.l.
7 aqaq öpöp ayay ö-ö- aqaq öpöp ayay ö-ö- aqaq öpöp ayay ö-ö-

8 aqaya öpö-öäöüößö aqaya öpö-öäöüößö aqaya öpö-öäöüößö aqaya
9 swsxs lol.l swsxs lol.l swsxs lol.l swsxs lol.l swsxs lol.l
10 dedcd kik,k dedcd kik,k dedcd kik,k dedcd kik,k dedcd kik,k
11 fgfrfvftfbf jhjujmjzjnj fgfrfvftfbf jhjujmjzjnj fgfrfvftfbf

12 aösldkfjgh, qpwoeirutz, y-x.c,vmbn, aösldkfjgh, qpwoeirutz,
13 öalskdjfhg, pqowieurzt, -y.x,cmvnb, öalskdjfhg, pqowieurzt,

14 fgjh fvjm frju fbjn ftjz deki swlo aqöp ayö- sxl. dck, öüöä
15 jhfg jmfv jufr jnfb jzft kide losw öpaq ö-ay l.sx k,dc öäöü

16 abc def ghi jkl mno pqr stu vwx yzä öüß abc def ghi jkl mno
17 abcd efgh ijkl mnop qrst uvwx yzäö üßab cdef ghij klmn opqr
18 abcde fghij klmno pqrst uvwxy zabcd efghi jklmn opqrs tuvwx

19 abc, def, ghi, jkl, mno, pqr, stu, vwx, yzä, öüß, abc, def,
20 abcd, efgh, ijkl, mnop, qrst, uvwx, yzäö, üßab, cdef, ghij,

21 abc. def. ghi. jkl. mno. pqr. stu. vwx. yzä. öüß. abc. def.
22 abcd. efgh. ijkl. mnop. qrst. uvwx. yzäö. üßab. cdef. ghij.

23 abc- def- ghi- jkl- mno- pqr- stu- vwx- yzä- öüß- abc- def-
24 abcd- efgh- ijkl- mnop- qrst- uvwx- yzäö- üßab- cdef- ghij-

25 a b c d e f g h i j k l m n o p q r s t u v w x y z ä ö ü ß
26 abcdefghijklmnopqrstuvwxyzäöüß

27 ß ü ö ä z y x w v u t s r q p o n m l k j i h g f e d c b a
28 ßüöäzyxwvutsrqponmlkjihgfedcba

29 A b C d E f G h I j K l M n O p Q r S t U v W x Y z Ä ö Ü ß
30 a B c D e F g H i J k L m N o P q R s T u V w X y Z ä Ö ß Ü

31 ß Ü ö Ä z Y x W v U t S r Q p O n M l K j I h G f E d C b A
32 Ü ß Ö ä Z y X w V u T s R q P o N m L k J i H g F e D c B a

33 AAbbCCddEEffGGhhIIjjKKllMMnnOOppQQrrSSttUUvvWWxxYYzzÄÄööÜÜß
34 aaBBccDDeeFFggHHiiJJkkLLmmNNooPPqqRRssTTuuVVwwXXyyZZääÖÖüüß

35 AabbCcddEeffGghhIijjKkllMmnnOoppQqrrSsttUuvvWwxxYyzzÄäööÜüß
36 aabBccdDeefFgghHiijJkklLmmnNoopPqqrRsstTuuvVwwxXyyzZääöÖüüß

Übungen zu Zahlen und Zahlengliederungen

Auf dieser Seite werden dir Übungen zu Zahlen und Zahlengliederungen angeboten.
Wiederhole regelmäßig diese Übungen.

1 a1a a2a s3s d4d f5f f6f j7j j8j k9k l0l a1a a2a s3s d4d f5f
2 f6f j7j j8j k9k l0l a1a a2a s3s d4d f5f f6f j7j j8j k9k l0l

3 f5f j8j f6f j7j d4d k9k s3s a2a l0l a1a f5f j8j f6f j7j d4d
4 k9k s3s l0l a2a a1a f5f j8j f6f j7j d4d k9k s3s l0l a2a a1a

5 aya1a aya2a sxs3s dcd4d fvf5f fbf6f jnj7j jmj8j k,k9k l.l0l
6 l.l0l k,k9k jmj8j jnj7j fbf6f fvf5f dcd4d sxs3s aya2a aya1a

7 ay1a ay2a sx3s dc4d fv5f fb6f jn7j jm8j k,9k l.0l ay1a ay2a
8 sx3s dc4d fv5f fb6f jn7j jm8j k,9k l.0l ay1a ay2a sx3s dc4d

9 frf5f6ftfgfbfv juj8j7jzjhjnjm frf5f6ftfgfbfv juj8j7jzjhjnjm
10 ded4dcdkik9k,k ded4dcdkik9k,k ded4dcdkik9k,k ded4dcdkik9k,k
11 sws3sxslol0l.l sws3sxslol0l.l sws3sxslol0l.l sws3sxslol0l.l
12 aqa1a2ayaöpößöüöäö- aqa1a2ayaöpößöüöäö- aqa1a2ayaöpößöüöäö-

13 f r f 5 f 6 f t f g f b f v f j u j 8 j 7 j z j h j n j m j
14 d e d 4 d c d k i k 9 k , k d e d 4 d c d k i k 9 k , k 4 9
15 s w s 3 s x s l o l 0 l . l s w s 3 s x s l o l 0 l . l 3 0
16 a q a 1 a 2 a y a ö p ö ß ö ü ö ä ö - ö a q a 1 a 2 a y a ö

17 1 Anfrage, 1 Auftrag, 1 Abreißblock, 1 Abschnitt, 1 Archiv,
18 2 Aktennotizen, 2 Antwortschreiben, 2 Abnehmer, 2 Apparate,
19 3 Schriftstücke, 3 Schnellhefter, 3 Stenofüller, 3 Stempel,
20 4 Durchschläge, 4 Drucker, 4 Daueraufträge, 4 Dienstbezüge,
21 5 Festplatten, 5 Füllfederhalter, 5 Fachleute, 5 Fabrikate,

22 6 Firmenwagen, 6 Fahrzeuge, 6 Frachtbriefe, 6 Folienstifte,
23 7 Juristen, 7 Jugendliche, 7 Jahresberichte, 7 Jahreswagen,
24 8 Jobs, 8 Journale, 8 Jahresabschlüsse, 8 Jugendbüchereien,
25 9 Kugelschreiber, 9 Karten, 9 Kataloge, 9 Kopien, 9 Kassen,
26 10 Listen, 20 Lebensläufe, 30 Lernprogramme, 40 Lesegeräte,

27 Unser neues Geschäft befindet sich in der Bahnhofstraße 30. 62
28 Im 1. Stock des 7-geschossigen Hauses liegen die Büroräume. 63
29 Seit 20. August 2002 haben wir das Postfach 33 55 gemietet. 62

30 Herr Breu fuhr am 2002-09-01 zu der Konferenz nach München. 63
31 Die Verhandlungen fangen montags pünktlich um 09:30 Uhr an. 62
32 Er ist jetzt unter der Nummer 0811 443388-233 zu erreichen. 63

33 Heute gingen bei uns 9 Bestellungen über Diktiergeräte ein. 62
34 Die Preise liegen ungefähr zwischen 100 EUR und 125,00 EUR. 65
35 Jeder Lieferung legen wir den bunten 90-Seiten-Katalog bei. 63

1. Benenne in den Zeilen 27 bis 35 die Schreibverbindungen mit Zahlen.
2. Formuliere Schreib- und Anordnungsregeln.

Übungen mit dem Nummernblock

Wiederhole regelmäßig diese Übungen.

1 5858 5252 8585 2525 5858 5252 8585 2525 5858 5252 8585 2525
2 4747 4141 7474 1414 4747 4141 7474 1414 4747 4141 7474 1414
3 6969 6363 9696 3636 6969 6363 9696 3636 6969 6363 9696 3636
4 4104 4047 0140 0410 4104 4047 0140 0410 4104 4047 0140 0410

5 0 1 2 3 4 5 6 7 8 9 0 1 2 3 4 5 6 7 8 9 0 1 2 3 4 5 6 7 8 9
6 9 8 7 6 5 4 3 2 1 0 9 8 7 6 5 4 3 2 1 0 9 8 7 6 5 4 3 2 1 0

7 012 345 678 901 234 567 890 123 456 789 012 345 678 901 234
8 987 654 321 098 765 432 109 876 543 210 987 654 321 098 765

9 0123 4567 8901 2345 6789 0123 4567 8901 2345 6789 0123 4567
10 9876 5432 1098 7654 3210 9876 5432 1098 7654 3210 9876 5432

11 01234 56789 01234 56789 01234 56789 01234 56789 01234 56789
12 98765 43210 98765 43210 98765 43210 98765 43210 98765 43210

13 0123456789 0123456789 0123456789 0123456789 0123456789 0123
14 9876543210 9876543210 9876543210 9876543210 9876543210 9876

15 1 2 3 4 5 6 7 8 9 10 11 12 13 14 15 16 17 18 19 20 21 22 23
16 24 25 26 27 28 29 30 31 32 33 34 35 36 37 38 39 40 41 42 43
17 44 45 46 47 48 49 50 51 52 53 54 55 56 57 58 59 60 61 62 63
18 64 65 66 67 68 69 70 71 72 73 74 75 76 77 78 79 80 81 82 83
19 84 85 86 87 88 89 90 91 92 93 94 95 96 97 98 99 100 1 2 3 4

20 55,55 55,88 88,22 22,44 44,77 77,11 11,66 66,99 99,33 33,00
21 5,55 5,88 8,22 2,44 4,77 7,11 1,66 6,99 9,33 3,00 5,55 5,88

22 01001 10001 20001 30001 40001 50001 60001 70001 80001 90001
23 01011 10101 20202 30303 40404 50505 60606 70707 80808 90909

24 309 547 917 208 643 522 796 677 201 832 457 521 355 347 511
25 586 481 320 837 365 941 706 394 697 240 671 518 209 324 492
26 903 294 125 766 851 493 255 184 719 294 344 698 722 952 308

27 65,45 159,88 466,30 0,55 82,99 433,12 0,87 583,60 4,99 6,77
28 35,12 0,65 7,98 333,65 412,90 766,10 9,51 0,77 13,96 321,66
29 4,99 33,45 64,07 29,88 0,53 544,60 879,00 65,15 0,36 471,67

30 589-7 679-4 209-1 359-2 157-5 914-8 781-9 807-7 468-3 976-1
31 945+8 201+6 348+5 465+4 765+2 689+1 132+9 557+7 820+3 604+8
32 165/7 987/2 350/5 507/8 722/9 240/3 861/6 766/4 501/5 698/2

33 910*5 722*3 606*7 990*9 397*4 890*1 178*2 510*8 464*6 348*5
34 592+3 698-4 945*7 324/8 763+5 410-9 836*2 946/3 244+8 350-4
35 12+78 23-16 94*70 90/33 67+30 75-21 84*61 75/25 70+65 34+19

Übungen zu Zeichen

Auf dieser Seite werden dir Übungen mit Zeichen angeboten.
Wiederhole regelmäßig diese Übungen.

```
aq1a! aq1a! aq2a” aq2a” sw3s§ sw3s§ de4d$ de4d$ fr5f% fr5f%
ft6f& ft6f& ju7j/ ju7j/ ju8j( ju8j( ki9k) ki9k) lo0l= lo0l=
öpßö? öpßö? k,k;k k,k;k l.l:l l.l:l ö-ö_ö ö-ö_ö öäö#ö öäö#ö

asö?ö asö?ö dfö’ö dfö’ö fgö´ö fgö´ö ayö`ö ayö`ö sxö+ö sxö+ö
dcö*ö dcö*ö fvö#ö fvö#ö fbö’ö fbö’ö öla°a öla°a kja<a kja<a
```

Formuliere bei folgenden Zeilen Schreib- und Anordnungsregeln.

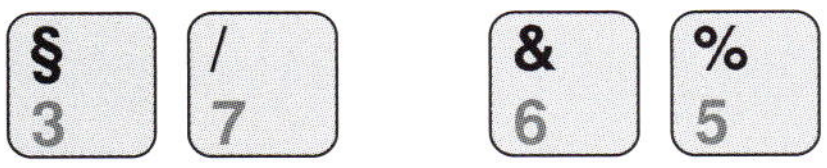

```
§ 234 JGG, § 315 BGB, §§ 8 und 9 StVO, §§ 189 bis 199 StGB,
15 Paragraphen, mehrere Paragraphen, Trunkenheitsparagraph,

2 o/oo Maklergebühr, die Klage Altenberger ./. Westermayer,
2 1/2 Jahre Ausbildungsdauer, Alte Nürnberger Straße 14/16,

Musikhaus Sänger & Lauscher, Spielwarengeschäft Spaß & Co.,
Langspielplatten und Liedertexte, Würfel- und Kartenspiele,

8 % Zinsen, 5%ige Steigerung, 18 % Provision, 3 % Erhöhung,
in Prozenten ausrechnen, der Prozentsatz, hundertprozentig,
```

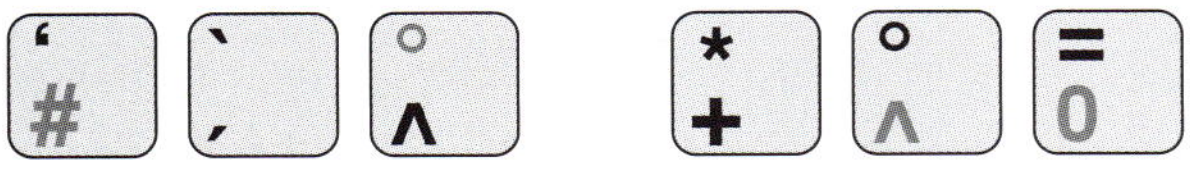

```
# 25, Katalog # 8, Preisliste # 7, die Artikel # 66 bis 88,
alle Nummern ändern, 2 Nummern erneuern, genau nummerieren,

Valérie schickte einige Luftpostbriefe an François Collère.
Sie arbeitet zur Zeit in Nîmes als Fremdsprachensekretärin.

Gutenberg, * 1397, + 1468, ist der Erfinder des Buchdrucks.
975,00 EUR + 55,50 EUR = 1.030,50 EUR; 9,50 + 0,51 = 10,01;

Stockholm (Schweden) liegt 59° N (= 59° nördlicher Breite).
Hier beträgt die durchschnittliche Jahrestemperatur 9,8 °C.
```

```
gabriele@degnet.de, bernd@altmuehltal.de, inka125@yahoo.de,
Die E-Mail-Adresse von Sven Schall lautet: s.schall@gmx.de.

Marco hob vom Geldautomaten der Sparkasse München 200 € ab.
Er bezahlte seine Restaurantrechnung mit einem 50-€-Schein.
```

Welche automatischen Korrekturmöglichkeiten bietet ein Textverarbeitungsprogramm?

Rechtschreib- und Tastfehler lassen sich nie ganz vermeiden. Deshalb bieten Textverarbeitungsprogramme mehr oder weniger zuverlässige Möglichkeiten zur Korrektur an, z. B.:

- automatische Fehleranzeige mit Korrekturmöglichkeit während der Texteingabe
- Rechtschreibüberprüfung nach Abschluss der Texteingabe
- Autokorrektur während der Texteingabe

Textverarbeitungsprogramme verfügen in der Regel über Wörterbücher in den Sprachen Deutsch, Englisch, Französisch und Italienisch. Das Programm,wie z. B. WORD, erkennt automatisch, in welcher Sprache geschrieben wird. Abzulesen ist dies in der Statuszeile.

Grundsätzlich erfolgt die Überprüfung des Textes, sobald ein Satz mit einem Punkt beendet wird. Eventuell falsch vorgenommene Fehlerkennzeichnungen wie „rote Unterringelungen" verschwinden.

Das Textverarbeitungsprogramm kann angewiesen werden, die Fehlersuche während oder nach der Texteingabe durchzuführen:

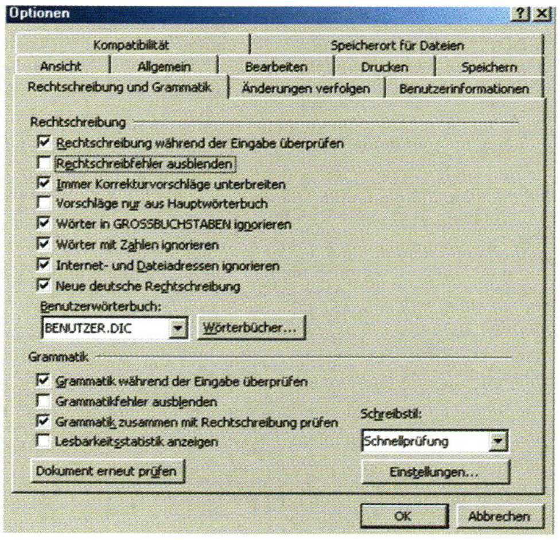

Soll nur ein bestimmter Textteil überprüft werden, ist dieser vorher zu markieren.

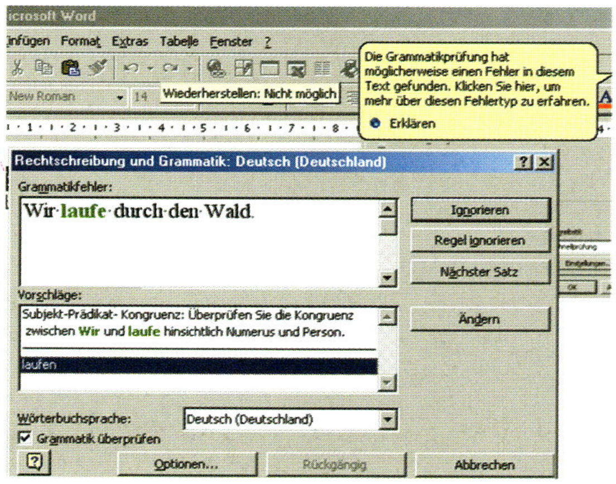

Statuszeile

Eine Überprüfung mit einer anderen Sprache, wie z. B. Englisch, ist in der Regel mit ein und demselben Programm möglich:

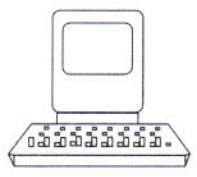

1. Ordne die Stichpunkte
   – der Fehlersuche während der Texteingabe und
   – der Fehlersuche nach der Texteingabe zu und

   bringe sie in die richtige Reihenfolge:
   - Rechtschreibung und Grammatik
   - Menü EXTRAS
   - Rechtschreibung während der Eingabe überprüfen
   - Menü EXTRAS
   - Rechtschreibung und Grammatik
   - Optionen

Textteil markieren

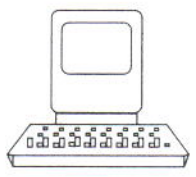

2. Gib folgende Fehler-Beispiele ein, führe die Überprüfung durch und beschreibe die jeweilige Ausgabe des Programms:
   - Wir laufe durch den Wald.
   - Wir laufen in den Wald.
   - Wir lauffen durch den Wald.

   - Thiss is an English sentences.
   - I meets my friend.
   - We had a nice tim.
   - We hat a nice time.

Die meisten Programme bieten eine Vielzahl von Einstellungsmöglichkeiten, hier eine Auswahl des Textverarbeitungsprogramms WORD:

- Internet- und Netzwerkpfade lassen sich durch Hyperlinks ersetzen.
- Eine Liste mit etwa 250 Einträgen kann vom Benutzer erweitert, bestehende Einträge können gelöscht werden.
- Der fehlende Teil eines Wortes wird als Tipp vorgeschlagen und kann durch Betätigen der RETURN-Taste in den Text eingefügt werden.

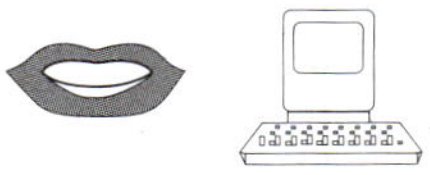

3. Ordne die links stehenden Beschreibungen den unten angegebenen Bildschirmfenstern zu:
   - AUTOTEXT
   - AUTOFORMAT
   - AUTOKORREKTUR
   - AUTOFORMAT während der Eingabe

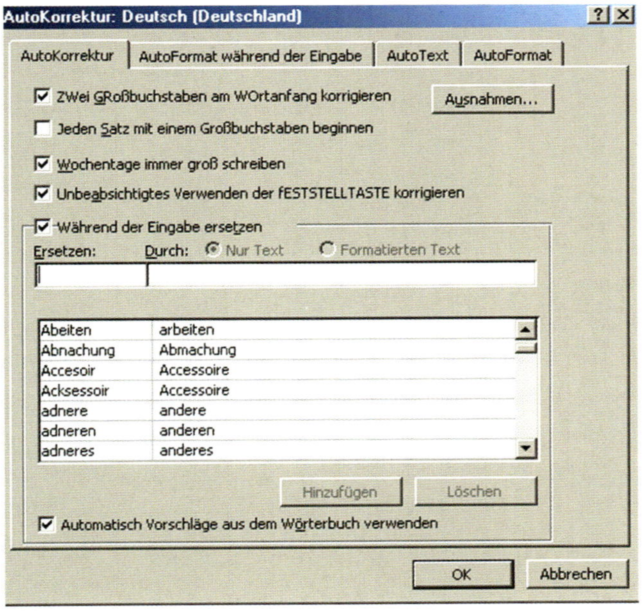

Abb. 1

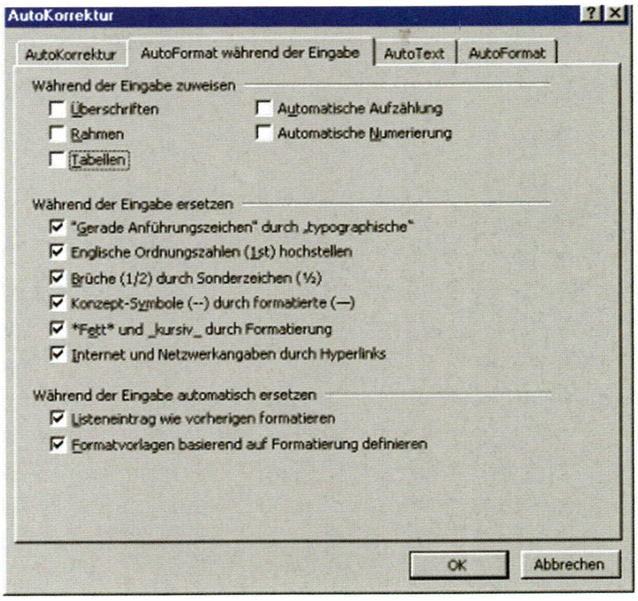

Abb. 2

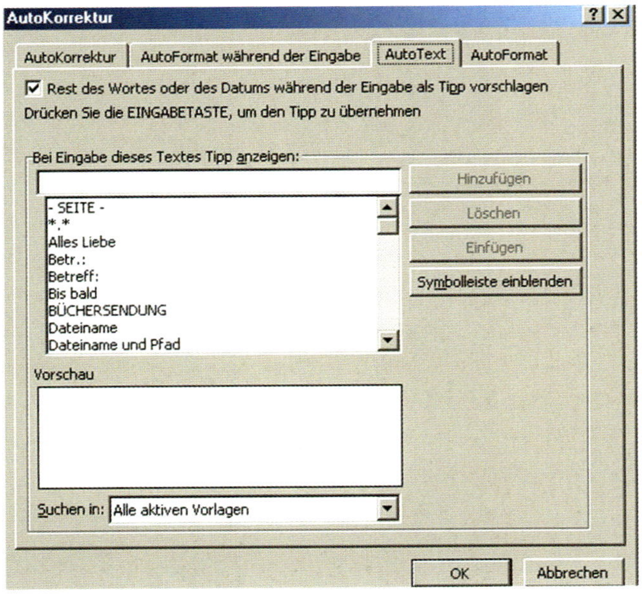

Abb. 3

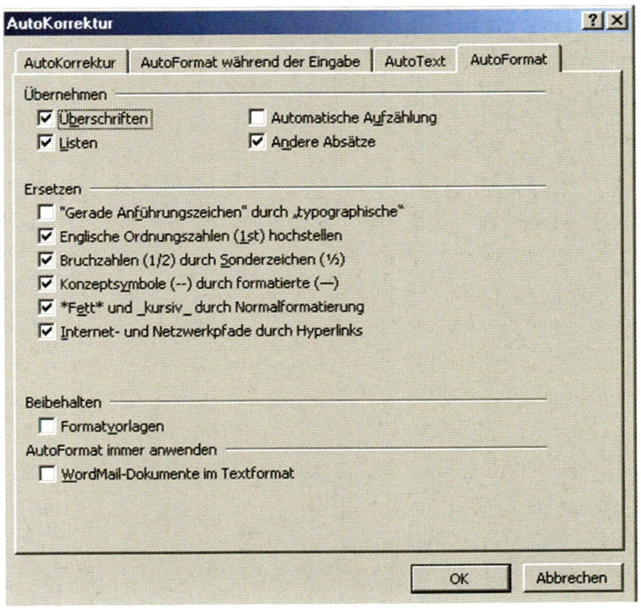

Abb. 4

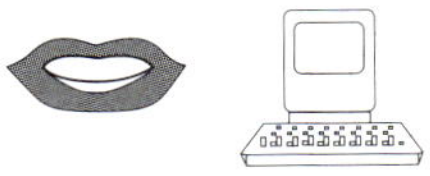

4. Gib weitere Einstellungsmöglichkeiten an, probiere sie aus und erläutere sie.

Errare humanum est

ist uns aus dem und man der nur von was zur sie für den wer
auch kein wenn weiß dass sind täte noch wird erst dann viel
zudem liegt unser desto nicht diese nennt denke durch etwas

spielende erreicht kleinen riesigen bewusst stärker bringen
einwirken, konzentrieren, wahrnehmen, widerstehen, ablenken
erforderlich, entscheidend, offensichtlich, vorprogrammiert

F Feh Fehlein Fehleinschät Fehleinschätz Fehleinschätzungen
S St Stö Stör Störf Störfa Störfakt Störfaktor Störfaktoren
V Vor Vorau Voraus Voraussetz Voraussetzung Voraussetzungen

Irren ist menschlich, dieses geflügelte Wort, kleinen Teil,
aus Erinnerung und Phantasie, auf eine Sache konzentrieren,
die bewusste Aufnahme und Verarbeitung, eine Notwendigkeit,

Errare humanum est – Irren ist menschlich; dieses geflügelte Wort 70
ist uns aus dem alten Rom überliefert. Irrtümer, Fehlleistungen 137
und Fehleinschätzungen sind oft die Folge mangelnder 192
Aufmerksamkeit und Konzentration. Dies ist auch kein Wunder, wenn 262
man weiß, dass in der Sekunde 100 Milliarden Reize aus der Umwelt 332

auf den Menschen einwirken. Fehler sind vorprogrammiert, da der 398
Mensch einen nur kleinen Teil dieser riesigen Anzahl von Reizen 466
wahrnehmen kann. Zudem erreicht vieles von dem, was unsere Sinne 533
wahrnehmen, nicht unser Bewusstsein. Anderes wiederum nehmen wir 600
sofort bewusst auf. Woran liegt das? Für die bewusste Aufnahme 667

und Verarbeitung unserer Umwelt spielen Aufmerksamkeit und 729
Konzentration die entscheidende Rolle. Je stärker die Faktoren 796
Wahrnehmung, Vorstellung und Denken aktiviert werden können, 860
desto größer ist die Aufmerksamkeit. Um sich intensiv mit einer 926
Sache zu beschäftigen, ist es erforderlich, allen Störfaktoren 991

von innen und außen zu widerstehen, um nicht abgelenkt zu werden. 1057
Diese Fähigkeit nennt man Konzentration. Man denke nur an 1119
spielende Kinder, die sich auch durch einen noch so lauten 1179
Fernseher nicht von ihrem Spiel ablenken lassen. Zur 1235
Konzentration bedarf es in diesem Fall keiner Anstrengung, sie 1301

ist einfach (unbewusst) vorhanden. Schwierig wird es für den 1365
Menschen offensichtlich erst dann, wenn er sich bewusst auf eine 1431
Sache konzentrieren soll, noch dazu, wenn er viel lieber etwas 1495
anderes täte. Der eigene Wille zur Anstrengung und die 1553
Überzeugung in die Notwendigkeit der zu bewältigenden Aufgabe 1618

sind wesentliche Voraussetzungen, eine Angelegenheit ohne Fehler 1686
zu Ende zu bringen. 1706

Arbeitsaufgabe

Gestalte die folgende Lebensweisheit:

Ein kluger Mann macht nicht alle Fehler selbst. Er gibt auch anderen eine Chance. (Winston Churchill)

Sobald jemand in einer Sache Meister geworden ist, sollte er in einer neuen Sache Schüler werden.

(GERHART HAUPTMANN)

1. Lies den nebenstehenden Spruch und bewerte ihn.
2. Nenne die hier verwendeten Zeichenformatierungen und beschreibe weitere.
3. Beschreibe die DIN-Regeln, die beim Formatieren beachtet werden müssen
4. Welche Mausoperation ist in der Regel vor dem Formatieren durchzuführen?

5. Bilde aus den nebenstehenden Begriffen Straßennamen.
6. Besprich die Schreibregeln mit deinem Partner. Schlage auch im Wörterbuch nach.
7. Setze die Straßennamen in die unten stehenden Sätze. Bei zutreffender Schreibung erhältst du gleich lange Zeilen. Gestalte die Überschrift und wende bei den Straßennamen folgende Formatierungen an:
   - Zusammenschreibung: ➪ Fettdruck
   - Getrenntschreibung: ➪ Kursivdruck
   - Schreibung mit Bindestrich: ➪ Unterstreichen

Straßennamen - richtig geschrieben

```
1   Einmal wöchentlich findet am ... ein Flohmarkt statt.
2   Die Polizei ließ 12 PKW vom ... abschleppen.
3   Am Montag eröffnete am ... ein neues Sportfachgeschäft.
4   Die Architektin errichtet in der ... einen Bungalow.
5   In der ... war gestern eine Fußgängerampel defekt.
6   Bekannte Sportler trainierten ... für den Wettlauf.
7   Die Freunde treffen sich an der Haltestelle ...
8   Morgen sind alle Parkplätze in der ... gesperrt.
9   Die Familie hat ... ein Grundstück erworben.
10  In der ... wird heuer ein Museum gebaut.
```

Arbeitsaufgaben

1. Baue folgende Sätze auf und ab und gestalte eine A4-Seite:
   a) Lächle, und die Welt lächelt zurück.
   b) Glückliche Gedanken machen dich glücklich.
   c) Nimm dir Zeit zum Denken, dies ist die Quelle der Kraft.
   d) Lieber einmal nichts tun, als mit viel Mühe nichts schaffen.
   e) Arbeite weniger, leiste mehr.
2. Gib die folgenden Lebensweisheiten mit dem Thema Zeit ein und wende Formatierungen an.
   - Es ist nicht wenig Zeit, die wir haben, sondern es ist viel Zeit, die wir nicht nützen.
   - Je großzügiger ein Mensch ist, desto mehr Zeit hat er für sich und andere.
   - Halte dir jeden Tag 30 Minuten für deine Sorgen frei und in dieser Zeit mache ein Nickerchen.

Bildschirmarbeitsplätze sind nicht ungefährlich!

die ein für ist zum und des mit nun das was als auf hat wie
über sich also aber nach eine dass ganz weil alle soll habe
sowie dafür durch nicht führt einer außer zudem tätig nötig

age, eyes, screen, keyboard, health, headache, aching back,
sight oculists glass nape activity occupation distance part
aspects, employee, place of employment, working conditions,

e er erg ergo ergono ergonom ergonomi ergonomis ergonomisch
a ar arb arbeit arbeits arbeitsmedizin arbeitsmedizinischen

regelmäßige körpergerechte individuelle jeweilige mangelnde
gefährden, anpassen, versuchen, ausgeglichen, festgestellt,

Bildschirm Bildschirmgerät Bildschirmarbeitsplatzverordnung
Bildschirmarbeit Bildschirmarbeitsplätze Bildschirmbenutzer

häufiger und schneller Blickwechsel, mit zunehmendem Alter,
das individuelle Sehvermögen, augenärztliche Untersuchungen
arbeitsmedizinische Gesichtspunkte, ergonomische Gestaltung

Gefährden Bildschirmarbeitsplätze die Gesundheit? Ein Großteil 69
der Bildschirmbenutzer klagt über regelmäßige Kopfschmerzen, 132
Beschwerden im Rücken und Nacken sowie Augenbeschwerden. Ursache 202
dafür ist zum größten Teil die nicht körpergerechte Ausstattung 268
des Arbeitsplatzes und die Überforderung des individuellen 329

Sehvermögens. Durch die Bildschirmarbeit ist ein häufiger und 394
schneller Blickwechsel zwischen Tastatur, Bildschirm und Vorlage 463
nötig. Die Augen müssen sich also rasch an die jeweilige 522
Entfernung anpassen. Diese Fähigkeit lässt aber mit zunehmendem 589
Alter nach. Viele Leute versuchen nun, das mangelnde Sehvermögen 658

durch eine Verkürzung des Sehabstandes auszugleichen, was 718
allerdings zu einer verkrampften Haltung führt. Als Folge treten 786
Rückenschmerzen auf. Durch augenärztliche Untersuchungen können 853
diese Mängel im Sehvermögen festgestellt und mittels einer Brille 922
ausgeglichen werden. Hilfe bringt außerdem die Gestaltung des 986

Arbeitsplatzes nach allgemein anerkannten arbeitsmedizinischen 1050
und ergonomischen Gesichtspunkten. Zudem sollte die Tätigkeit am 1118
Bildschirmarbeitsplatz so gestaltet werden, dass der Arbeitnehmer 1186
verschiedenartige Arbeitsvorgänge zu erledigen hat und nicht 1248
ausschließlich am Bildschirmgerät tätig ist. 1293

Bildschirmarbeitsplätze sind nicht ungefährlich!

1. Lade den Text von deiner Diskette.
2. Bearbeite ihn mit Hilfe der Korrekturzeichen.

Gefährden Bildschirmarbeitsplätze die Gesundheit? Ein Großteil der Bildschirmbenutzer klagt regelmäßige über Kopfschmerzen, Beschwerden im Rücken und Nacken sowie Augenbeschwerden ~~(brennende und tränende Augen)~~. Ursachen dafür ist zum größten Teil die nicht ~~ganz~~ körpergerechte Ausstattung des Arbeitsplatzes und die Überforderung des individuellen Sehvermögen.

Durch die Bildschirmarbeit ist ein häufiger Blickwechsel zwischen Tastatur, *Bildschirm* und Vorlage nötig.

Die Augen müssen sich also ~~schnell~~ an die jeweilige Entfernung anpassen. Diese Fähigkeit aber lässt nach mit zunehmendem Alter.

Viele Leute versuchen nun, daß mangelnde Sehvermögen durch eine Verkürzung des Sehabstandes auszugleichen was allerdings zu einer verkrampften Haltung führt. Als Folge treten Rückenschmerzen auf.

Durch Untersuchungen können diese Mängel im Sehvermögen festgestellt und mittels einer Brille ausgeglichen werden. Hilfe bringt außerdem die Gestaltung des Arbeitsplatzes nach anerkannten arbeitsmedizinischen und ergonomischen Gesichtspunkten. Zudem sollte die Tätigkeit ~~auf dem~~ Bildschirmarbeitsplatz so gestaltet werden, dass ~~ein~~ Arbeitnehmer verschiedenartige Arbeitsvorgänge zu erledigen hat und nicht ausschließlich am Bildschirmgerät tätig ist.

7 8 : = <

Korrekturen am Rand:

- Schriftgröße 16, fett, Kapitälchen
- ns
- unterstreichen
- und schneller
- nicht kursiv
- rasch
- 1 - 6
- s
- n,
- kursiv
- augenärztliche
- Courier New
- allgemein
- am
- der
- Großbuchstaben
- Schriftart Wingdings, Schriftgrößen in der Reihenfolge: 48 P, 36 P, 100 P, 36 P, 28 P

Papyrus - eine vielfältig verwertbare Pflanze

aßaß bübü cöcö dädä ezez fyfy gxgx hwhw iviv juju ktkt lsls
mrmr nqnq opop aßaß bübü cöcö dädä ezez fyfy gxgx hwhw iviv
juju ktkt lsls mrmr nqnq opop aßaß bübü cöcö dädä ezez fyfy

antik elastisch gepresst ähnliche quer literarisch religiös
kostbaren vielfältige größter überlappend jeweilige darüber

Papyrus Schilfpflanzen Vegetation Nil Sümpfe Ägypter Tempel
Europa Mittelalter Überlieferung Tonkrüge Text Pflanzenmark

verklebt, gepresst und getrocknet, dann aneinander geklebt,
wirtschaftlich genutzt, alles abstimmen, vieles anfertigen,

als Sitz der Geister und Götter, eine Gelegenheit zur Jagd,
bei der Tempel- und Staatsverwaltung, diese kostbaren Werke

Die alten Ägypter verarbeiteten Papyrus zu Schreibmaterial. 63
Papyrusrollen wurden in Tonkrügen und Schränken aufbewahrt. 62

Papyrus, eine mehrere Meter hohe Schilfpflanze, beherrschte die 67
antike Vegetation des Nildeltas. Die ausgedehnten Dickichte in 134
den flachen Sümpfen zwischen den Nilarmen hatten für die Ägypter 202
eine ähnliche Bedeutung wie im Mittelalter die Wälder für die 267
Bewohner Europas. Sie galten als Sitz der Geister und Götter und 338

boten Gelegenheit zur Jagd. Wirtschaftlich wurde die Pflanze auf 407
vielfältige Weise genutzt. So fertigte man aus den elastischen 472
Stängeln Schiffsrümpfe und aus den Blättern Flecht- und Tauwerk. 542
Von größter Bedeutung war aber die Verarbeitung zu dauerhaftem 608
Schreibmaterial. Dazu schnitt man die Stängel in schmale Streifen 678

und legte sie, leicht überlappend, nebeneinander. Eine zweite 741
Schicht kam quer darüber. Das Ganze wurde anschließend gepresst 808
und getrocknet. Ohne zusätzlichen Leim, allein durch das 867
Pflanzenmark verklebt, entstand eine glatte Schreibfläche, 928
ähnlich unserem Papier. Aus einzelnen aneinander geklebten 989

Blättern bildete man Rollen. Ihre Längen waren auf die jeweilige 1058
Textmenge abgestimmt. Papyrusrollen fanden vor allem bei der 1121
Tempel- und Staatsverwaltung sowie zur Überlieferung von 1181
literarischen und religiösen Texten Verwendung. Aufbewahrt wurden 1250
diese kostbaren Werke in Tonkrügen oder Schränken. 1303

Surfen macht Spaß

1. Wo kann in Deutschland Papyrologie studiert werden?
2. Mit welchen Inhalten befassen sich die Studenten?
3. In welchen Sprachen sind die Papyri beschriftet?
4. Suche die Abbildung eines Papyri und drucke sie aus.

Papyrus - eine vielfältig verwertbare Pflanze

Schriftgröße 16
zentrieren

Papyrus, eine mehrere Meter hohe Schilfpflanze, beherrschte die antike Vegetation des Nildeltas. Die ausgedehnten Dickichte in den flachen Sümpfen zwischen den Nilarmen hatten für die Ägypter eine ähnliche Bedeutung wie im Mittelalter die Wälder für die Bewohner Europas.

schatt. Rahmen 1,5 P, Abstand zum Text: 5 P
Pflanzenwelt
einfach

Sie galten als Sitz der Geister und Götter und boten Gelegenheit zur Jagd.

Wirtschaftlich wurde die Pflanze auf vielfältige Weise genutzt. So fertigte man aus den elastischen Stängeln Schiffsrümpfe und aus den Blättern Flecht - und Tauwerk.

nicht fett

Von größter Bedeutung war aber die Verarbeitung zu dauerhaftem Schreibmaterial. Dazu schnitt man die Stängel in schmale Streifen und legte sie, leicht überlappend, nebeneinander. Eine zweite Schicht kam quer darüber. Anschließend wurde das Ganze getrocknet und gepresst. Ohne zusätzlichen Leim, allein durch das Pflanzenmark verklebt, entstand eine glatte Schreibfläche, ähnlich unserem Papier.

unterstreichen
a
D
1 - 7
Arial Schriftgröße 13

Aus einzelnen aneinandergeklebten Blättern bildete man Rollen. Ihre Längen waren auf die jeweilige Textmenge abgestimmt.

1,5
*

Papyrusrollen fanden vor allem bei der Tempel- und Staatsverwaltung sowie zur Überlieferung von literarischen und religiösen Texten Verwendung. Aufbewahrt wurden diese kostbaren Werke in Tonkrügen oder Schränken.

groß, kursiv

* Man bezeichnete sie als die "Bücher" der Antike.

Bei der Autorenkorrektur bedeuten:

- **linken Einzug setzen**
- **linken Einzug aufheben**
- **Zeilenabstand vergrößern**
- **Zeilenabstand verkleinern**

Bonsai - Bäume im Kleinformat

1 Ahorn, 2 Akazien, 3 Stechpalmen, 4 Disteln, 5 Feuerlilien
6 Fichten, 7 Japanlärchen, 8 Jasmine, 9 Kiefern, 10 Lärchen

Bonsai wachsen, je nach Art, im Freien oder in der Wohnung. 63
Schon 1878 waren diese Zwergbäumchen in Paris zu bestaunen. 62

Schon vor über 2 000 Jahren haben Chinesen Kleinstgärten in 64
Tongefäßen angepflanzt. Im 10. Jahrhundert brachten dann 124
buddhistische Mönche die Geheimnisse dieser Zwergbäumchen an den 192
Hof des japanischen Herrschers. Auf der Weltausstellung 1878 in 260
Paris wurden die ersten Bonsai in Europa gezeigt. Heutzutage sind 330
sie auf fast jeder Gartenschau zu bewundern. Asien ist jedoch 394
immer noch führend in der Kunst, Bäume in Zwergform 449
heranzuziehen. Bonsai sind Miniaturausgaben von natürlichen 511
Wuchsformen. Damit die Pflanzen so klein bleiben, setzt sie der 578
Gärtner in flache Schalen mit wenig Erde und stutzt zusätzlich 644
Wurzeln und Triebe. Ziel ist nicht nur ein zierlicher Wuchs, 709
sondern ein möglichst genaues Abbild der sonst groß gewachsenen 774
Bäume und Sträucher. Um dieses Ergebnis zu erreichen, ist sehr 841
viel Geduld nötig. Diese kleinen Bäume lassen sich in zwei 903
Gruppen einteilen: "Indoor" sind subtropische Pflanzen für die 972
Wohnung, "Outdoor" sind heimische Pflanzen, die im Freien wachsen 1044
und deshalb auch als Bonsai im Garten oder auf der Terrasse 1107
gezogen werden. Besonders geeignet für die Zucht sind Ginkgo, 1172
Lärche, Rotkiefer, Fichte, Wacholder, Ahorn und Quitte. Ein 1239
Bonsai ist nicht gerade billig. Einfache und jüngere 1294
Zwergbäumchen gibt es zwar schon ab 50 EUR, ältere bis etwa 15 1361
Jahre kosten jedoch bereits 150 bis 200 EUR. Möchte man gar ein 1430
Exemplar, das 100 Jahre oder noch älter ist, sind oft mehrere 1494
tausend Euro zu bezahlen. 1520

Besuchen Sie unser Bonsai-Zentrum

Am Samstag, 25. Mai ...., eröffnen wir unseren neu gestalteten Bonsai-Pavillon mit herrlichen Außenanlagen. Dort finden Sie in gewohnt großer Auswahl
außergewöhnliche Pflanzen
Outdoor- und Indoor-Bonsai
wertvolle alte Bäume und preiswerte Jungpflanzen
Schalen
handgefertigte Künstlerschalen
preisgünstige Exemplare
Fachliteratur
für Einsteiger und Fortgeschrittene über Pflanzen, Pflege, Anzucht und Gestaltung

Bei uns können Sie auch weiterhin mit Bonsai-Freunden Erfahrungen austauschen sowie Ihr eigenes Zwergbäumchen formen - natürlich unter Anleitung erfahrener Bonsai-Gärtner. Diese Kurse sind äußerst beliebt und deshalb immer schnell ausgebucht. Bitte melden Sie sich rechtzeitig an.

Ein Besuch in unserer Anlage lohnt sich nun mehr denn je. Wir freuen uns auf Sie!

Gartenzentrum Sonnenberger & Wegmann, Ahornallee 35, 88709 Meersburg,
Telefon: 07532 8877, Telefax: 07532 8876

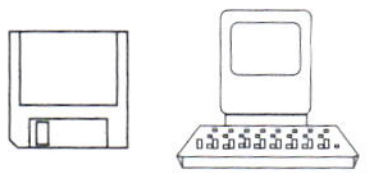

1. Lade den nebenstehenden Text oder gib ihn ein und gestalte eine A4-Seite.
2. Suche im Internet:
   - je ein Bild eines Outdoor- und Indoor-Bonsais, füge sie in den Text ein.
   - Literatur über Bonsai
   - Kursangebote zur Aufzucht und Pflege
   - Bonsai-Zentren

Bonsai - Bäume im Kleinformat

Schon vor über 2000 Jahren haben Chinesen Kleinstgärten in Tongefäßen angepflanzt. Im 10. Jahrhundert brachten dann buddhistische Mönche die Geheimnisse dieser Zwergbäumchen an den Hof des japanischen Herrschers.

Schriftgröße 15, schattiert, fett

Auf der Weltausstellung 1878 in Paris wurden die ersten Bonsai in Europa gezeigt. Heutzutage sind sie auf fast jeder Gartenschau zu bewundern. Asien ist jedoch immer noch führend in der Kunst, Bäume in Zwergform heranzuziehen.

2,54 cm

serifenlose Schrift, Schriftgröße 14

Damit die Pflanzen so klein bleiben, setzt sie der Gärtner in flache Schalen mit wenig Erde und stutzt zusätzlich Wurzeln und Triebe. *

fett

Ziel ist nicht nur ein zierlicher Wuchs, sondern ein möglichst genaues Abbild der sonst groß gewachsenen BÄUME UND STRÄUCHER. Um dieses Ergebnis zu erreichen, ist sehr viel Geduld nötig.

Grundschrift

Diese kleinen Bäume lassen sich in zwei Gruppen einteilen: *"Indoors"* sind subtropische Pflanzen für die Wohnung, *"Outdoor"* sind heimische Pflanzen, die im Freien wachsen und deshalb auch als Bonsai im Garten oder auf der Terrasse gezogen werden. Besonders geeignet für die Zucht sind Lärche, Ginkgo, Fichte, Wacholder, Rotkiefer, Ahorn und Quitte.

kursiv

1 - 5

Ein Bonsai ist nicht gerade billig. Einfache und jüngere Pflanzen gibt es zwar schon ab 50 EUR, ältere bis etwa 15 Jahre kosten jedoch bereits 150 bis 200 EUR. Möchte man gar ein Exemplar, das 100 Jahre oder noch älter ist, sind oft mehrere tausend Euro zu bezahlen.

einfach

nicht unterstreichen

Zwergbäumchen

BONSAI

** Bonsai sind Miniaturausgaben von natürlichen Wuchsformen.*

1. Gib die Überschrift zwei Leerzeilen über dem Text - z. B. in WordArt - ein und gestalte sie. Schriftart Courier New, Schriftgröße 24
2. Setze den Seitenrand rechts auf 2 cm.
3. Führe die Worttrennung durch und füge - wenn notwendig - ein geschütztes Leerzeichen ein.
4. Setze die einzelnen Absätze in Blocksatz.
5. Füge die Grafik Laubbaum oder eine ähnliche ein, zentriere sie und setze das Wort Bonsai (Großbuchstaben, Schriftart Arial, Schriftgröße 9, zentriert) daneben.

Korrekturanweisungen können nicht nur in Form von Zeichen, sondern auch in Sätzen gegeben werden.

Welche Wörter fallen aus der Reihe?

1 Tower Engelsburg Alhambra Athen Stephansdom
2 London Akropolis Rom Granada Wien
3 Ärmelkanal Mittelmeer Nil Atlantik Beringmeer
4 Nordsee Seine Rhein Amazonas Yukon
5 Jack Henry Heinrich Jill Kathleen
6 Hans Johanna Julia Jane Katharina
7 USA Deutschland Dollar Russland
8 Euro Yen Rubel Japan
9 Bleistift Tafel Papier Stein Pergament
10 Kreide Tastatur Meißel Computer Pinsel

Häufig werden Wörter oder Textteile an einer Stelle gestrichen und an einem anderen Ort wieder eingesetzt. Der Fachbegriff hierfür lautet **Verschieben.**

Den Vorgang des Verschiebens zeigt dir die folgende Grafikreihe:

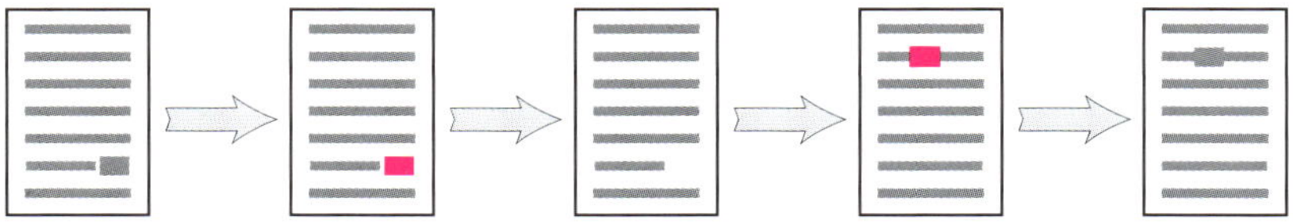

Je nach eingesetztem Programm sind für das Verschieben andere Befehle einzugeben. Auch die verwendeten Begriffe sind verschieden. So wird das Verschieben häufig als „Ausschneiden und Einsetzen“ oder als „Löschen in den Papierkorb und Einfügen aus dem Papierkorb“ benannt. In diesem Fall dient der Papierkorb als Zwischenspeicher.

1. Lies die im Kasten angegebenen Textzeilen.
2. Sprich mit deinem Nachbarn über die Richtigkeit der Wortreihen.
3. Lade den Text und verschiebe nicht passende Wörter in die richtige Reihe.
4. Ordne die einzelne Zeilen alphabetisch.

5. Bringe folgende, das Verschieben beschreibende Stichwörter in die richtige Reihenfolge:
   - einsetzen/einfügen
   - Cursor setzen
   - markieren
   - Cursor setzen
   - ausschneiden/löschen

Verschieben kann man auch mit der Drag-and-Drop-Technik. Informiere dich im Handbuch.

Arbeitsaufgaben

Lade die folgenden Sprüche und Lebensweisheiten, bringe sie durch Verschieben in die richtige Reihenfolge und wende sinnvolle Gestaltungsmöglichkeiten an.

a) gründet. Erfahrung lange auf sich der Satz, kurzer ein ist Sprichwort Ein - (Miguel de Cervantes)

b) Bemerkung. eine alles über macht Dummer ein alles, bemerkt Kluger Ein - (Heinrich Heine)

c) lassen. hängen nicht Kopf den darf der steht, Halse zum bis Wasser das Wem - (Autor unbekannt)

d) genug. groß schließlich ist Auswahl die begehen, zweimal Dummheit keine soll Man - (Jean Paul Sartre)

e) Spuren. eigenen keine hinterlässt tritt, anderer Fußstapfen die in Wer - (Indianische Weisheit)

Surfen macht Spaß

1. Suche neben der Deutschen Nationalhymne weitere Lieder von Hoffmann von Fallersleben und höre die Melodien dieser Lieder an, z. B.: Ein Männlein steht im Walde, Alle Vögel sind schon da.
2. Speichere die Strophen eines Liedes als Textdatei, lade sie in dein Textverarbeitungsprogramm und gestalte sie.
3. Finde den Dichter und den Komponisten der Bayernhymne. Höre die Melodie an und drucke alle Strophen aus.

Hier ist einiges durcheinandergeraten.

Er behüte deine Fluren,
Danach lasst uns alle streben
Über deinen weiten Gauen
deutsche Erde, Vaterland!
Einigkeit und Recht und Freiheit
Blüh im Glanze dieses Glückes,
und erhalte dir die Farben
für das deutsche Vaterland!
deines Himmels weiß und blau.
Gott mit dir, du Land der Bayern,
schirme deiner Städte Bau
brüderlich mit Herz und Hand!
blühe deutsches Vaterland!
Einigkeit und Recht und Freiheit
ruhe seine Segenshand!
sind des Glückes Unterpfand.

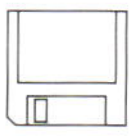

1. In den Zeilen 1 bis 16 dieser Seite sind die Bayern- und die Deutsche Nationalhymne durcheinandergeraten. Stelle mittels Verschieben richtig.
2. Ergänze anschließend die jeweilige Überschrift und gestalte die Seite.

Das Lied der Deutschen

Die Nationalhymne ist wie die Bundesflagge ein deutsches Staatssymbol, das der Repräsentation dient. Sie wird bei offiziellen Anlässen, z. B. Staatsbesuchen, staatlichen Festakten und Ordensverleihungen, gespielt. Auch bei großen Sportereignissen wie olympischen Wettkämpfen, Länderspielen oder internationalen Meisterschaften ist sie zu hören.

Nach der Wiedervereinigung am 3. Oktober 1990 bestimmte Bundespräsident Richard von Weizsäcker die dritte Strophe zur Nationalhymne für das deutsche Volk.

Jeder erwachsene Deutsche kennt sie - die deutsche Nationalhymne. Fast genauso bekannt dürfte das alte Kinderlied „Ein Männlein steht im Walde“ sein. Aber wer weiß schon auf Anhieb, was diese beiden Musikstücke gemeinsam haben?

Die Melodie der Nationalhymne stammt aus der Feder von Josef Haydn, dem weltberühmten österreichischen Komponisten. Er hatte sie 1797 als Hymne für die Kaiser der Habsburger Monarchie komponiert und später in einem seiner Streichquartette, dem berühmten Kaiserquartett, nochmals verwendet.

Ihr Text stammt vom gleichen Urheber, dem Gelehrten und Dichter August Heinrich Hoffmann, der von 1798 bis 1874 lebte und sich nach seinem Geburtsort von Fallersleben nannte. Mit seinem 1841 geschaffenen Gedicht „Lied der Deutschen“ wollte er auf eine Vereinigung der damals weitgehend selbstständigen 38 Einzelstaaten des Deutschen Bundes zu einem einheitlichen demokratischen Deutschland hinwirken.

Reichspräsident Friedrich Ebert erklärte das „Lied der Deutschen“ 1922 zur Nationalhymne. 1952 entschied Bundespräsident Theodor Heuss auf Bitten der damaligen Bundesregierung unter Konrad Adenauer, das Deutschlandlied als Nationalhymne für die Bundesrepublik Deutschland zu übernehmen. Er gab allerdings die Anordnung, nur die dritte Strophe zu singen.

3. Lies den im Kasten angegebenen Text genau durch.
4. Lade den Text und verschiebe die Absätze in die richtige Reihenfolge, siehe dazu Seite 22, und gestalte die Seite.

Das Lied der Deutschen

ist sie und das wer was ihr von für wie ein bei per als nur
alte weiß sich nach eine wird oder fast aber spät will über

täglich wahrscheinlich geschaffene selbstständig komponiert
deutsch olympischen offiziellen staatlichen internationalen

Haydn Musikstücke Komponist Streichquartette Kaiserquartett
Einzelstaaten Wiedervereinigung Ordensverleihungen Festakte

Deutscher Bund, Bundesrepublik, Bundespräsident, Bundestag,
Bundesregierung, Bundeskanzler, Bundesflagge, Staatssymbol,

Hoffmann von Fallersleben schrieb das "Lied der Deutschen". 65
Die Melodie zur Hymne stammt aus der Feder von Josef Haydn. 65

Jeder erwachsene Deutsche kennt sie - die deutsche Nationalhymne. 73
Fast genauso bekannt dürfte das alte Kinderlied "Ein Männlein 136
steht im Walde" sein. Aber wer weiß schon auf Anhieb, was diese 204
beiden Musikstücke gemeinsam haben? Ihr Text stammt vom gleichen 273
Urheber, dem Gelehrten und Dichter August Heinrich Hoffmann, der 344

von 1798 bis 1874 lebte und sich nach seinem Geburtsort von 406
Fallersleben nannte. Mit seinem 1841 geschaffenen Gedicht "Lied 475
der Deutschen" wollte er auf eine Vereinigung der damals 535
weitgehend selbstständigen 38 Einzelstaaten des Deutschen Bundes 602
zu einem einheitlichen demokratischen Deutschland hinwirken. Die 670

Melodie der Nationalhymne stammt aus der Feder von Josef Haydn, 739
dem weltberühmten österreichischen Komponisten. Er hatte sie 1797 806
als Hymne für die Kaiser der Habsburger Monarchie komponiert und 875
später in einem seiner Streichquartette, dem berühmten 932
Kaiserquartett, nochmals verwendet. Die Nationalhymne ist wie die 1000

Bundesflagge ein deutsches Staatssymbol, das der Repräsentation 1068
dient. Sie wird bei offiziellen Anlässen, z. B. Staatsbesuchen, 1135
staatlichen Festakten und Ordensverleihungen, gespielt. Auch bei 1203
großen Sportereignissen wie olympischen Wettkämpfen, 1258
Länderspielen oder internationalen Meisterschaften ist sie zu 1322

hören. Reichspräsident Friedrich Ebert erklärte das "Lied der 1390
Deutschen" 1922 zur Nationalhymne. 1952 entschied Bundespräsident 1459
Theodor Heuss auf Bitten der damaligen Bundesregierung unter 1524
Konrad Adenauer, das Deutschlandlied als Nationalhymne für die 1591
Bundesrepublik Deutschland zu übernehmen. Er gab allerdings die 1658

Anordnung, nur die dritte Strophe zu singen. Nach der 1715
Wiedervereinigung am 3. Oktober 1990 bestimmte Bundespräsident 1781
Richard von Weizsäcker die dritte Strophe zur Nationalhymne für 1849
das deutsche Volk. 1868

Ist Kinderarbeit erlaubt?

cba fed ihg lkj onm rqp uts xwv äzy ßüö cba fed ihg lkj onm
dcba hgfe lkji ponm tsrq xwvu öäzy baßü fedc jihg nmlk rqpo

und als man vom bei für bis mit pro den ist sie das vom dem
einer genau unter sowie diese sogar nicht schon unter wegen

Schülerinnen 14-Jährige Beschäftigung Ganztagsbeschäftigung
Kinderarbeit Vollzeitschulpflicht Jugendarbeitsschutzgesetz
Musikaufführung Theaterveranstaltungen Werbeveranstaltungen

1 Ausnahme, 2 Aufnahmen, 3 Stunden, 4 Diener, 5 Ferientage,
6 Filmer, 7 Jahre, 8 Jugendliche, 9 Kinder, 10 Lebensjahre,

Das Gesetz regelt genau Art und Umfang von Schülerarbeiten. 64
Mit 13 Jahren ist das Austragen von Zeitschriften zulässig. 63

In welchem Umfang Schülerinnen und Schüler einer Arbeit nachgehen 71
dürfen, ist gesetzlich genau geregelt. Kinderarbeit ist generell 137
verboten. Als Kind gelten alle unter 14-Jährigen. Zwischen 14 und 207
18 Jahren ist man Jugendlicher. Auch Jugendliche dürfen dann 272
nicht arbeiten, wenn sie der so genannten Vollzeitschulpflicht 336

unterliegen. Sie werden vom Jugendarbeitsschutzgesetz den Kindern 405
gleichgestellt. Von diesem Arbeitsverbot gibt es aber zahlreiche 472
Ausnahmen. So kann man Kinder schon ab dem 3. Lebensjahr bei 537
Musik- und Theateraufführungen, Werbeveranstaltungen sowie 299
Aufnahmen für Film, Funk und Fernsehen bis zu 2 Stunden täglich 668

mitwirken lassen. Mit 6 Jahren darf diese Tätigkeit sogar 3 731
Stunden und bei Theaterveranstaltungen bis zu 4 Stunden betragen. 800
Ab 13 Jahren gestattet das Gesetz eine leichte und geeignete 864
Beschäftigung, in der Landwirtschaft an höchstens 5 Tagen in der 932
Woche bis zu 3 Stunden täglich; im elterlichen Anwesen auch an 999

Sonn- und Feiertagen. Zulässig ist in diesem Alter das Austragen 1069
von Zeitungen und Zeitschriften bis zu 2 Stunden pro Werktag. Mit 1140
15 Jahren können in den Ferien Halb- oder Ganztagsbeschäftigungen 1210
für höchstens 4 Wochen im Jahr angenommen werden. Sie dürfen aber 1279
40 Wochenstunden und 8 Arbeitsstunden am Tag nicht überschreiten. 1347

Surfen macht Spaß

Millionen von Kindern und Jugendlichen sind auf Grund verschiedenster Anlässe gezwungen zu arbeiten.

1. Suche Beispiele für ausbeuterische und gefährliche Kinderarbeit.
2. Zähle einige Länder auf, in denen Kinderarbeit besonders verbreitet ist, und nenne mögliche Gründe.
3. Nenne Gegenmaßnahmen von Hilfsorganisationen.

Verantwortung kann gelernt werden

Jugendliche ab 16 Jahren dürfen vor Gericht vereidigt werden, in Ausnahmefällen heiraten, laut Gesetz rauchen, Tanzveranstaltungen bis 24 Uhr besuchen …

Im nächsten Monat wird Peter 16 Jahre alt. Wie er im Unterricht erfahren hat, kommen mit diesem Alter viele Rechte, aber auch Pflichten auf ihn zu. Um sich seiner wachsenden Verantwortung noch bewusster zu werden, beschließt Peter, ein Plakat für sein Zimmer mit den neuen Rechten und Pflichten zu schreiben. Er startet sein Textverarbeitungsprogramm und beginnt mit der Eingabe:

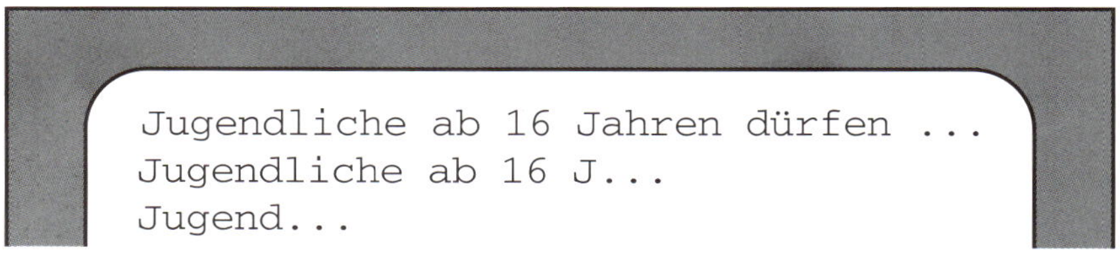

Plötzlich unterbricht er das Schreiben. Dunkel kann sich Peter an eine Möglichkeit seines Textverarbeitungsprogramms erinnern, die ihm schon einmal eine Menge Arbeit ersparte.

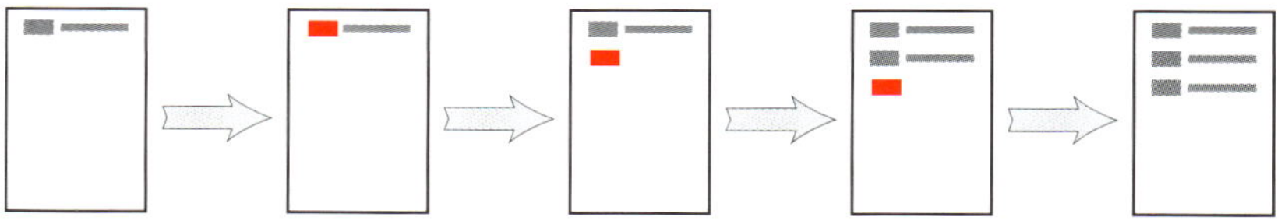

Um genauere Informationen zu erhalten, schlägt Peter im Handbuch nach:

„In Ihrem Textverarbeitungsprogramm können Sie sich viel Arbeit dadurch ersparen, dass Sie Wörter bzw. Textteile, die sich wiederholen, kopieren. Der kopierte Text wird in einer sog. Zwischenablage aufbewahrt und kann bis zum Kopieren eines anderen Wortes bzw. Textteils beliebig oft eingefügt werden.“

Da Peter u. a. im Jugendschutzgesetz noch weitere interessante Dinge für seine kleineren Geschwister findet, gestaltet er auch für sie aus den unten stehenden Angaben ein Merkblatt.

1. Welche der angesprochenen Rechte und Pflichten sind für dich am wichtigsten? Begründe.
2. Vergleiche das Bildschirmfenster mit der Grafik. Was könntest du Peter vorschlagen?

3. Ordne die Stichpunkte: einfügen, kopieren, markieren, Cursor an Kopierbeginn setzen, Cursor an die Einfügestelle setzen

Text markieren

Text kopieren

Text einfügen

Wenn du nach dem Markieren die Strg-Taste drückst und festhältst, kannst du mit der Drag-and-Drop-Technik den Text an eine andere Stelle kopieren.

4. Lies den unten stehenden Text.
5. Überlege dir, bevor du den Text eingibst, welche Wörter bzw. Textteile du kopieren und einfügen willst.
   Sprich über die einzelnen Vor- und Nachteile der gefundenen Lösungen.

```
1  Kinder ab 6 Jahren dürfen in die Schule gehen.
2  Kinder ab 7 Jahren dürfen Süßigkeiten kaufen.
3  Kinder ab 7 Jahren müssen mit dem eigenen Rad fahren.
4  Kinder ab 10 Jahren brauchen an der Grenze einen Ausweis.
5  Kinder ab 13 Jahren dürfen Zeitschriften austragen.

6  Jugendliche ab 14 Jahren dürfen einen Beruf ausüben.
7  Jugendliche ab 14 Jahren können strafrechtlich belangt werden.
8  Jugendliche ab 15 Jahren dürfen mit dem Mofa fahren.
9  Jugendliche ab 15 Jahren dürfen in den Ferien arbeiten.
10 Jugendliche ab 16 Jahren benötigen einen Personalausweis.
```

In den Ferien arbeiten?

as öl df kj fg jh ft jz fr ju fb jn fv jm de ki sw lo aq öp
ay ö- sx l. dc k, öä öü öß sa lö fd jk gf hj tf zj rf uj bf
nj vf mj ed ik ws ol qa pö ya -ö xs .l cd ,k äö üö ßö sd lk

sad red rhi tug run ieb eiw tah rew tim nam sla tsi dnu rüf
tgiez eniek thcin neben tmmok eierf timad rerhi nenie eleiv
gisor egnal negie tsiem ellov hclos menie seuen tnrel tflih

für und ist als man mit wer hat wie bei nur gut ihr der das
viele einen ihrer damit freie kommt neben nicht keine zeigt
hilft lernt neues einem solch volle meist eigen lange rosig

aufgebessert, finanziell, geschickt, gestalten, persönlich,
konzentrierter einzuschätzen erarbeitet angemessen gerüstet
Einfallsreichtum, Vorstellungsgespräch, Leistungsfähigkeit,

meistens nicht ganz einfach, hart erarbeitet, gut gerüstet,
sich selbst richtig einschätzen, erfolgreich danach suchen,
körperlich und geistig belasten, vielfach doch ganz anders,

Viele Schülerinnen und Schüler arbeiten während der Ferien. 63
Ein Ferienjob bringt oft neue Erkenntnisse und Erfahrungen. 63
Vielleicht erhält man auch Anregungen für seine Berufswahl. 62

Viele Schülerinnen und Schüler nützen einen Teil ihrer freien 66
Zeit für einen Ferienjob, damit Geld für eine größere Anschaffung 136
in die Kasse kommt oder das Taschengeld aufgebessert wird. Eine 203
solche Ferienarbeit bringt neben den finanziellen Vorteilen oft 269
auch ganz wertvolle neue Erkenntnisse und Erfahrungen. Geeignete 337

Stellen sind meistens nicht ganz einfach zu bekommen. Die 396
erfolgreiche Suche danach verlangt Ausdauer und Einfallsreichtum 464
und nicht zuletzt auch ein geschicktes Auftreten bei 518
Vorstellungsgesprächen. Ist ein Job gefunden, fordert er die 582
körperliche und geistige Belastbarkeit vielfach ganz anders als 647

die des Schulbetriebs. Es gibt keinen freien Nachmittag mehr, den 716
man weitgehend nach eigenem Belieben gestalten kann. Die stetige 783
konzentrierte Arbeit über einen langen Zeitraum hinweg zeigt bald 852
die Grenzen der persönlichen Leistungsfähigkeit und hilft, sich 918
selbst richtig einzuschätzen. Man lernt andere Menschen und ein 984

neues Umfeld mit einem ganz anderen Gedankengut kennen. Wer sich 1052
über Verdienstmöglichkeiten zu rosige Vorstellungen gemacht hat, 1119
wird erkennen, wie hart ein bestimmter Lebensstandard erarbeitet 1185
werden muss. Vielleicht bringt die Ferienbeschäftigung auch 1247
Anregungen und Ideen für die spätere Berufswahl. Die Ferien 1312

dürfen aber nicht nur der Arbeit dienen. Eine angemessene Zeit 1378
zur Entspannung und Erholung ist wichtig, um für das neue 1438
Schuljahr gut gerüstet zu sein. 1470

Tastschreiben macht Spaß

Nimm dir Zeit

Nimm dir Zeit, um zu arbeiten, es ist der Preis des Erfolges.
Nimm dir Zeit, um nachzudenken, es ist die Quelle der Kraft.
Nimm dir Zeit, um zu spielen, es ist das Geheimnis der Jugend.
Nimm dir Zeit, um zu lesen, es ist die Grundlage des Wissens.
Nimm dir Zeit, um freundlich zu sein, es ist das Tor zum Glücklichsein.
Nimm dir Zeit, um zu träumen, es ist der Weg zu den Sternen.
Nimm dir Zeit, um zu lieben, es ist die wahre Lebensfreude.
Nimm dir Zeit, um froh zu sein, es ist die Musik der Seele.

(Irländische Quelle)

1. Gib beide Gedichte ein. Nutze dabei die Befehle für Kopieren und Einfügen.
2. Gestalte die Texte nach deinen Vorstellungen.

3. Gestalte den unten stehenden „Namensbaum" nach.
4. Gib die Vornamen deiner Mitschüler ein und gestalte mit Hilfe des Zentrierens einen „Klassen"-Baum nach eigenen Ideen.
5. Wende sinnvolle Formatierungen an.

ALBERT ALBERT
BEATE BEA BEATE
CHRIS CHRIS CHRIS
DORA DORA DORA DORA DORA
ERIK ERIK ERIK ERIK ERIK ERIK
FRANZI FRANZI FRANZI FRANZI FRANZI
GERD GERD GERD GERD GERD GERD GERD GERD
HANNA HANNA HANNA HANNA HANNA HANNA HANNA
INGO INGO INGO INGO INGO INGO INGO INGO INGO
JULIA JULIA JULIA JULIA JULIA JULIA JULIA
KAREL KAREL KAREL KAREL KAREL KAREL KAREL
LYDIA LYDIA LYDIA LYDIA LYDIA LYDIA LYDIA
MAX MAX MAX MAX MAX MAX MAX MAX MAX MAX MAX
NADINE NADINE NADINE NADINE NADINE NADINE
OTTO OTTO OTTO OTTO OTTO OTTO OTTO OTTO
PETRA PETRA PETRA PETRA PETRA
QUIRIN QUIRIN
RITA RITA RITA
SEPP SEPP SEPP
THEA THEA THEA
ULLI ULLI ULLI
VERA VERA VERA
WICK WICK WICK
XENIA XENIA XENIA
YANNICK YANNICK YANNICK
ZITA ZITA ZITA ZITA ZITA

Glück ist …

Glück ist gar nicht mal so selten,
Glück wird überall beschert,
vieles kann als Glück uns gelten,
was das Leben uns so lehrt.

Glück ist jeder neue Morgen,
Glück ist bunte Blumenpracht,
Glück sind Tage ohne Sorgen,
Glück ist, wenn man fröhlich lacht,

Glück ist Regen, wenn es heiß ist,
Glück ist Sonne nach dem Guss,
Glück ist, wenn ein Kind ein Eis isst,
Glück ist auch ein lieber Gruß.

Glück ist Wärme, wenn es kalt ist,
Glück ist weißer Meeresstrand,
Glück ist Ruhe, die im Wald ist,
Glück ist eines Freundes Hand.

Glück ist eine stille Stunde,
Glück ist auch ein gutes Buch,
Glück ist Spaß in froher Runde,
Glück ist freundlicher Besuch,

Glück ist niemals ortsgebunden,
Glück kennt keine Jahreszeit,
Glück hat immer der gefunden,
der sich seines Lebens freut.

(Clemens von Brentano)

Surfen macht Spaß

1. Suche die beliebtesten Vornamen der letzten Jahre.
2. Gib die Bedeutung und die Herkunft für drei Namen deiner Wahl an.
3. Finde die Namenstage für einige Klassenkameraden.
4. Welche Möglichkeiten der Namensführung gibt es nach der Eheschließung?

Vor einigen Jahren warb die Deutsche Bundesbahn mit den unten stehenden Aussagen.

1. Äußere dich zu diesem Werbetext.
2. Schreibe den Text und verwende zur Erleichterung der Arbeit sooft wie möglich das Kopieren und Einfügen.

Wir können Ihnen eine Reiseroute zusammenstellen.
Wir können Ihnen Berge und Meer zusammenführen.
Wir können Ihnen Fensterfernsicht reservieren.
Wir können Ihnen den für Sie günstigen Preis machen.
Wir können Ihnen ein sanftes Bett bereiten.
Wir können Ihnen das Frühstück am Bett servieren.
Wir können Ihnen leckere Mahlzeiten kochen.
Wir können Ihnen unseren Weinkeller empfehlen.
Wir können Ihnen das Gepäck schon zu Hause abnehmen.
Wir können Ihnen hilfreiche Geister zur Hand gehen lassen.
Wir können Ihnen Ihr Auto fahren.
Wir können vieles und noch mehr für Sie tun.
Nur eines nicht: Reisen und Ihren Urlaub genießen.

Wann reisen Sie?

Welche Möglichkeiten dir bei der Gestaltung eines Textes durch das Formatieren geboten werden, erkennst du am nachfolgenden Beispiel.

1. Schreibe den Satz und vervielfältige ihn dann mittels Kopierens.
2. Wende dir bekannte Zeichen- und Absatzformatierungen an.

Das ist ja immer dasselbe.

Das ist ja immer dasselbe.

Das ist ja immer dasselbe.

Das ist ja immer dasselbe.

Das ist ja immer dasselbe.

DAS IST JA IMMER DASSELBE.

Das ist ja immer dasselbe.

Das ist ja immer dasselbe.

Das ist ja immer dasselbe.

Das ist ja immer dasselbe.

Das ist ja immer dasselbe.

Das ist ja immer dasselbe.

Ist das immer dasselbe?

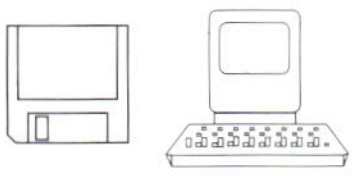

1. Lade die Datei oder gib den Text ein.
2. Formatiere den Text.
   - Setze die Überschrift mit Garamond 36 in WordArt.
   - Gestalte den Text nach der angegebenen Vorlage.
   - Stelle die Unterschiede zwischen Naturpark und Nationalpark in einer Tabelle zusammen, siehe rechte Seite.
   - Führe die Worttrennung durch und setze den Text in Blocksatz.

Der Natur auf der Spur

NATURPARK BAYERISCHER WALD

Schutzgebiete in allen Himmelsrichtungen

Zwischen der Donau und den Hochlagen entlang der bayerisch-böhmischen Grenze, also im mittleren Teil unseres Bayerischen Waldes, liegt der Naturpark Bayerischer Wald.

Der Nationalpark Bayerischer Wald im Osten, das Landschaftsschutzgebiet und auf der tschechischen Seite der Nationalpark Böhmerwald (Sumava) und im Norden der Naturpark Oberer Bayerischer Wald sind alles Nachbarn des Naturparks Bayerischer Wald.

Der Startschuss fiel bereits 1967

Seit 1967 besteht der Naturpark Bayerischer Wald und ist damit einer der ältesten Naturparks Bayerns. Am Anfang umfasste er nur den Altlandkreis Regen, nach der Gebietsreform von 1972 den gesamten Landkreis Regen mit dem Altlandkreis Viechtach. Die nördlich der Donau gelegenen Landkreisteile von Deggendorf und Straubing-Bogen kamen in den Jahren 1979/1980 hinzu. Ab 1. Januar 1999 trat auch der Landkreis Freyung-Grafenau dem Naturpark bei.

Auch ein Naturpark muss sich organisieren

Ein als gemeinnützig anerkannter Verein ist der Träger des Naturparks, der Naturpark Bayerischer Wald e. V. Neben den Landkreisen und Gemeinden sind Verbände und Vereine, aber auch Privatpersonen Mitglieder in dieser Vereinigung, in der auf der Grundlage der Satzung, der Naturpark-Förderrichtlinien und der 1986 erlassenen Naturpark-Verordnung gearbeitet wird. In der Verordnung sind „Schutzzone“ (entspricht in etwa einem Landschaftsschutzgebiet) und „Nichtschutzzone“, die so genannte „Erschließungszone“, festgelegt.

Ein Naturpark ist kein Nationalpark

KENNST DU DEN UNTERSCHIED ZWISCHEN EINEM NATUR- UND EINEM NATIONALPARK?

Naturparks sind Gebiete, die „überwiegend die Voraussetzungen von Landschaftsschutzgebieten erfüllen, die also von einer besonderen Vielfalt, Eigenart und Schönheit ausgezeichnet sind und sich wegen ihrer landschaftlichen Voraussetzungen für die Erholung besonders eignen“. Die Belange des Naturschutzes und der Landschaftspflege sollen in den Naturparks beispielhaft mit den Belangen der Erholungssuchenden im Einklang stehen. Sie dienen dem Erhalt und der Entwicklung charakteristischer Kulturlandschaften. Dazu sind auch das Bewahren und die Förderung einer naturverträglichen, extensiven Land- und Forstwirtschaft nötig.

	NATURPARK BAYERISCHER WALD	**NATIONALPARK BAYERISCHER WALD**
Ziele	• Erhalt der bäuerlichen Kulturlandschaft	• Schutz der Dynamik von natürlichen und naturnahen Lebensgemeinschaften
	• Förderung naturverträglicher Landnutzungen	• Natur Natur sein lassen, keine wirtschaftsbestimmte Nutzung
	• Nutzung als Erholungsraum	• Erholung und Umweltbildung
	• Bildungs- und Öffentlichkeitsarbeit	• Forschung
Gebiet	• großräumiges Gebiet von der Donau bis zum Grenzkamm nach Tschechien	• bewaldeter Gebirgskamm der Landkreise Regen und Freyung-Grafenau entlang der Grenze zu Tschechien
Verantwortung	• Naturpark Bayerischer Wald e. V. als Trägerorganisation	• Nationalparkverwaltung als Sonderbehörde der Bayerischen Staatsforstverwaltung
Rechtsgrundlage	• Bayerisches Naturschutzgesetz Art. 11	• Bayerisches Naturschutzgesetz Art. 8
Eigentumsverhältnisse	• alle Eigentumsarten: Privat-, Staats- und Körperschaftsflächen	• Staatswaldgebiet

Die Vereinigten Staaten sind eine Reise wert

Frau Schnell vom Reisebüro EAGLE entwirft ein Werbeschreiben über Sondertarife für Flugreisen.

> **AMERIKA preiswert erleben**
>
> Sichern Sie sich durch unseren günstigen Sondertarif
>
> **„Fliegen und Sparen“**
>
> ein preisgünstiges Ticket für das gesamte Streckennetz amerikanischer Fluggesellschaften. Dieses Ticket müssen Sie vor Reiseantritt außerhalb der USA kaufen. Empfehlen können wir Ihnen außerdem den Sondertarif für
>
> **„Fliegen und Fahren“.**
>
> Hier steht für Sie an Ihrem Zielflughafen ein Mietwagen Ihrer Wahl bereit.

Nach einiger Zeit des Überlegens findet Frau Schnell, dass jeweils das Wort „Sondertarif“ wegen seiner Werbewirksamkeit hervorzuheben ist. Um ganz sicher zu gehen, dass sie diesen Begriff nicht ein einziges Mal übersieht, wählt sie den Befehl „Suchen“ ihres Textverarbeitungsprogramms an und setzt das jeweils gefundene Wort in Fettdruck.

Ebenso möchte Frau Schnell das Wort „Ticket“ durch den Begriff „Rundflugticket“ ersetzen. Hierzu wählt sie den Befehl „Ersetzen“, oft auch „Wechseln“ genannt.

Mit dem Befehl „Suchen“ lässt sich ein Text nach bestimmten Zeichen bzw. Zeichenfolgen durchsuchen.

Zeichen bzw. Zeichenfolgen können auch gesucht und gleichzeitig durch andere ersetzt werden. Dies leistet der Befehl „Ersetzen“, oft auch „Wechseln“ genannt. Kommt der zu ersetzende Begriff mehrmals im Text vor, so kann er mit „Ersetzen fortsetzen“ angezeigt und der Wechsel z. B. mit „Ja“ durchgeführt werden.

Durch „Alles ersetzen“ lassen sich in einem Arbeitsgang alle gesuchten Wörter auswechseln.

Die Länge des Such- bzw. Ersatzbegriffes ist häufig begrenzt.

1. Entnimm dem Werbeschreiben, welche Sondertarife dieses Reiseangebot enthält.
2. Gib das Werbeschreiben ein.
3. Wähle das Wort „Sondertarif“ über den Befehl „Suchen“ an und setze es in Fettdruck.
4. Setze mehrmals den Cursor vor der Eingabe des Suchbefehls an eine andere Position. Welche Folgen hat dies für die Ausführung des Suchbefehls?
5. Beschreibe den Vorgang des Suchens genau.
6. Bei welchen Gelegenheiten lässt sich der Befehl „Suchen“ sinnvoll anwenden?
7. Ersetze das Wort „Ticket“ durch „Rundflugticket“.
8. Beschreibe den Vorgang des Ersetzens genau.
9. Notiere dir die erforderlichen Befehle für den Bereich „Suchen und Ersetzen“.

Arbeitsaufgaben

1. Gib den Fließtext ein oder lade ihn.
2. Ersetze den Begriff „Erde“ durch „Welt“, den Begriff „Touristen“ durch „Besucher“.
3. Suche jeweils den Begriff „USA“ und setze ihn in Fettdruck.
4. Wende weitere Gestaltungsmöglichkeiten an.

In den USA findet sich eine solche Fülle sehens- und 58
bestaunenswerter Dinge, dass es einem Touristen sehr schwer 120
fällt, eine immer richtige Auswahl zu treffen. Sei es nun die 184
berühmteste Hängebrücke der Erde, die Golden Gate Bridge in San 254
Francisco, oder die längste und tiefste Schlucht, der Grand 317
Canyon, sei es der größte Weltraumbahnhof in Cape Canaveral oder 386
das Land von Sitting Bull mit den scheinbar endlosen Prärien und 455
den Geschichten von Cowboys und Indianern. In den Black Hills von 527
Süddakota finden sich jährlich mehr als zwei Millionen Touristen 595
ein, um die am Mount Rushmore in Granitfels gehauene Galerie 660
bedeutender Präsidenten der USA zu bewundern. Auf keinen Fall 728
jedoch sollte man es versäumen, die gigantischen Niagarafälle zu 794
besichtigen. Die donnernden Wasser, wie die Irokesen das 854
gewaltige Naturschauspiel genannt haben, liegen im Grenzbereich 920
zwischen den USA und Kanada. Jede Minute stürzen hier 425 000 cbm 992
Wasser in die Tiefe. Unmittelbar vor den Fällen verkehren kleine 1061
Schiffe, von denen sich die sprühenden und zerstäubenden Wasser 1127
eindrucksvoll beobachten lassen. Die meisten Touristen ziehen 1191
aber eine bequemere Art der Besichtigung aus der Vogelperspektive 1260
vor: Sowohl die USA als auch Kanada haben rund um dieses 1323
Naturereignis Aussichtstürme mit Höhen zwischen 90 und 150 Meter 1392
gebaut. Die USA sind ein großartiges und faszinierendes Land und 1462
haben für jeden Touristen vieles zu bieten. Sie gehören 1520
inzwischen zu den beliebtesten Urlaubszielen der Erde und sind 1585
ganz sicher eine Reise wert. 1614

1. Lade die Datei oder gib den Text ein.
2. Gestalte den Text nach dieser Vorgabe.
3. Suche mit dem vorgegebenen Material weitere Lösungen.

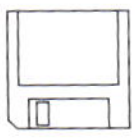

USA

In den USA findet sich eine solche Fülle sehens- und bestaunenswerter Dinge, dass es einem Besucher sehr schwer fällt, eine immer richtige Auswahl zu treffen. Sei es nun die berühmteste Hängebrücke der Welt, die Golden Gate Bridge in San Francisco, oder die längste und tiefste Schlucht, der Grand Canyon, sei es der größte Weltraumbahnhof in Cape Canaveral oder das Land von Sitting Bull mit den scheinbar endlosen Prärien und den Geschichten von Cowboys und Indianern. In den Black Hills von Süddakota finden sich jährlich mehr als zwei Millionen Besucher ein, um die am Mount Rushmore in Granitfels gehauene Galerie bedeutender Präsidenten der USA zu bewundern.

Auf keinen Fall jedoch sollte man es versäumen, die gigantischen Niagarafälle zu besichtigen. Die donnernden Wasser, wie die Irokesen das gewaltige Naturschauspiel genannt haben, liegen im Grenzbereich zwischen den USA und Kanada. Jede Minute stürzen hier 425 000 m^3 Wasser in die Tiefe. Unmittelbar vor den Fällen verkehren kleine Schiffe, von denen sich die sprühenden und zerstäubenden Wasser eindrucksvoll beobachten lassen.

Die meisten Besucher ziehen aber eine bequemere Art der Besichtigung aus der Vogelperspektive vor: Sowohl die USA als auch Kanada haben rund um dieses Naturereignis Aussichtstürme mit Höhen zwischen 90 und 150 Metern gebaut. Die USA sind ein großartiges und faszinierendes Land und haben für jeden Besucher Vieles zu bieten. Sie gehören inzwischen zu den beliebtesten Urlaubszielen der Welt und sind ganz sicher eine Reise wert.

Interessant sind die USA auch für Schüler zur Sprachschulung. Hier gibt es Privatschulen mit konfessionellem, meist katholischem Träger. Sie sind aber sehr offen gegenüber Schülern aller Konfessionen. Die Unterbringung erfolgt häufig bei Gastfamilien, die selbst Kinder an der jeweiligen Schule haben. Selbstverständlich ist es möglich, seine Wünsche hinsichtlich des Fächerangebots, der Sportmöglichkeiten und der regionalen Lage zu äußern. Die meisten Schulen liegen an der Ostküste von New York bis nach Florida, einige auch im mittleren Westen.

PROGRAMMÜBERSICHT

August/September - Januar	in der Gastfamilie	7.375 EUR
August/September - Mai/Juni	in der Gastfamilie	10.225 EUR
im Internat	14.725 EUR	
Januar - Mai/Juni	in der Gastfamilie	7.375 EUR

Leistungen

- Ausführliches Beratungs- und Auswahlgespräch
- Vorbereitungsseminar
- Visumsberechtigung
- Informationsmaterial
- Flug zum Zielflughafen in den USA und zurück
- Anschlussflüge im inneramerikanischen Bereich
- Betreuung vor Ort
- Schulgebühren
- Unterkunft in der Gastfamilie

Telearbeit - Jobkiller oder Jobknüller?

fafa jöjö düdü keke soso lälä gugu hehe tata zözö rürü pepe
wowo nänä ququ meme yaya xöxö cücü veve bobo fafa jöjö düdü

mit die bei des und den per für man auf zum wie dem nur ein
wird sich sind doch neue über eine nach sein aber ihre kein

K Ko Komm Kommunika Kommunikationsbe Kommunikationsbereiche
In Inform Informati Informationsge Informationsgesellschaft
Q Qu Quali Qualif Qualifikation Qualifikationsanforderungen

zahlreiche Experten, große Chancen, viele Anwenderbranchen,
die Arbeitswelt, boomender Mediensektor, die Sozialsysteme,

Telearbeit bringt gewaltige Veränderungen für die Menschen. 62
Die neuen Techniken könnten unsere Sozialsysteme gefährden. 62
Viele Jobs gehen durch Rationalisierungsmaßnahmen verloren. 62
Der boomende Mediensektor schafft viele neue Arbeitsplätze. 62

Telearbeit wird tief greifende Veränderungen in der Arbeitswelt 67
mit sich bringen. Zumindest in dieser Einschätzung sind sich die 134
Experten einig. Doch bei der Frage nach Chancen und Risiken des 203
computervernetzten Heimarbeitsplatzes scheiden sich die Geister. 270
Während in traditionellen Kommunikationsbereichen und in vielen 336

Anwenderbranchen Arbeitsplätze durch Rationalisierung verloren 402
gehen, schafft gleichzeitig der boomende Mediensektor neue Jobs. 469
In den USA werkeln bereits über zwölf Millionen Menschen per 536
Datenleitung für ihre Firma. In Deutschland wird die Zahl der 599
Telearbeitsplätze über kurz oder lang ebenso kräftig wachsen. 666

Enorme Möglichkeiten für neue Arbeitsplätze liegen nach Ansicht 734
der Fachleute zum Beispiel bei neuen Anwendungen im Umwelt- und 802
Gesundheitsschutz sowie im Bildungswesen. Die Telearbeit wird die 872
typische Arbeitsform der Informationsgesellschaft sein, so die 937
Hoffnung der Befürworter. Kein Stein werde auf dem anderen 1000

bleiben, im Übergang zur Informationsgesellschaft werden sich die 1068
Qualifikationsanforderungen und die beruflichen Strukturen 1129
grundlegend ändern. Die neuen Techniken, so befürchten andere 1193
Experten, werden aber nicht nur die Arbeitswelt verändern, 1254
sondern bedrohten auch die Sozialsysteme. 1296

Großbuchstaben

Schriftgröße 16, Rahmen, doppelt 0,75 P, Abstand zum Text 8 P, Schattierung 25 %

Telearbeit - Jobkiller oder Jobknüller?

Telearbeit wird tief greifende Veränderungen in der Berufswelt mit sich bringen. Doch bei der Frage nach Chancen und Risiken des computervernetzten Heimarbeitsplatzes scheiden sich die Geister. Zumindest in dieser Einschätzung sind sich die Experten einig.

Großbuchstaben

In den USA werkeln bereits über zwölf Millionen Menschen für ihre Firma per Datenleitung. In Deutschland wird die Zahl der TELEARBEITSPLÄTZE über kurz oder lang ebenso kräftig wachsen.

1 - 3

Grundschrift

Während in traditionellen Kommunikationsbereichen und in vielen Anwenderbranchen Arbeitsplätze durch Rationalisierung verloren gehen, schafft gleichzeitig der boomende Mediensektor neue Jobs.

Enorme Möglichkeiten für neue Arbeitsplätze liegen nach Ansicht der Fachleute zum Beispiel bei neuen Anwendungen im Umwelt- und Gesundheitsschutz sowie im Bildungswesen.

fett

ohne Rahmen

Die Telearbeit wird die typische Arbeitsform der Informationsgesellschaft sein, so die Hoffnung der Befürworter. Kein Stein werde auf dem anderen bleiben, im Übergang zur Informationsgesellschaft werden sich die Qualifikationsanforderungen und die beruflichen Strukturen grundlegend ändern.

Großbuchstaben

Zentrierung

Die neuen Techniken, so befürchten andere **Experten,** werden aber nicht nur die Berufswelt verändern, sondern bedrohten auch die Sozialsysteme.

nicht fett

Telearbeit

1. Ersetze Berufswelt durch Arbeitswelt.
2. Setze den gesamten Text in eine Proportionalschrift (Klein- und Großbuchstaben) mit Serifen, Schriftgröße 14.
3. Setze den Zeilenabstand auf 1,5 Zeilen.
4. Lege alle Seitenränder auf 2,5 cm fest.
5. Führe die Worttrennung durch und setze alle Absätze in Blocksatz.
6. Füge eine zum Thema passende Grafik, z. B. die oben stehende, rechtsbündig ein und schreibe das Wort Telearbeit in Schriftart Arial, Schriftgröße 9, vor die Grafik.

1. Lade die Datei oder gib den Text ein.
2. Gestalte den Text nach dieser Vorgabe.
3. Suche geeignete Bilder aus dem Internet und ersetze die vorhandenen Grafiken.
4. Gestalte die Vorlage nach eigenen Vorstellungen mit den neuen Grafiken.

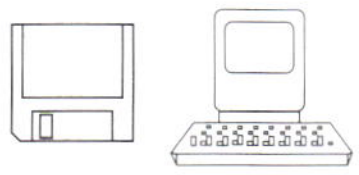

Telearbeit - Jobkiller oder Jobknüller?

TELEARBEIT WIRD TIEF GREIFENDE VERÄNDERUNGEN IN DER ARBEITSWELT MIT SICH BRINGEN.

Zumindest in dieser Einschätzung sind sich die Experten einig. Doch bei der Frage nach Chancen und Risiken des computervernetzten Heimarbeitsplatzes scheiden sich die Geister.

Während in traditionellen Kommunikationsbereichen und in vielen Anwenderbranchen Arbeitsplätze durch Rationalisierung verloren gehen, schafft gleichzeitig der boomende Mediensektor neue Jobs.

In den USA werkeln bereits über zwölf Millionen Menschen per Datenleitung für ihre Firma. In Deutschland

wird die Zahl der **TELEARBEITSPLÄTZE** über kurz oder lang ebenso kräftig wachsen.

Enorme Möglichkeiten für neue Arbeitsplätze liegen nach Ansicht der Fachleute zum Beispiel bei neuen Anwendungen im Umwelt- und Gesundheitsschutz sowie im Bildungswesen.

Die Telearbeit wird die typische Arbeitsform der Informationsgesellschaft sein, so die Hoffnung der Befürworter. Kein Stein werde auf dem anderen bleiben, im Übergang zur *Informationsgesellschaft* werden sich die *Qualifikationsanforderungen* und die *beruflichen Strukturen* grundlegend ändern.

Die neuen Techniken, so befürchten andere **Experten,** werden aber nicht nur die Arbeitswelt verändern, sondern bedrohten auch die Sozialsysteme.

Auslandserfahrene Mitarbeiter haben häufig größere Chancen

Auslandserfahrene
Auslandserfahrene Mitarbeiter
Auslandserfahrene Mitarbeiter haben
Auslandserfahrene Mitarbeiter haben häufig
Auslandserfahrene Mitarbeiter haben häufig größere
Auslandserfahrene Mitarbeiter haben häufig größere Chancen.
Auslandserfahrene Mitarbeiter haben häufig größere
Auslandserfahrene Mitarbeiter haben häufig
Auslandserfahrene Mitarbeiter haben
Auslandserfahrene Mitarbeiter
Auslandserfahrene

entsprechen praktisch eingeschätzt zurechtfinden sorgfältig
Arbeitsbedingungen, Auslandsvertretungen, Sprachkenntnisse,
Informationen Enttäuschungen Überraschungen Export Qualität
Nowadays many firms offer their employees to occupy abroad. 60
To speak foreign languages becomes more and more important. 60
Exportfirmen bevorzugen oft Bewerber mit Auslandserfahrung. 62
Fremdsprachenkenntnisse sind in der Wirtschaft oft gefragt. 61

Immer mehr Personalchefs legen Wert auf ein Bewährungsjahr im 66
Ausland und suchen nach entsprechenden Unterlagen in den 125
Bewerbungsschreiben. Einmal werden praktische Sprachkenntnisse 191
bei der enger werdenden Verflechtung der Wirtschaft immer höher 257
eingeschätzt. Zum anderen traut man Leuten, die es geschafft 320

haben, sich im Ausland gut zurechtzufinden, eher zu, den 378
Ansprüchen gehobener Positionen gerecht zu werden. Sehr gefragt 445
sind Auslandserfahrungen auch im Vertrieb oder Export. Firmen 511
bevorzugen hier Mitarbeiter, die schon im Ausland gelebt und 574
gearbeitet haben und sich deshalb mit der Mentalität und den 636

Sitten eines Landes genau auskennen. So lassen sich nämlich 699
leichter Handelsbeziehungen zu anderen Staaten aufnehmen. Der 764
Schritt ins Ausland ist jedoch sorgfältig zu planen, damit es 828
keine unangenehmen Überraschungen und Enttäuschungen gibt. 889
Ausführliche Informationen über das Zielland und die jeweiligen 956

Arbeitsbedingungen sind unbedingt nötig. Stets hilfreich ist auch 1024
ein Gespräch mit auslandserfahrenen Personen. Als günstigste Zeit 1094
für einen Auslandsaufenthalt gelten die ersten sechs Jahre nach 1160
Beendigung der Ausbildung. Länger als drei Jahre im Ausland sind 1230
nicht empfehlenswert, da sonst die Eingliederung im Heimatland zu 1298

schwierig wird. Inzwischen bieten zahlreiche Firmen ihren 1358
Beschäftigten an, in Auslandsvertretungen eine gewisse Zeit zu 1424
arbeiten. Von dieser Möglichkeit sollte man aber nur Gebrauch 1489
machen, wenn sie mit der Zusicherung verbunden ist, dass nach der 1556
Rückkehr ein Arbeitsplatz von gleicher Qualität bereitsteht. 1619

Tastschreiben ist international

Im internationalen Geschäftsleben wird Englisch gesprochen. Weitere Fremdsprachen sind für viele Berufe Grundbedingung.

Obwohl die deutsche Sprache im internationalen Geschäftsleben einen größeren Stellenwert als früher einnimmt, dominiert hier nach wie vor Englisch. Wer es in Branchen mit starkem Auslandskontakt zu etwas bringen will, sollte weitere Fremdsprachen beherrschen. Als zweitwichtigste Sprache gilt in Europa Französisch, da Frankreich zu Deutschland die intensivsten Wirtschaftsbeziehungen hat. Es folgen etwa gleichbedeutend Italienisch und Spanisch. Mehr und mehr gewinnen auch Griechisch, Portugiesisch, Russisch, Japanisch und Arabisch an Bedeutung, weil die Zahl der Geschäfte mit diesen Ländern ständig ansteigt.

In international business English is spoken. Speaking further foreign languages is a basic condition for a lot of jobs.

Although nowadays the German language ranks higher in international business than it used to, English is dominant as before. If you want to succeed in branches with intensive foreign connections, you should speak further foreign languages. French is said to be the second important language in Europe since the economic relations between France and Germany are most intensive. French is followed by Italian on the same level with Spanish. Greek, Portuguese, Russian, Japanese and Arabian are also getting more and more important because business with these countries is increasing constantly.

Nel mondo degli affari internazionali viene parlato inglese. Altre lingue straniere sono condizione essenziale per molte professioni.

Anche se il tedesco ha raggiunto nel mondo degli affari internazionali una maggiore importanza rispeto a ieri, l'inglese é ancora dominante. Chi vuole avere successo in campi con intensivi contatti con l'estero dovrebbe comunque essere padrone di altre lingue straniere. Per seconda lingua in ordine d'importanza in Europa é il francese, avendo la Francia con la Germania i piu intensi contatti economichi. Seguono con identica importanza l'italiano e lo spagnolo. Riccevono sempre piu importanza anche il greco, il portoghese, il russo, il giapponese e l'arabo, dal momento che il volume d'affari con queste nazioni cresce continuamente.

Reisen erfordern Sprachkenntnisse

Claudio, Renate, Peter und Raffaela suchen für die nächste Ausgabe ihrer Schülerzeitung nach Ideen. Claudio bringt den Vorschlag ein, einige wichtige fremdsprachliche Wörter für den Urlaub zusammenzustellen. Da Raffaela die Arbeitsgemeinschaft Italienisch besucht, steht die zweite Fremdsprache neben Englisch fest. Die Redaktionsmitglieder beginnen so:

Deutsch	Englisch	Italienisch
bitte	please	prego
danke	thank you	grazie
ja	yes	si
nein	no	no
Wie geht es dir?	How are you?	Come stai?
entschuldige	excuse me	scusa
guten Tag	hello	buon giorno
guten Abend	good evening	buona sera
auf Wiedersehen	good bye	arrivederci

1. Lies die Wörter.
   Warum haben sich die Schüler für die Darstellung in einer Tabelle entschieden?

2. Welche Überlegungen musst du vor der Eingabe einer Tabelle anstellen?

Tabellen lassen sich ganz einfach in vielen Textverarbeitungsprogrammen, z. B. mit der Anweisung „Tabelle einfügen“, erstellen.

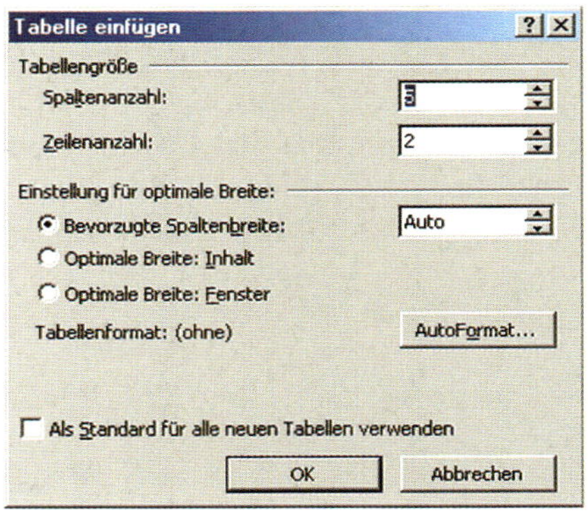

3. Betrachte den links stehenden Bildschirm und erkläre.

In den folgenden Grafiken werden die wichtigsten **Tabellenoperationen** dargestellt.

Tabelle 1:

Tabelle 2:

Deutsch	Englisch	Italienisch
bitte	please	prego
ja	yes	si
Wie geht es dir?	How are you?	Come stai?
entschuldige	excuse me	scusa

Zelle		
Zeile		

Zelle		Spalte

In einer Tabelle rückst du mit der Tab-Taste in die rechte Spalte. Drückst du zusätzlich die Umschalttaste erreichst du die linke Spalte.

Tabelle 3:

Deutsch	Englisch	Italienisch
bitte	please	prego
danke	thank you	grazie
ja	yes	si
Wie geht es dir?	How are you?	Come stai?
entschuldige	excuse me	scusa

Tabelle 4:

Deutsch	Englisch	Italienisch	Französisch
bitte	please	prego	s´il vous plait
danke	thank you	grazie	merci
ja	yes	si	oui
Wie geht es dir?	How are you?	Come stai?	Comment vas-tu?
entschuldige	excuse me	scusa	excuse-moi

Tabelle 5:

Deutsch	Englisch	Italienisch	Französisch
bitte	please	prego	s´il vous plait
danke	thank you	grazie	merci
entschuldige	excuse me	scusa	excuse-moi
ja	yes	si	oui
Wie geht es dir?	How are you?	Come stai?	Comment vas-tu?

Tabelle 6:

Vier Sprachen auf einen Blick			
Deutsch	**Englisch**	**Italienisch**	**Französisch**
bitte	please	prego	s´il vous plait
danke	thank you	grazie	merci
entschuldige	excuse me	scusa	excuse-moi
ja	yes	si	oui
Wie geht es dir?	How are you?	Come stai?	Comment vas-tu?

Formlos vorgegebener Text kann, z. B. über das Menü „Tabelle - Umwandeln", als Tabelle gestaltet werden. Ebenso lassen sich Tabellen wieder in normalen Text umwandeln.

Organisation; Gründung; Sitz
EU; 1993; Brüssel
GUS; 1991; Minsk
NATO; 1949; Brüssel
OPEC; 1960; Wien
WHO; 1948; Genf
WTO; 1995; Genf
UNO; 1945; New York

Organisation	Gründung	Sitz
EU	1993	Brüssel
GUS	1991	Minsk
NATO	1949	Brüssel
OPEC	1960	Wien
WHO	1948	Genf
WTO	1995	Genf
UNO	1945	New York

4. Ordne folgende Operationen den dargestellten Tabellen zu:
   - Kopfzeile hervorheben
   - Spalte einfügen oder Zellen teilen
   - Spalten-, Zeilenanzahl bestimmen
   - Tabelle einfügen/einrichten
   - Rahmenlinien variieren
   - Überschrift einfügen
   - Text eingeben
   - Zellenbreite verändern (automatisch, manuell)
   - Schriftgröße verändern
   - Schattierung einstellen
   - Zeile einfügen
   - alphabetisch nach erster Spalte sortieren

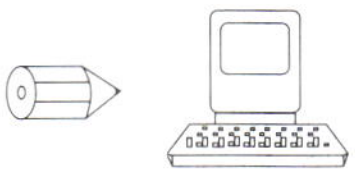

5. Notiere die zu den einzelnen Grafiken gehörenden Anweisungen deines Textverarbeitungsprogramms.
   Erstelle die abgebildeten Tabellen.

6. Suche im Internet weitere Beispiele und ergänze die Tabelle.

7. Informiere dich mit dem entsprechenden Hilfsprogramm über das Umwandeln von Text in eine Tabelle bzw. das Umwandeln einer Tabelle in Text.
8. Lade die Datei „Organisationen" oder gib die nebenstehenden Beispiele ein.
9. Wandle die Beispiele in eine Tabelle um.
   Wandle eine früher erstellte Tabelle in Text um.

In vielen Textverarbeitungsprogrammen sind so genannte Tabulatorstopps standardmäßig auf bestimmte Zentimeterzahlen voreingestellt. Tabulatorstopps lassen sich aber auch an beliebigen Positionen innerhalb des Schreibbereichs festlegen. Die Stopps werden oftmals im Zeilenlineal angezeigt.

Je nach Anwendungsbereich kannst du verschiedene Arten von Tabulatoren einsetzen. Man unterscheidet linksbündige, zentrierte, rechtsbündige und dezimale Tabulatoren.

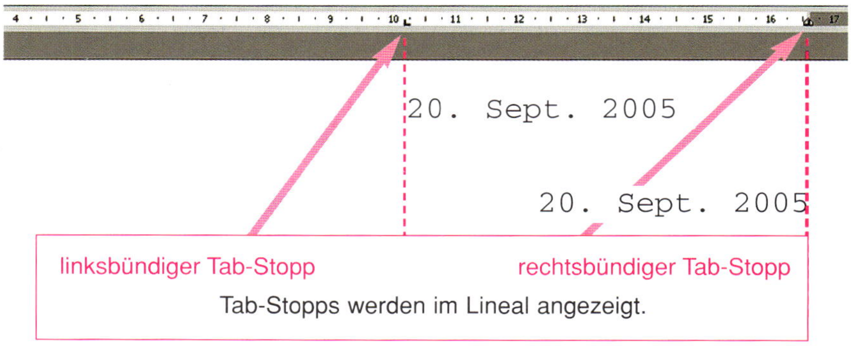

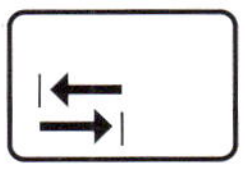

1. Betrachte den links stehenden Bildschirm und erkläre.

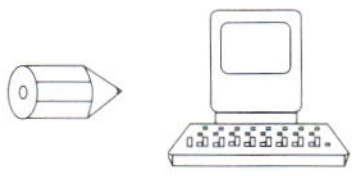

2. Nenne einige Anwendungsbereiche für die einzelnen Tabulatorarten.
3. Notiere die Befehle deines Textverarbeitungsprogramms für das Festlegen und Löschen von Tab-Stopps.

Arbeitsaufgaben

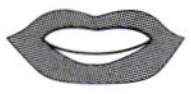

1. Liste folgende Angaben in Tabellenform auf, füge eine geeignete Überschrift ein und gestalte eine A4-Seite.

Ort - Hotel - Halbpension - Vollpension;
Genua - Miramare - 30,00 EUR - 42,50 EUR;
Verona - Palace - 40,50 EUR - 49,00 EUR;
Florenz - Astoria - 72,00 EUR - 83,50 EUR;
Pisa - Minerva - 46,00 EUR - 55,50 EUR;
Venedig - Europa - 68,00 EUR - 84,00 EUR;
Siena -Belvedere - 50,00 EUR - 61,00 EUR;
Rom - Italia - 102,00 EUR - 138,00 EUR;
Sorent - Garden - 58,00 EUR - 72,00 EUR;
Mailand - Michelangelo - 124,00 EUR - 192,00 EUR;
Ravenna - Victoria - 63,00 EUR - 75,00 EUR;

2. Erstelle aus den folgenden Angaben eine Tabelle, füge eine geeignete Überschrift ein und gestalte eine A4-Seite. Verwende die Begriffe „Land“, „Hauptstadt“ und „Kennzeichen“ für die Kopfzeile und sortiere die Angaben alphabetisch.

Ungarn, Budapest, H;	Färöer, Tórshavn, FR;
Österreich, Wien, A;	Spanien, Madrid, E;
Schweiz, Bern, CH;	Frankreich, Paris, F;
Monaco, Monaco, MC;	Island, Reykjavik, IS;
Luxemburg, Luxemburg, L;	Liechtenstein, Vaduz, FL;
Türkei, Ankara, TR;	Finnland, Helsinki, SF;
Italien, Rom, I;	Portugal, Lissabon, P;
Belgien, Brüssel, B;	Dänemark, Kopenhagen, DK;
Norwegen, Oslo, N;	Schweden, Stockholm, S;
Rumänien, Bukarest, RO;	Griechenland, Athen, GR;

Tastschreiben macht Spaß

1. Erstelle über eine A4-Seite folgende Tabelle und trage nach Bedarf deine Leistungen ein.

Schuljahr __________

Texterfassung

Datum	Textname	Anschläge	Fehler	Fehler-prozente	Note

2. Erstelle für die unten stehende Mitgliederliste eine Tabelle in Querformat.
   - Sortiere nach Namen, sortiere die Nummern entsprechend den Namen.
   - Kopiere die Liste und sortiere nach Geburtsdatum.
     Sortiere die Nummern entsprechend dem Geburtsdatum.

Mitgliederliste

Nr.	*Name*	*Vorname*	*Straße*	*PLZ*	*Wohnort*	*Telefon*	*Geburtsdatum*
1	Lang	Patricia	Isarstraße 243	93059	Regensburg	0941 41818	1976-05-04
2	König	Klaus	Fürstenweg 256	94034	Passau	0851 757575	1960-11-11
3	Assmann	Irene	Kreuzbergring 77	92421	Schwandorf	09431 21255	1973-03-03
4	Assmann	Alex	Kreuzbergring 77	92421	Schwandorf	09431 21255	1975-06-24
5	Wächter	Peter	Regensburger Str. 19	94315	Straubing	09421 88888	1965-08-12
6	Dressler	Doris	Egger Straße 111	94469	Deggendorf	0991 29999	1971-02-02
7	Dressler	Jochen	Egger Straße 111	94469	Deggendorf	0991 29999	1970-05-05
8	Zielke	Sonja	Luitpoldstraße 203	84034	Landshut	0871 67777	1961-08-30
9	Nusser	Tobias	Klenzestraße 244	80469	München	089 2122133	1962-11-06
10	Riedl	Maria Anna	Alter Bahnhofsplatz 3	83646	Bad Tölz	08041 75555	1964-07-07

3. Gestalte mit Hilfe der Tabellenfunktion ein A4-Blatt mit ähnlichen Visitenkarten.

Peter Weber
Rheinstraße 312
80803 München
089 11223344

Peter Weber
Rheinstraße 312
80803 München
089 11223344

Kantinenessen in gepflegter Atmosphäre

1. Schreibe nach den Vorübungen die folgenden Fließtexte.
2. Gliedere sie mit Hilfe von Leerzeilen in sinnvolle Abschnitte und führe die Worttrennung durch.

regelmäßig verköstigt ernährungswissenschaftlich zweckmäßig
Qualität Speisesäle Betriebsverpflegung Betriebsrestaurants

Ein Großteil der Berufstätigen verköstigt sich in Kantinen. 63
Die Speisen werden auch den gestiegenen Ansprüchen gerecht. 62

Bei weitem nicht jeder Berufstätige hat Zeit und Gelegenheit, 66
während der Arbeitswoche daheim zu essen. Ein Großteil verköstigt 135
sich regelmäßig in Kantinen. Die Ansprüche an die Mahlzeiten sind 205
in den letzten Jahren erheblich gestiegen. Vorbei ist die Zeit 271
der einfallslosen, schwer verdaulichen Eintöpfe. Immer mehr 333
gleicht das Angebot der Betriebsverpflegung den Menüs gehobener 400
Gasthäuser. Der Arbeitnehmer findet eine Auswahl verschiedenster 469
Gerichte vor, die in Qualität, Geschmack und Zubereitung keinen 537
Vergleich scheuen müssen und auch ernährungswissenschaftlich 599
ausgewogen sind. Jedoch nicht nur der Speiseplan, auch die 658
räumliche Ausstattung der Kantinen hat sich erheblich verbessert. 725
Anstelle früherer Speisesäle, die nur kärglich möbliert und ganz 792
auf rasche Nahrungsaufnahme ausgerichtet waren, stehen heute 854
Betriebsrestaurants, die nicht nur zweckmäßig sind, sondern eine 920
angenehme, einladende Atmosphäre bieten und damit auch die 980
wichtige Funktion einer Kontakt- und Begegnungsstätte übernehmen. 1048

Catering - ein neuer Unternehmenszweig

vielfältig produzieren architektonische regelmäßig ungefähr
Zauberwort Service Caterer Spezialist Thermofahrzeuge Küche

Firmen lassen sich die Speisen von Spezialisten zubereiten. 62
Die Caterer sind kostengünstiger als betriebseigene Küchen. 62

Um ihre Mitarbeiter mit vielfältigem Speisenangebot und erheblich 69
verbessertem Service versorgen zu können, verzichten heute viele 135
Firmen mehr und mehr darauf, die Betriebsverpflegung mit eigenem 202
Personal zu produzieren. Das Zauberwort heißt "Catering". Der 271
Caterer ist ein Spezialist für die Herstellung und den Vertrieb 339
von Kantinenmahlzeiten sowie die architektonische Ausgestaltung 405
der Kantinenräume. Er bereitet das Essen zentral vor, verteilt es 474
in Thermofahrzeugen an die Abnehmer und berät die Betriebe bei 544
der Zusammenstellung der Speisepläne sowie der Gestaltung der 605
Betriebsrestaurants. Weil er in großem Stil produziert, ist er 671
kostengünstiger als eine betriebseigene Küche. Ungefähr 10 000 736
Mahlzeiten nimmt ein Mensch im Laufe seines Erwerbslebens zu 801
sich. In Deutschland lassen sich fast 18 Millionen Erwerbstätige 870
regelmäßig in einer Kantine am Arbeitsplatz verpflegen. Catering 938
ist also ein neuer, sich durchaus lohnender Unternehmenszweig. 1001

Die Briefmarke ist nicht nur ein Gebrauchsgegenstand

Briefmarken, Postwertzeichen, Briefhülle, Gebührenfreiheit,
Parlament Mitglieder Privileg Ärgernis Fälscher Lösung Bild
Die erste aufklebbare Briefmarke wurde in England erfunden. 62
Motiv der 1-Penny-Black war ein Bildnis von Queen Victoria. 65

Die erste aufklebbare Briefmarke erblickte am 6. Mai 1840 das 65
Licht der Welt. Queen Viktoria beauftragte damals Rowland Hill 134
mit der Reform des Postwesens. Sie war nötig, weil zu jener Zeit 203
die Briefgebühren überhöht und umständlich zu berechnen waren. 267
Daneben stand noch die Gebührenfreiheit für die Mitglieder des 333
Parlaments in heftiger Kritik. Bei den Abgeordneten reichte 397
nämlich allein die Unterschrift auf den Briefen zur kostenlosen 463
Beförderung. Dieses Privileg empfanden viele Privatleute als ein 532
großes Ärgernis. Außerdem entdeckten bald geschickte Fälscher 597
diese billige Lösung. Mit dem kleinen Bildchen auf der Briefhülle 667
gelang der britischen Postverwaltung eine Erfindung, die weltweit 735
Nachahmung fand. Motiv der ersten Briefmarke der Welt, der sog. 803
1-Penny-Black, war ein Jugendbildnis von Königin Viktoria. Neun 873
Jahre später kam in Bayern mit dem Schwarzen Einser die erste 939
deutsche Briefmarke heraus. Inzwischen ist eine unvorstellbare 1004
Zahl von Postwertzeichen - wie die Briefmarken genau genommen 1069
heißen - erschienen. Aus Gründen der Rationalisierung wird heute 1137
aber immer häufiger die zeitsparende Frankiermaschine eingesetzt. 1203

berühmt weltweit beschränken möglichst entscheidend sammeln
Gebührenquittungen Philatelisten Ländersammlungen Exemplare
Briefmarken sind Sammelobjekte für Millionen Philatelisten. 63

Briefmarken dienen nicht nur als Gebührenquittungen, sondern sind 68
auch Sammelobjekte und Steckenpferd für Millionen Philatelisten. 137
Obwohl seltene Marken Preise erzielen wie die Gemälde berühmter 205
Meister, ist das Briefmarkensammeln ein Hobby, das sich auch mit 273
kleinem Geldbeutel pflegen lässt. Entscheidend ist für viele 336
nicht die Aussicht auf einen möglichst hohen Gewinn, sondern ganz 404
einfach die Freude und das Interesse am Sammeln und am Aufspüren 473
von Exemplaren, die nicht jeder hat und nicht jeder kennt. Da 537
Jahr für Jahr weltweit viele tausend neue Marken erscheinen, kann 606
natürlich nicht alles gesammelt werden. Viele beschränken sich 670
auf Ländersammlungen, d. h. man sammelt alle Marken, die in einem 738
bestimmten Land erscheinen. Daneben finden heutzutage auch Motiv- 807
und Themensammlungen immer mehr Anhänger. Hier zeigen sich dann 874
die persönlichen Interessen des Sammlers bei der Auswahl der 938
Gebiete. Seiner Phantasie sind dabei keine Grenzen gesetzt. 1001

Ein neuer Handelszweig - Adressen

für vor oft wie ist pro aus bei gar her mit dem wer ich ca.
nicht enorm alten diese holen sogar dabei denen allem ihrer

advertising mail advertisement prospectus customer commerce
commercial house, warehouse, stores, business, competition,

Adresse, Kundschaft, Kundenadressen, Branchenverzeichnisse,
Daten, Datenschutz, Kundendateien, Bundesdatenschutzgesetz,

einige Lotteriegesellschaften, unterschiedliche Unternehmen
verschiedene Waren- und Versandhäuser, zahlreiche Branchen,

.thcuseg nessinhciezrevnehcnarB ni .a .u nedrew netadnednuK
.eis neteimrev redo sua nesserdanednuK nehcsuat nemhenretnU
.nebierhcssuasierP hcrud netaD erhi netlahre nemriF ehciltE

Kundendaten werden u. a. in Branchenverzeichnissen gesucht. 61
Unternehmen tauschen Kundenadressen aus oder vermieten sie. 61
Etliche Firmen erhalten ihre Daten durch Preisausschreiben. 63

Für private Post ist vor lauter Werbung oft kaum noch Platz. 65
Handzettel, Prospekte und Werbebriefe verstopfen die Briefkästen. 135
Selbst Aufkleber wie "Stopp - Werbung einwerfen verboten" 199
schrecken Firmen nicht ab. Lotteriegesellschaften, 252
Computerfirmen, Waren- und Versandhäuser suchen nach künftigen 318

Kunden. Die Flut der Werbebriefe ist enorm. Bereits 1991 wurden 387
in den alten Bundesländern rund 3,5 Milliarden Werbebriefe 450
verschickt, 2,3 Milliarden davon an Privathaushalte, das sind ca. 518
83 Schreiben pro Jahr. Die Adressensammler holen sich ihre Daten 588
z. B. aus Handelsregistern, Messekatalogen und 638

Branchenverzeichnissen. Versandhäuser komplettieren laufend ihre 705
Kundendateien, manche Unternehmen veranstalten sogar eigene 767
Preisausschreiben, um an Kundenadressen heranzukommen. Immer mehr 836
Unternehmen tauschen ihre Datenbestände aus oder vermieten sie. 902
Dabei können Gruppen, bei denen geworben werden soll, sogar 964

gezielt bestellt werden. Gründe für den boomenden Datenhandel 1028
sind vor allem die enorm gestiegenen Preise für die Werbung in 1093
der Zeitung und im Fernsehen. Oftmals wird jedoch die Zielgruppe 1162
gar nicht erreicht, die mögliche Kundschaft muss daher persönlich 1229
angesprochen werden. Der Handel mit Adressen ist legal. Einmal 1296

erhobene Daten dürfen nach dem Bundesdatenschutzgesetz 1353
unbeschränkt weitergegeben werden. Eine Zustimmung brauchen die 1419
Kunden dafür nicht zu erteilen. Sie können jedoch mit Vermerken 1490
wie "Ich widerspreche der Nutzung meiner Daten für Werbezwecke" 1560
die Weitergabe ihrer Daten verbieten. 1594

Ein neuer Handelszweig - Adressen

Schriftgröße 12,5, fett, schattiert

Für private Post ist vor lauter Werbung oft kaum noch Platz. Handzettel, Prospekte und Werbebriefe verstopfen die Briefkästen. Selbst Aufkleber wie "Stopp - Werbung einwerfen verboten" schrecken Firmen nicht ab. Lotteriegesellschaften, Computerfirmen, Waren - und Versandhäuser suchen nach künftigen ~~Käufern~~.

Schriftgröße 13
Kunden

Die Flut der Werbebriefe ist enorm. Bereits 1991 wurden in den alten Bundesländern rund 3,5 Milliarden Werbebriefe verschickt, 2,3 Milliarden davon an Privathaushalte, das sind ca. 83 Schreiben pro Jahr.

nicht unterstreichen
***

Immer mehr Unternehmen tauschen ihre Datenbestände aus oder vermieten sie. Dabei können Gruppen, bei denen geworben werden soll, sogar gezielt bestellt werden. Gründe für den boomenden Datenhandel sind vor allem die enorm gestiegenen Preise für die Werbung in der Zeitung und im Fernsehen.

2,54 cm
fett

Die Adressensammler holen sich ihre Daten z.B. aus Handelsregistern, Messekatalogen und Branchenverzeichnissen. Versandhäuser komplettieren laufend ihre Kundendateien, manche Unternehmen veranstalten sogar eigene Preisausschreiben, um an Kundenadressen heranzukommen.

groß

Der Handel ist legal. Einmal erhobene Daten dürfen nach dem Bundesdatenschutzgesetz unbeschränkt weitergegeben werden. Eine Zustimmung brauchen die Kunden dafür nicht zu erteilen. Sie können jedoch mit Vermerken wie "Ich widerspreche der Nutzung meiner Daten für Werbezwecke" die Weitergabe ihrer Daten verbieten.

mit Adressen
fett, Kontur
Zentrierung, kursiv

1	Oliver	Prock	Königstr. 4	93116	Magdeburg
2	Kevin	Krüger	Karlstr. 435	40210	Düsseldorf
3	Dorith	Dobler	Kneippstr. 3	30853	Hannover

** Diese Direktwerbung kostete die deutschen Unternehmen ungefähr 10 Milliarden Euro.*

1. Füge das angegebene Zeichen, z. B. Wingdings 80 P, neben der Überschrift ein und schreibe das Wort Adressen - Arial 8 P - in das Zeichen.
2. Ergänze die Tabelle mit einer Kopfzeile mit folgenden Leitwörtern: Nr., Vorname, Name, Straße, PLZ, Ort.
3. Erweitere die Tabelle um die Spalte Geb.-Datum und trage die folgenden Daten in numerischer Schreibweise ein: 15. Mai 1967, 28. Jan. 1975, 5. Aug. 1959. Gleiche die Spaltenbreite an.
4. Formatiere die Kopfzeile: Schriftgröße 13 P, Schattierung 25 %.
5. Setze den Seitenrand rechts auf 2 cm.
6. Zentriere die gesamte Tabelle.
7. Führe die Worttrennung durch.

Nicht jeder Brief erreicht den Empfänger

?
Schreib & Maschine, Tastweg 7, 93051 Regensburg
Frau
Elke Lang
Blumenweg 3
94315 Straubing

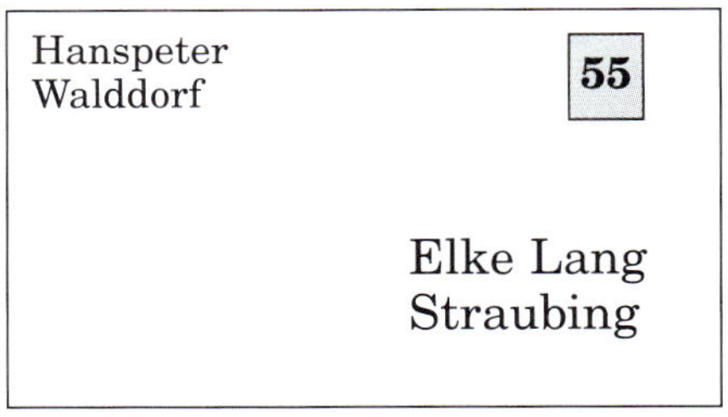

1. Vergleiche die beiden Briefhüllen und äußere dich dazu.

Wie du leicht feststellen kannst, unterscheiden sich die beiden Briefhüllen nicht nur durch ihre Beschriftung, sondern auch durch ihre Art. Seit einiger Zeit setzen sich immer mehr sog. Fensterkuverts durch. Damit spart ein Betrieb Zeit und Geld: Die Anschriften werden nur auf die A4-Briefe selbst geschrieben. Ein Beschriften der Kuverts entfällt. In größeren Betrieben brauchen die Briefe nicht einmal mehr gefaltet und in die entsprechenden Fensterbriefhüllen gesteckt werden. Dies besorgen Kuvertiermaschinen.

Damit ein Brief nun ohne unnötige Umwege den Empfänger erreicht, muss ein Anschriftfeld mindestens folgende Inhalte aufweisen:

```
•
•
•
Anrede
Vorname Nachname
Straße und Hausnummer
PLZ und Ort
•
•
```

2. Beschreibe anhand der Grafik den Aufbau eines Anschriftfeldes (• bedeutet Leerzeile).
3. Finde Oberbegriffe zu den einzelnen Bausteinen.
4. Der Ort des Anschriftfeldes ist auf einem A4-Blatt genau festgelegt. Dabei spielt es keine Rolle, ob es sich um ein A4-Blatt mit oder ohne Aufdruck handelt.

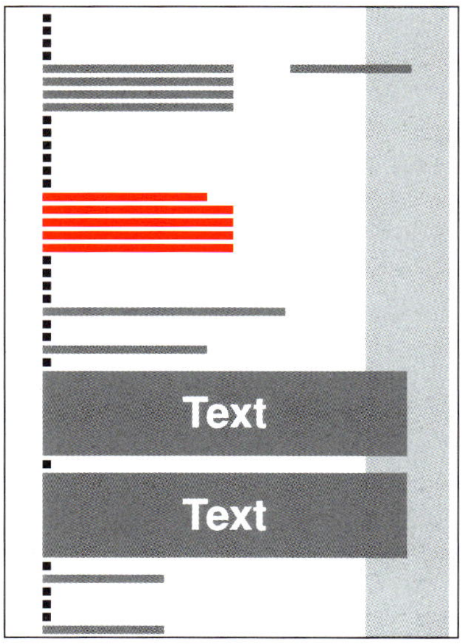

5. Betrachte die nebenstehenden Grafiken und beschreibe, an welchen Stellen die Anschrift in ein A4-Blatt zu setzen ist.

In den kommenden Einheiten dieses Buches werden dir die einzelnen Bauteile des A4-Briefes ohne und mit Aufdruck (Briefvordruck A4) genau erklärt. Überblicksartig wird dir durch farbige Hervorhebungen aufgezeigt, an welche Stelle des jeweiligen Briefes der besprochene Inhalt zu setzen ist. Das linke Beispiel zeigt dir z. B. den Ort der Anschrift.

Zur Mindestanschrift gehören Anrede, Vor- mit Familienname, Postfach bzw. Straße mit Hausnummer, Postleitzahl und Ort des Empfängers.

```
•
•
•
Frau
Margit Stein
Nürnberger Straße 2
93059 Regensburg
•
•
```
(1)

```
•
•
•
Frau
Dr. Sonja Birkenfelder
Am Alten Schloss 3
96450 Coburg
•
•
```
(2)

```
•
•
•
Herrn
Robert Klein
Schillerstraße 15 - 17
87435 Kempten
•
•
```
(3)

```
•
•
•
Herrn
Thorsten Thimm
bei Schneider
Tannenstraße 27 a
82319 Starnberg
•
```
(4)

```
•
•
•
Herrn
Klaus Otto
Bergstraße 37 // III r.
92224 Amberg
•
•
```
(5)

```
•
•
•
Eheleute
Christa und Werner Schneider
Rathausplatz 27 // W 66
78465 Konstanz
•
•
```
(6)

```
•
•
•
Familie
Anja Auburger
Rainer Resch
Postfach 2 22
88111 Lindau
•
```
(7)

```
•
•
•
Frau Petra Winkler
Herrn Udo Mauerer
Postfach 18 90
90190 Nürnberg
•
•
```
(8)

Arbeitsaufgaben

1. Welche Gestaltungsmöglichkeiten erkennst du nach dem Anschriftbeispiel von Frau Stein?
2. Ordne die folgenden Angaben den Beispielen zu und finde Gründe für ihre Notwendigkeit: Wohnungsnummer, akademische Bezeichnung, Gebäudeteil (erstreckt sich über mehrere Hausnummern), Untermieter, Angabe des Postfachs, Angabe des Stockwerks, Angabe der Eingangsrichtung, z. B. rechts.
3. Notiere dir, an welcher Stelle die einzelnen Angaben zu platzieren sind.
4. Nenne verschiedene Anreden und begründe ihre Anwendung.
5. Ersetze die Anschrift von Frau Stein durch deine eigene und gib die anderen Anschriften formrichtig ein.

Neben verschiedenen Gestaltungsmöglichkeiten eines Anschriftfeldes mit den notwendigen Mindestangaben lassen sich noch vielfach Erweiterungen einfügen.

```
•
•
•
Herrn Architekt
Peter Klug
Goldberg 34
84028 Landshut
•
•
```

1

```
•
•
•
Herrn
Peter Klug
Architekt und Bauunternehmer
Goldberg 34
84028 Landshut
•
```

2

```
•
•
•
Firma
Peter Klug
Goldberg 34
84028 Landshut
•
•
```

3

```
•
•
•
Bauunternehmen
Peter Klug
Goldberg 34
84028 Landshut
•
•
```

4

```
•
•
Einschreiben Einwurf
Bauunternehmen
Peter Klug
Goldberg 34
84028 Landshut
•
•
```

5

```
•
•
Warensendung
Bauunternehmen
Peter Klug
Schreibbüro
Goldberg 34
84028 Landshut
•
```

6

```
•
•
•
Bauunternehmen
Peter Klug
Schreibbüro
Frau Hell
Goldberg 34
84028 Landshut
```

7

```
•
•
Wenn unzustellbar, zurück
Frau
Gabi Hell
Bauunternehmen Klug
Goldberg 34
84028 Landshut
•
```

8

Arbeitsaufgaben

1. Betrachte die beispielhaften Anschriftfelder und äußere dich über bereits Bekanntes.
2. Ordne die folgenden Erweiterungen den Beispielen zu und finde Gründe für ihre Notwendigkeit:
   - Postvermerke: Vorausverfügungen, Produkte
   - bestimmter Empfänger (Privatschreiben - darf nicht geöffnet werden)
   - bestimmter Empfänger (Geschäftsschreiben - darf geöffnet werden)
   - Firmenbezeichnung, Berufs- bzw. Amtsbezeichnung
   - bestimmte Abteilung
3. Notiere dir, an welcher Stelle die einzelnen Erweiterungen zu platzieren sind.
4. Gib die Anschriften formrichtig ein.

Auch Behörden- und Auslandsanschriften verlangen eine bestimmte Gestaltung.

```
•
•
•
Finanzamt Passau
Postfach 2 88
94016 Passau
•
•
•
```
①

```
•
•
•
Bezirksfinanzdirektion
Regensburg
Bahnhofstraße 7
93047 Regensburg
•
•
```
②

```
•
•
Mit Luftpost - Par Avion
Sig. Battista Nanini
Via Limone 12
20138 MILANO
ITALIEN
•
•
```
③

```
•
•
Mit Luftpost - Par Avion
Mrs Diana McDonald
145 Mayor Street
MILWAUKEE, WI 53221
USA
•
•
```
④

Arbeitsaufgaben

1. Betrachte die Anschriften. Bei einer Behördenanschrift wird die Empfängerbezeichnung sinnvoll in Zeilen aufgeteilt. Gib weitere Beispiele an.
2. Gib die Anschriften 1 und 2 formrichtig ein.
3. Schreibe Anschriften für zwei Behörden deines Stadt- bzw. Landkreises.
4. Vergleiche Inlands- und Auslandsanschriften.
   Welche Unterschiede stellst du fest?
5. Gib die Anschriften 3 und 4 formrichtig ein.
6. Erfinde zwei weitere Anschriften in das Ausland und gib sie formrichtig ein.

Im Anschriftfeld stehen neun Zeilen zur Verfügung.
Die Anschrift beginnt bei 2,41 cm und darf 10,03 cm nicht überschreiten.
Folgende Aufteilung gilt für Inlandsanschriften.

Zeile	Text		
1	**Zusätze**	(z. B. Warensendung, Einschreiben Einwurf,	**Zusatz- und Vermerkzone**
2	**und**	Nicht nachsenden, Express) -	
3	**Vermerke**	beginnend in Zeile 3	
1	**Empfängerbezeichnung** – Der Begriff **Firma** darf entfallen, wenn aus der Empfängerbezeichnung ersichtlich ist, dass es sich um eine Firma handelt. – **Berufs-** und **Amtsbezeichnungen** gehören neben die **Anrede,** längere **unter** den **Namen.**		**Anschriftzone**
2	– **Akademische Grade** und **Namen** – Bei **Untermietern** wird auch der Name des Wohnungsinhabers geschrieben.		
3	**Postfach** oder **Straße** und **Hausnummer**		
4	**Postleitzahl** und **Bestimmungsort**		
5	•		
6	•		

Tastschreiben macht Spaß

1. Schreibe formrichtige Anschriften mit den folgenden Angaben.
Vorsicht, nur die ersten vier Anschriften sind in richtiger Reihenfolge angegeben.

a) Herrn Dipl.-Ing. Manfred Regner, Marktplatz 2 b, 53173 Bonn
b) Familie Gabi und Horst Weber, Postfach 5 88, 95420 Bayreuth
c) Frau Rita Reiser bei Zirngibl, Blumenweg 28, 70597 Stuttgart
d) Frau Sabine Sauerer, Herrn Herbert Hermann, Uferweg 14, 83684 Tegernsee

e) 50670 Köln, Herrn Robert Merkel, Adenauerallee 4 // W 127
f) Postfach 3 56, Frau Karin Wimmer, Herrn Michael Hofmeister, 30031 Hannover
g) 80539 München, Maxstraße 12 // IV, Frau Silke Wittenzellner
h) Königsstraße 44 - 46, Herrn Reinhard Franz, 40212 Düsseldorf

2. Schreibe mit den Angaben formrichtige Anschriften. Auch hier sind nur die ersten vier Anschriften in richtiger Reihenfolge angegeben.

a) Firma Stefanie Wagner, Postfach 99 23, 28020 Bremen
b) Express, Fotohaus Blitz & Söhne, Werbeabteilung, Postfach 7 66, 94306 Straubing
c) Nicht nachsenden, Frau Rechtsanwältin Angelika Wallner, Höhenweg 2 a, 67547 Worms
d) Frau Margit Koch, Fitnessstudio Stemmer, Am Stadtpark 20, 60329 Frankfurt

e) Bezirkskaminkehrermeister, Herrn Sebastian Leitner, 44369 Dortmund, Lärchenweg 15
f) Freiberger & Söhne, Computerland, Gewerbepark 18 b, Herrn Thanner, 83512 Wasserburg, Personalabteilung
g) Dr. Lothar Neu, Blumenweg 12, Herrn Notar, 83471 Berchtesgaden, Warensendung
h) 23556 Lübeck, Sonnenstraße 66 // III, Frau Iris Prantl

3. Schreibe mit den Angaben formrichtige Anschriften.

a) Einschreiben Einwurf, Landgericht Nürnberg, Staatsanwaltschaft, Fürther Str. 112, 90429 Nürnberg
b) Auswärtiges Amt, 11013 Berlin
c) Bayerische Verwaltung der staatlichen Schlösser, Gärten und Seen, Postfach 38 01 20, 80614 München
d) Landratsamt Regensburg, Kfz-Zulassungsstelle, Altmühlstraße 6, 93059 Regensburg
e) Skifabrik Monika Klammer, Kärtner Str. 22, 1010 Wien, Österreich
f) Mrs and Mr George White, 20 Fifth Avenue, St. Louis MO 63121-1234, USA
g) Herrn Dipl.-Ing. Franz Moser, Kufsteiner Straße 34, 5020 Salzburg, Österreich
h) Mrs Cindy White, 24 King Street, Brisbane QLD 4000, Australien

Wie muss ein A4-Brief gestaltet werden?

Johanna entdeckt folgende Anzeige in ihrer Tageszeitung.

Ausbildungsstelle
als
Rechtsanwaltsfachangestellte/r
zu vergeben
Bewerbung mit den üblichen Unterlagen an

Rechtsanwaltskanzlei
Dr. Sabine Rat & Partner
Postfach 24 39
93012 Regensburg

1. Lies die Anzeige durch. Welche Unterlagen werden von der Rechtsanwaltskanzlei angefordert?
2. Lies die folgenden Abschnitte und beziehe Stellung.
3. Stelle aus den Sätzen ein Bewerbungsschreiben zusammen. Notiere dazu geeignete Nummern und ersetze die Auslassungspunkte.

(1) Ich möchte in Ihrer Kanzlei als Rechtsanwaltsfachangestellte beginnen, da ich von Bekannten gehört habe, dass Sie sehr viel bezahlen.

(2) Ich erlaube mir heute, mich höflichst um eine Ausbildungsstelle in Ihrer Kanzlei zu bewerben.

(3) Ich bewerbe mich in Ihrer Kanzlei um einen Ausbildungsplatz als Rechtsanwaltsfachangestellte.

(4) Ich weiß über diesen Beruf sehr genau Bescheid und bin deshalb absolut sicher, dass ich in sehr kurzer Zeit für Sie unentbehrlich sein werde.

(5) Über diesen Beruf habe ich mich eingehend in Schriften der Arbeitsagentur und durch Gespräche in der Schule informiert. Ich glaube deshalb, dass ich die hier anfallenden Arbeiten zuverlässig erledigen könnte.

(6) Ich würde mir alle nur erdenkliche Mühe geben, damit Sie mit mir auch wirklich immer zufrieden wären.

(7) Ich bin jetzt in der ... Klasse der ... Diese verlasse ich im Juli .... nach einer glänzend bestandenen Prüfung.

(8) Zur Zeit besuche ich die ... Klasse der ..., die ich im Juli .... voraussichtlich mit dem Zeugnis ... verlassen werde.

(9) Ich kämpfe mich zur Zeit durch die ... Klasse der ... und bin froh, wenn ich sie endlich im Juli .... nur noch von außen sehe.

(10) Zur Zeit bin ich in der ... Klasse der ..., arbeite und lerne sehr viel, damit ich auch wirklich ein gutes Zeugnis erhalte.

(11) Gern würde ich mich persönlich bei Ihnen vorstellen.

(12) Wann erwarten Sie mich zum Vorstellungsgespräch?

(13) Sie brauchen mir nur einen Termin zu nennen und schon werden Sie mich kennen lernen.

(14) Wenn es Ihre kostbare Zeit erlaubt, nennen Sie mir bitte einen Termin für ein Vorstellungsgespräch.

A4-Brief verkleinert

1,69 cm

12,57 cm

Johanna Neumann
Glücksstraße 77
93047 Regensburg
Tel. 0941 63344

....-01-15
Tabulator links: 10,16 cm oder
Tabulator rechts: 16,59 cm

Einschreiben Einwurf
Rechtsanwaltskanzlei
Dr. Sabine Rat & Partner
Postfach 24 39
93012 Regensburg

Bewerbung um eine Ausbildungsstelle als Rechtsanwaltsfachangestellte

Sehr geehrte Damen und Herren,

Text Text Text Text Text Text Text Text Text Text Text Text Text Text Text Text Text Text.

Text Text Text Text Text Text Text Text Text Text Text Text Text Text Text Text Text Text Text Text Text Text Text Text Text Text Text Text Text Text Text Text Text Text Text Text.

Text Text Text Text Text Text Text Text Text Text Text Text Text Text Text Text Text Text Text Text Text Text Text Text Text Text Text Text Text.

Text Text Text Text Text Text Text Text Text Text.

Mit freundlichen Grüßen

Anlagen
1 Lichtbild
1 Lebenslauf
1 Zeugniskopie

Nachdem Johanna den Inhalt ihres Bewerbungsschreibens anhand der vorgegebenen Sätze, siehe Seite 51, zusammengestellt hat, bittet sie ihren Bruders Alex um Rat, wie denn die einzelnen Ränder für einen A4-Brief eingestellt werden müssen.

Eine weitere Schwierigkeit besteht für Johanna zunächst darin, die einzelnen Bausteine eines Bewerbungsschreibens richtig zu platzieren.

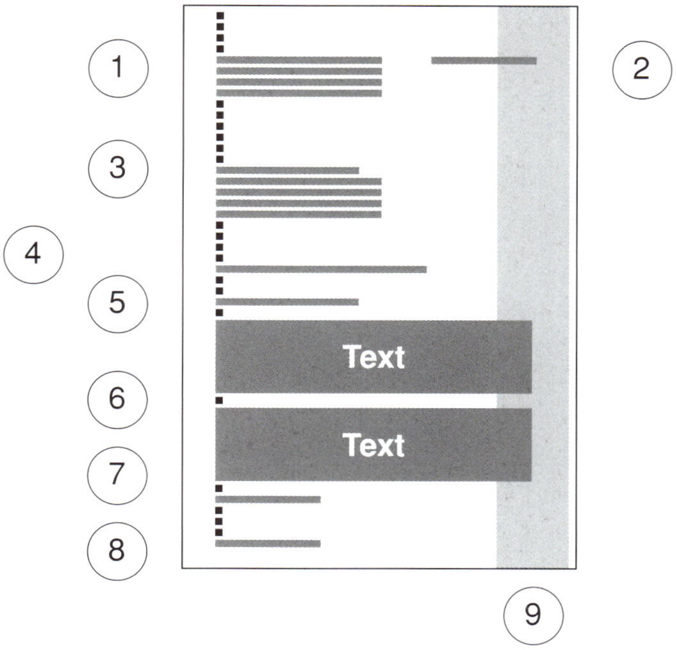

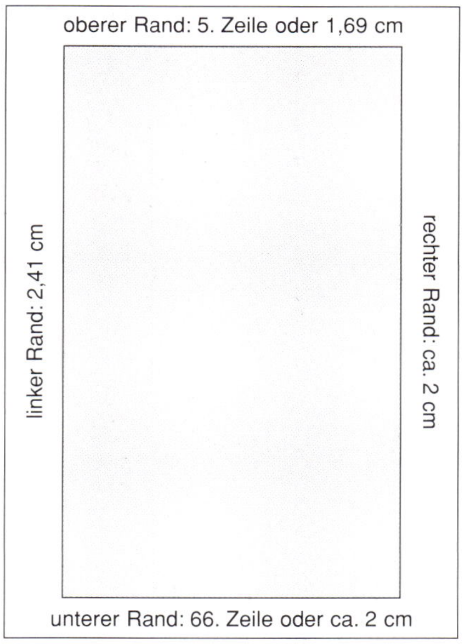

1. Entnimm der oben stehenden Grafik wichtige Maßeinstellungen für einen A4-Brief.

2. Vergleiche die nebenstehende Grafik mit Johannas Bewerbungsschreiben auf Seite 52 und benenne die einzelnen Bausteine. Die angegebenen Nummern helfen dir dabei.

3. Lies die nebenstehenden Informationen bezüglich des genauen Ortes der einzelnen Bausteine eines A4-Briefes und ordne sie der darüber stehenden Grafik zu.

Bevor du einen A4-Brief zu schreiben beginnst, sind in jedem Programm die Seitenränder einzustellen.
Üblich sind folgende **Seitenränder:**

oben:	1,69 cm;	unten:	1,00 cm
links:	2,41 cm;	rechts:	2,00 cm

Die **Absenderangabe** beginnt in der 5. Zeile, das entspricht einem Seitenrand oben von 1,69 cm. Das Ausstellungsdatum des Briefes wird bei 12,57 cm von der linken Blattkante (= Tabulator links: 10,16 cm) oder rechtsbündig angegeben (Tabulator rechts: 16,59 cm).

Das **Anschriftfeld** beginnt in der 13. Zeile und besteht aus der Zusatz- und Vermerkzone (drei Zeilen) und der Anschriftzone (sechs Zeilen).

Der **Betreffvermerk** wird ohne Angabe des Wortes „Betreff" in der 24. Zeile positioniert.

Die **Anrede** folgt nach zwei Leerzeilen und endet mit einem Komma oder Ausrufezeichen.

Der **Brieftext** wird nach Umfang und Inhalt zweckmäßig in Absätze gegliedert.

Die **Grußformel** steht linksbündig und endet ohne Satzzeichen. Der anschließende Leerraum bietet Platz für die Unterschrift des Unterzeichners.

Der **Anlagenvermerk** beginnt an der Fluchtlinie (2,41 cm) oder in Höhe der Grußformel bei 12,57 cm, Tabulator links: 10,16 cm.

Das maximale Zeilenende eines A4-Briefes liegt nach DIN 5008 bei 0,81 cm von der rechten Blattkante. Wegen der besseren Lesbarkeit kürzerer Textzeilen empfiehlt sich jedoch ein rechter Rand von ca. 2,00 cm. Von der linken Blattkante soll das Zeilenende wenigstens bei 16,38 cm liegen.

Bei der Schriftart Courier New, Schriftgröße 12 Punkt, passen 65 Zeichen in eine Zeile, wenn folgende Einstellung gewählt wird:
Seitenrand links: 2,41 cm, Seitenrand rechts: 2,00 cm

4. Schreibe formrichtig Johannas Bewerbungsschreiben mit dem bereits von dir zusammengestellten Text.

Jetzt fehlt Johanna nur noch ein Lebenslauf. Sie hat die Wahl:

8,76 cm oder Tabulator links: 6,35 cm

...
•
Johanna Neumann ....-01-15
Glücksstraße 77
93047 Regensburg
•
•
•

Lebenslauf

•
•

Name:	Neumann
Vornamen:	Johanna Helma
Geburtsdatum:	21. Juni 19..
Geburtsort:	Würzburg
Eltern:	Hilde Neumann, geb. Streicher Heinz Neumann
Geschwister:	ein Bruder
Schulbildung:	19.. bis 19.. Grundschule 19.. bis 19.. Hauptschule 19.. bis 20.. Realschule
Bes. Kenntnisse:	Textverarbeitung am PC, Kurzschrift
Hobbys:	Lesen, Schwimmen

Johanna Neumann

Johanna Neumann ....-01-15
Glücksstraße 77
93047 Regensburg

Lebenslauf

Ich heiße Johanna Neumann und wurde am 21. Juni 19.. als Tochter von Heinz und Hilde Neumann in Würzburg geboren. Mein Vater ist in einer Sparkasse angestellt, meine Mutter halbtags in einem Supermarkt beschäftigt. Mein zwei Jahre älterer Bruder durchläuft gerade eine Ausbildung als Industriemechaniker.

Im September 19.. kam ich in die Grundschule, die ich sechs Jahre lang besuchte. 19.. wechselte ich in die Placidus-Heinrich-Realschule in Regensburg.

Besonderen Spaß bereiten mir Textverarbeitung am PC und Kurzschrift.

In meiner Freizeit lese ich gerne und treibe aktiven Schwimmsport.

Johanna Neumann

In einem Lebenslauf gibt man u. a. Auskunft über seine Person und seine Herkunft, über den schulischen und den beruflichen Werdegang.

Neben einer ausführlichen Darstellung kann der Lebenslauf auch in tabellarischer Form, die heutzutage meist üblich ist, abgefasst sein. Für die Gestaltung sind keine bestimmten Regeln vorgeschrieben. Alle Angaben sollen jedoch übersichtlich auf einem A4-Blatt angeordnet sein.

Manche Firmen legen besonderen Wert darauf, einen handgeschriebenen Lebenslauf zu erhalten. Wird dies nicht ausdrücklich verlangt, so kann dieses Schreiben auch mit dem PC erstellt werden.

5. Vergleiche die Lebensläufe. Äußere dich zu den Vor- und Nachteilen der verschiedenen Gestaltungsmöglichkeiten.
6. Schreibe den tabellarischen Lebenslauf mit Hilfe einer Tabelle bzw. mit Tabulatoren.

Einmal erstellt - oft genutzt

Nachdem Johanna schon mehrere Bewerbungsschreiben verfasst hat, wird es ihr langsam lästig, in jedem Brief erneut ihre eigene Adresse einzugeben und genau aufzupassen, dass sie die einzelnen Angaben an die jeweils richtige Stelle setzt. „Da muss es doch eine bessere Lösung geben," denkt sie.

Tatsächlich bieten viele Textverarbeitungsprogramme die Möglichkeit, immer wieder verwendbare Vorlagen wie ein Formular bzw. eine Maske zu erstellen, in die dann die sich ändernden Textteile schnell und richtig eingefügt werden können.

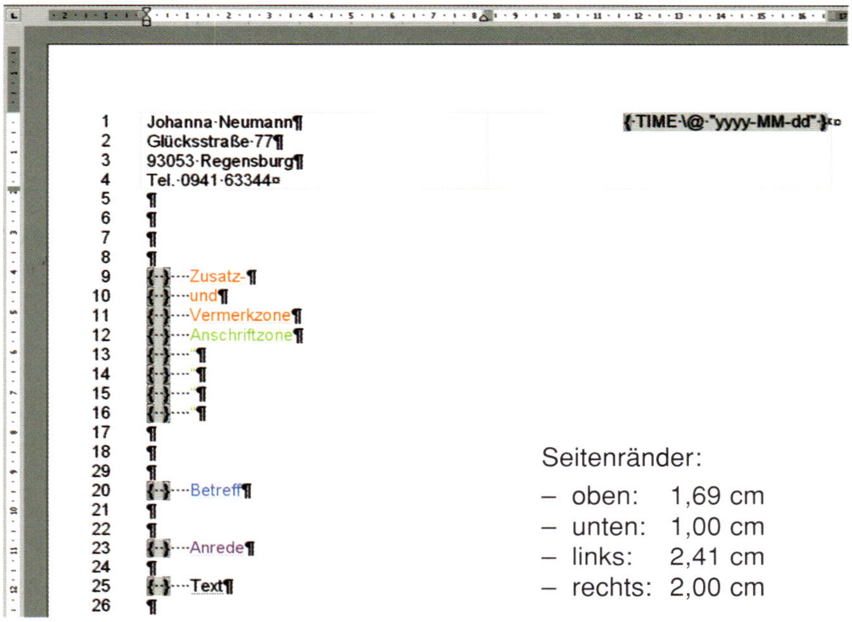

Seitenränder:

- oben: 1,69 cm
- unten: 1,00 cm
- links: 2,41 cm
- rechts: 2,00 cm

Damit du deine Maske nicht aus Versehen überspeicherst, kannst du sie als Dokumentvorlage oder mit Schreibschutz sichern. Textverarbeitungsprogramme versehen Dokumentvorlagen in der Regel mit einer besonderen Kennung, wie etwa **.dot,** und legen sie in einem bestimmten Verzeichnis ab. Geladen wird die Vorlage dann z. B. über **Datei Neu.**

Achtung!

Viele Textverarbeitungsprogramme bieten für die verschiedensten Gelegenheiten schon fertige Dokumentvorlagen an, wie z. B. auch für ein Bewerbungsschreiben.
Überprüfe diese Vorlagen vor der Benutzung auf die Norm DIN 5008, berichtige, wenn dies notwendig ist, und speichere sie dann ab.

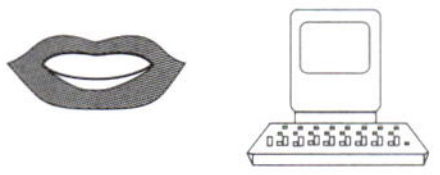

1. Vergleiche das Bildschirmfenster mit der Grafik auf Seite 53 und ordne den Haltepunkten die entsprechenden Bauteile zu.
2. Notiere die Befehle zum Setzen und Auffinden von Haltepunkten.
3. Erstelle die Maske mit deinen Angaben:
   - Achte auf die üblichen Seitenränder, siehe Seite 53.
   - Setze die Haltepunkte an die im Beispiel angezeigten Positionen.
4. Speichere die Maske als Dokumentvorlage bzw. mit Schreibschutz.
5. Vergleiche den Dateinamen nach dem ersten Speichern mit dem nach einem erneuten Laden.

Arbeitsaufgaben

1. Finde Gründe für die Verwendung von Masken.
2. Nenne weitere Schriftstücke, für die Masken erstellt werden können.
3. Auf der folgenden Seite findest du Vorgaben für A4-Briefe ohne Aufdruck.
   Verwende dazu deine Briefmaske.

Absender:	eigene Angaben	Betreffvermerk:	Mängelrüge
Datum:	....-07-10	Anrede:	Sehr geehrte Damen und Herren,
Empfänger:	Elektro Flimmer & Partner Elbchaussee 45 22765 Hamburg	Gruß:	Mit freundlichen Grüßen
		Unterzeichner:	eigener Name

am 9. Juli .... habe ich in Ihrem Geschäft in der Elbchaussee 45 ein Fernsehgerät der Marke „Glotzi“ zum Preis von 1.500 EUR erworben. Wie sich bei der erstmaligen Benutzung am 10. Juli .... herausgestellt hat, lassen sich die Kanäle nicht flimmerfrei einstellen. Ich mache deshalb von meinem Recht auf Nachlieferung eines funktionstüchtigen Gerätes Gebrauch.

Absender:	eigene Angaben	Betreffvermerk:	Kündigung
Datum:	Tagesdatum	Anrede:	Sehr geehrte Damen und Herren,
Empfänger:	Jugendgeschichten Leserservice Postfach 12 43 56 93041 Regensburg	Gruß:	Mit freundlichen Grüßen
		Unterzeichner:	eigener Name

ich kündige das Abonnement der Zeitschrift „Jugendgeschichten“ zum nächstmöglichen Termin. Bitte bestätigen Sie mir den Zugang dieses Schreibens.

Absender:	eigene Angaben	Betreffvermerk:	Mieterhöhung
Datum:	....-09-27	Anrede:	Sehr geehrter Herr Köhler,
Empfänger:	Mit Rückschein Einschreiben Übergabe Herrn Wolfgang Köhler Juri-Gagarin-Ring 2 15236 Frankfurt	Gruß:	Mit freundlichen Grüßen
		Unterzeichner:	eigener Name

der in Ihrem Schreiben vom 24. September .... angekündigten Mieterhöhung widerspreche ich. Ihr Verlangen entspricht nicht den gesetzlichen Voraussetzungen.

Absender:	eigene Angaben	Betreffvermerk:	Kündigung
Datum:	....-01-03	Anrede:	Sehr geehrte Frau Weber,
Empfänger:	Einschreiben Eigenhändig Frau Barbara Weber Hölderlinweg 33 69120 Heidelberg	Gruß:	Mit freundlichen Grüßen
		Unterzeichner:	eigener Name

ich kündige den mit Ihnen abgeschlossenen Mietvertrag über die Wohnung im 2. Stock in der Lucas-Kranach-Straße 203 in 69126 Heidelberg fristgerecht zum Ablauf April .....

Absender:	eigene Angaben	Betreffvermerk:	Bußgeldbescheid
Datum:	....-02-08	Anrede:	Sehr geehrte Damen und Herren,
Empfänger:	Mit Rückschein Einschreiben Übergabe Bußgeldstelle Postfach 99 99 92637 Weiden	Gruß:	Mit freundlichen Grüßen
		Unterzeichner:	eigener Name

gegen den Bußgeldbescheid vom 6. Februar .... lege ich Einspruch ein. Eine ausführliche Begründung reiche ich nach.

Welche Bauteile enthält ein A4-Brief mit Vordruck?

A4-Brief verkleinert

Dr. Sabine Rat & Partner

Rechtsanwaltskanzlei (A)

Dr. S. Rat & Partner, Postfach 24 39, 93012 Regensburg

Frau
Johanna Neumann (B)
Glücksstraße 77
93047 Regensburg

Ihr Zeichen, Ihre Nachricht vom	Unser Zeichen, unsere Nachricht vom	Telefon, Name 0941 70171-	Datum
....-01-15	r-z	599 Dr. Rat	....-01-25

(C)

Ihre Bewerbung (D)

Sehr geehrte Frau Neumann, (E)

herzlichen Dank für Ihre Bewerbung. Wir freuen uns darüber, dass Sie Ihre Ausbildung als Rechtsanwaltsfachangestellte in unserer Kanzlei beginnen wollen.

Inzwischen erhielten wir etwa 40 Bewerbungsschreiben. Deshalb benötigen wir etwas Zeit, um die gesamten Unterlagen sorgfältig durchsehen zu können. Nach Überprüfung der Lebensläufe und der Zeugniskopien aller Bewerberinnen und Bewerber erhalten Sie sofort eine weitere Nachricht. (F)

Vorab senden wir Ihnen einen Personalbogen zur Begutachtung mit.

Mit freundlichen Grüßen (G)

Dr. Rat

Anlage
1 Personalbogen (H)

(I)

Geschäftsräume
Hochweg 20
93049 Regensburg

Fax 0941 70171-600

Kontoverbindung
Sparkasse Regensburg
BLZ 750 500 00, Kto.-Nr. 664321 (J)

Auf das Bewerbungsschreiben hin erhält Johanna Antwort von der Rechtsanwaltskanzlei Dr. Rat & Partner, siehe Seite 57.

Bei genauer Betrachtung entdeckt sie, dass es sich um einen A4-Brief mit Vordruck handelt. Da sie das Gestalten von sog. Geschäftsbriefen besonders interessiert, geht Johanna dieses Schreiben Zeile für Zeile durch.

1. Betrachte das Antwortschreiben der Rechtsanwaltskanzlei Dr. Rat & Partner und berichte.

2. Vergleiche dieses Antwortschreiben mit dem Schreiben, das Johanna an die Rechtsanwaltskanzlei gerichtet hat. Welche Unterschiede bzw. Gemeinsamkeiten entdeckst du?

Bezugszeichenzeile und Informationsblock

Beim A4-Brief mit Vordruck, auch Geschäftsbrief genannt, folgt nach dem Anschriftfeld die Bezugszeichenzeile.

Sie enthält Geschäfts- und Ansagezeichen, Daten vorausgegangener Briefe und das Ausfertigungsdatum des gerade entstehenden Schreibens. Die Angaben werden eine Zeile unter die vorgedruckten Leitwörter gesetzt. Dabei steht das erste Schriftzeichen unter dem Anfangsbuchstaben des jeweils ersten Leitwortes. Mehrere Bezugsangaben zu einem Leitwort dürfen durch ein Komma getrennt werden, längere Bezugsangaben dürfen auf zwei Zeilen verteilt werden. Nicht benötigte Leitwörter müssen nicht entwertet werden.

Die Bildung der Bezugszeichen wird innerbetrieblich geregelt. Als Diktatzeichen verwendet man häufig den oder die Anfangsbuchstaben vom Familiennamen des Diktierenden und des Schreibers. Gebräuchlich ist auch die Angabe von Abteilungen oder die Verschlüsselung der Bezugszeichen z. B. durch Zahlen. Im Einzelnen enthält die Bezugszeichenzeile:

- **Ihr Zeichen, Ihre Nachricht vom**
  Diktatzeichen und Datum beziehen sich auf den letzten Schriftwechsel mit dem Empfänger. Das Datum folgt nach einem Leerzeichen.
- **Unsere Zeichen, unsere Nachricht vom**
  Hier stehen die Kurzzeichen des Diktierenden und des Schreibers. Das Datum bezieht sich auf einen vorausgegangenen Briefwechsel mit dem Empfänger. Zwischen Zeichen und Datum steht ein Leerzeichen.
- **Telefon, Name**
  Neben den Wörtern „Telefon, Name“ sind die Ortsnetzkennzahl und die Rufnummer des Unternehmens angegeben. Darunter werden die Durchwahlnummer und der Name der jeweiligen Mitarbeiterin oder des Mitarbeiters geschrieben, hinzugefügt werden kann die jeweilige Anredeform (Herr, Frau). Anredeform und Name können auch unter die Durchwahlnummer gesetzt werden.
- **Datum**
  Das Ausfertigungsdatum des Briefes wird darunter gesetzt.

Die Inhalte einer Bezugszeichenzeile können mit den Daten einer Kommunikationszeile in einem **Informationsblock** rechts neben das Anschriftenfeld gesetzt werden:

Ihr Zeichen:	
Ihre Nachricht vom:	....-01-15
Unser Zeichen:	r-z
Unsere Nachricht vom:	
Name:	Dr. Rat
Telefon:	0941 70171-599
Telefax:	0941 70171-600
E-Mail:	S.Rat@aol.de

Ihr Zeichen, Ihre Nachricht vom	Unser Zeichen, unsere Nachricht vom	Telefon, Name 0941 70171-	Datum
....-01-15	r-z	599 Dr. Rat	....-01-25

Arbeitsaufgaben

Ergänze mit den folgenden Angaben je eine Bezugszeichenzeile bzw. einen Informationsblock. Speichere dein Dokument unter einem kennzeichnenden Namen.

a) Frau Schindler (Diktatzeichen s, Apparat 355) entwirft ein Schreiben an das Sportartikelhaus Springer. Mit dieser Firma besteht noch keine Geschäftsverbindung. Der Brief wird am ....-11-05 von Frau Rot (r) geschrieben.

b) Herr Wunsch (w), Durchwahl 599, vom Musikhaus Laut diktiert am ....-09-14 seiner Sekretärin Frau Danner (d) einen Brief an das Landratsamt. In letzter Zeit fand kein Schriftwechsel zwischen Herrn Wunsch und dem Landratsamt statt. Frau Danner fertigt das Schreiben sofort an.

c) Der Mitarbeiter einer Werbegeschenkefirma, Herr König (kö), Apparat 1235, schreibt am ....-11-20 an die Bürogroßhandlung Fleiner. Von dieser Firma ging ein Brief mit den Zeichen f-t und dem Datum des ....-10-01 ein.

d) Herr Richter (ri) fertigt am ....-10-10 den 2. Mahnbrief an den Juwelier Zeitler. Diktiert hat das Schreiben Frau Möll (mö). Die Durchwahlnummer lautet 422. Am ....-08-01 wurde bereits ein Mahnbrief an Herrn Zeitler abgesandt. Herr Zeitler hat noch nicht geantwortet.

e) Frau Brinkmann (b) von der Krankenkasse „Sicherheit", Abt. III, Apparat 127, schreibt am ....-06-13 an den Versicherten Klein (Versicherungsnummer 120 444). Herr Klein hat in letzter Zeit nicht mit seiner Krankenkasse korrespondiert.

f) Herr Graf (g) vom Reitsporteinkaufszentrum Springer diktiert Herrn Ritter (r) einen Brief an den Reitstall Loser. Herr Ritter gibt das Schreiben am ....-05-05 in den Computer ein. Die Durchwahlnummer lautet 3207. Vom Reitstall Loser (l-z) kam an das Reitsporteinkaufszentrum eine Karte mit dem Datum des ....-04-24. 10 Tage vorher schrieb das Reitsporteinkaufszentrum einen Brief an den Reitstall Loser.

Betreffvermerk

Der Betreffvermerk ist eine kurz gefasste Inhaltsangabe. Er bezieht sich auf den ganzen Brief. Anhand des Betreffs kann der Empfänger sofort erkennen, um welche Angelegenheit es sich im Schreiben handelt.

Der Text des Betreffvermerks wird beim A4-Geschäftsbrief nach zwei Leerzeilen unter die Bezugszeichenzeile oder den Informationsblock geschrieben und bei längerem Text sinngemäß auf mehrere Zeilen verteilt. Das Leitwort „Betreff" und der Schlusspunkt entfallen. Der Betreff kann hervorgehoben werden.

Nach dem Wortlaut des Betreffs sind zwei Leerzeilen einzufügen.

Auf der folgenden Seite findest du verschiedene Möglichkeiten, Betreffvermerke zu gestalten.

```
•
•
Ihre Bewerbung
•
•
```

Stelle die Position des Betreffvermerks fest. Nimm auch das Muster von Seite 57 zu Hilfe.

Neben einem Betreffvermerk taucht im Geschäftsbrief häufig auch ein Teilbetreff auf, siehe Seite 80. Er bezieht sich auf einzelne Textteile, beginnt immer an der Fluchtlinie, endet mit einem Punkt und wird unterstrichen. Der folgende Text wird unmittelbar angefügt.

Arbeitsaufgaben

1. Betrachte die verschiedenen Betreffvermerke dieser Seite und beschreibe sie.
2. Lade die vorher gespeicherten Bezugszeichenzeilen, siehe auch die Arbeitsaufgaben Seite 59, und setze den entsprechenden Betreffvermerk ein.

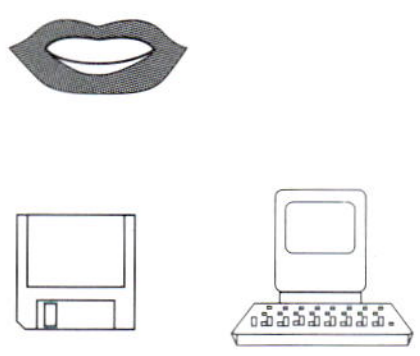

Ihr Zeichen, Ihre Nachricht vom	Unser Zeichen, unsere Nachricht vom	Telefon, Name 0941 6730-	Datum
	s-r	355 Schindler	....-11-05

•
•
Modenschau

Ihr Zeichen, Ihre Nachricht vom	Unser Zeichen, unsere Nachricht vom	Telefon, Name 0941 81821-	Datum
	w-d	599 Wunsch	....-09-14

•
•
Ihre Kartenreservierung

Ihr Zeichen, Ihre Nachricht vom	Unser Zeichen, unsere Nachricht vom	Telefon, Name 0941 70333-	Datum
f-t ....-10-01	kö	1235 Herr König	....-11-20

•
•
Kennen Sie unsere Werbegeschenke?

Ihr Zeichen, Ihre Nachricht vom	Unser Zeichen, unsere Nachricht vom	Telefon, Name 0941 70333-	Datum
	mö-ri ....-08-01	422 Richter	....-10-10

•
•
Letzte Mahnung

Ihr Zeichen, Ihre Nachricht vom	Unser Zeichen, unsere Nachricht vom	Telefon, Name 0941 80271-	Datum
120444	III-b	127 Frau Brinkmann	....-06-13

•
•
Neue Antragsformulare für Sportunfälle
bei gefährlichen Sportarten

Ihr Zeichen, Ihre Nachricht vom	Unser Zeichen, unsere Nachricht vom	Telefon, Name 0941 99777-	Datum
l-z, ...-04-24	g-r, ...-04-14	3207, Graf	....-05-05

•
•
Ferienreitkurse
für Jugendliche und Erwachsene
im Juli und August

Anrede

Jeder Brief sollte mit einer Anrede beginnen. Sie wird linksbündig geschrieben und vom folgenden Text durch *eine Leerzeile* abgesetzt.

Arbeitsaufgaben

1. Lies die Anredeformen.
2. Formuliere Unterschiede und schlage Situationen vor, in denen die einzelne Anrede verwendet werden könnte.

Sehr geehrte Damen und Herren,
Sehr geehrte Damen, sehr geehrte Herren!
Sehr geehrte Frau Klingel,
Sehr geehrter Herr Wecker!
Sehr verehrte Frau Reit, sehr geehrter Herr Reit,
Sehr geehrte Frau Dr. Plank!
Sehr verehrte Frau Oberbürgermeisterin,

1. Stelle die Position der Anrede fest. Nimm auch das Muster von Seite 57 zu Hilfe.

Briefabschluss

Als Briefabschluss können neben dem Gruß die Bezeichnung der Firma oder Behörde, die maschinenschriftliche Namenswiedergabe des Unterzeichners sowie die Anlagen- und Verteilvermerke angegeben werden. Der Text beginnt linksbündig an der Fluchtlinie.

Zu den einzelnen Bestandteilen des Briefabschlusses ist folgendes anzumerken:

- **Gruß**
  Der Gruß wird vom Text durch *eine Leerzeile* getrennt.
- **Firmen-/Behördenbezeichnung**
  Die Bezeichnung der Firma/Behörde wird mit *einer Leerzeile* vom Gruß abgesetzt. Dabei entscheidet jede Firma selbst, ob diese Angabe erfolgen soll und wie sie gestaltet wird.
  Längere Firmenbezeichnungen sind sinngemäß auf mehrere Zeilen aufzuteilen.
- **Maschinenschriftliche Angabe des Unterzeichners**
  Da Unterschriften oftmals unleserlich sind, kann die Namenswiedergabe eines oder mehrerer Unterzeichner maschinenschriftlich hinzugefügt werden. Dies sollte innerbetrieblich vereinbart werden. Die Zahl der Leerzeilen vor dieser Wiederholung richtet sich nach der Notwendigkeit. Sie ist nach DIN 5008 nicht vorgeschrieben, üblich sind aber *drei Leerzeilen.*
- **Zusätze**
  Werden Zusätze, wie z. B. ppa. (per procura), i. A./I. A. (im Auftrag) oder i. V./I. V. (in Vollmacht), mitgeschrieben, stehen diese entweder zwischen der Bezeichnung des Unternehmens und der maschinenschriftlichen Namenswiedergabe oder vor der Namenswiedergabe in derselben Zeile.

Internet

2. Erkläre die Begriffe „per procura“ und „Prokurist“ mit Hilfe des Internets.
3. Fasse in Stichpunkten die wesentlichen Inhalte eines Briefabschlusses zusammen.

- **Anlagenvermerk**
  Der Anlagenvermerk gibt Hinweise über beigefügte Unterlagen. Er wird mit einem Mindestabstand von *drei Leerzeilen* unter den Gruß oder die Firmenbezeichnung gesetzt. Bei der maschinenschriftlichen Angabe des Unterzeichners folgt der Anlagenvermerk nach *einer Leerzeile.*

  Der Anlagenvermerk darf auch bei. 12,57 cm von der linken Blattkante, Tabulator links 10,16 cm, stehen. Hier wird er nach einem Abstand von *einer Leerzeile* zum vorherigen Text geschrieben.

- **Verteilvermerk**
  Durch den Verteilvermerk wird ersichtlich, wer eine Kopie des entsprechenden Schreibens erhalten hat. Für den Abstand vom vorherigen Text gelten die gleichen Angaben wie beim Anlagenvermerk. Der Verteilvermerk folgt dem Anlagenvermerk nach *einer Leerzeile,* die bei Platzmangel entfallen darf.

  Die Wörter „Anlage(n)“ und „Verteiler“ dürfen hervorgehoben werden.

3. Beschreibe mit Hilfe der unten stehenden Beispiele die Positionen der einzelnen Bestandteile eines Briefabschlusses und fasse die Regeln für Briefabschlüsse zusammen.

4. Schreibe die folgenden Angaben.

1
```
Von Ihrer letzten Modenschau waren wir alle sehr begeistert.
Teilen Sie uns bitte rechtzeitig den Termin für die große
Frühjahrsmodenschau mit.
•
Mit herzlichsten Grüßen
•
•
•
Schindler
```

5
```
Wenn Sie auch diese Mahnung nicht beachten, sehen wir uns
leider gezwungen, den Betrag durch Postnachnahme erheben zu
lassen.
•
Mit freundlicher Empfehlung
•
Autohaus Weidenberger
•
ppa.
•
Möller
```

2
```
Geben Sie uns bitte bald Bescheid, ob wir Ihre vorbestellten
Karten für Sie weiter reservieren sollen.
•
Mit freundlichen Grüßen
•
Musikhaus Walter Laut
•
•
•
Laut
```

6
```
Bitte kommen Sie recht zahlreich zu unserer diesjährigen
Mitgliederversammlung.
•
Herzliche Grüße
•
Ihr
•
Hubert List
•
2 Anlagen
```

3
```
Die von Ihnen letzte Woche bestellten Geschenkartikel haben
wir bereits gestern an Sie abgesandt.
•
Mit bester Empfehlung
•
Nürnberger Werbegeschenke
Peter Rosner & Co.
•
•
•
König
```

7
```
Bitte füllen Sie die beigelegten Formblätter so bald wie
möglich aus und senden Sie diese an uns zurück.
•
Mit bestem Gruß
•
KRANKENKASSE SICHERHEIT
•
•
•
I. A. Brinkmann
•
Anlagen
3 Formblätter
```

4
```
Die Verträge konnten wir zu den von Ihnen gewünschten
Konditionen abschließen.
•
Mit den besten Grüßen
•
Rechtsanwaltskanzlei
Dr. Sabine Rat & Partner
•
•
•
Dr. Rat              Zänker
```

8
```
Wählen Sie aus unseren reichhaltigen und interessanten
Angeboten einen Ferienkurs für sich aus.

Mit freundlichem Gruß                    Anlage
                                         1 Katalog
Reitsporteinkaufszentrum
Eberhard Springer                        Verteiler
                                         Reiseabteilung


Graf
```

Arbeitsaufgaben

Gliedere folgende Briefabschlüsse richtig.

a) Mit freundlichen Grüßen, Getränkeabholmarkt Hans-Peter Bittner, Bittner
b) Mit den besten Grüßen, Schmuckboutique DIAMANT, Bergmann, 1 Anlage
c) Herzliche Grüße, Kegelklub GUT HOLZ, Landsmann, Verteiler, Vorstandschaft
d) Mit bester Empfehlung, Ihr, Dr. Zilk
e) Mit besten Grüßen, Jugendamt Passau, i. A., Neumüller
f) Mit freundlicher Empfehlung, BOOTE LAUTERBACH, ppa., Seeberger
g) Mit vorzüglicher Hochachtung, Hotel Forellenhof, Hecht, Zander
h) Mit freundlichen Grüßen, Donaueinkaufszentrum Ulm, Weiß, Anlage, 1 Prospekt, Verteiler, Parfümerie Duft

Normen - nichts als Normen

Die „Schreib- und Gestaltungsregeln für die Textverarbeitung“, die in **DIN 5008** zusammengefasst werden, sind aus bewährten Erfahrungen der Praxis und Erkenntnissen der Rationalisierung entstanden. Diese Norm legt nicht fest, „was“ zu schreiben ist, sondern „wie“ ein vorgegebener Inhalt dargestellt werden soll.

Form A	Form B
(Feld für Briefkopf: 27 mm)	(Feld für Briefkopf: 45 mm)

Eine andere Norm, die **DIN 676,** legt Briefvordrucke und Elemente eines Briefvordrucks fest.

Bei den Briefvordrucken wird nach Form A und Form B unterschieden.

Vergleiche die Briefvordrucke anhand der Grafik. Worin unterscheiden sie sich?

Auch die Elemente eines Geschäftsbriefs sind genormt.

A4-Brief verkleinert

1 Zeichen- und Bastelbedarf

2 FARBEN EBNER, Am Kohlenmarkt 4, 93047 Regensburg

3
Frau
Gudrun Herber
Goliathstr. 3
93047 Regensburg

4
Ihr Zeichen:
Ihre Nachricht vom: ....-07-03
Unser Zeichen: br-kl
Unsere Nachricht vom:

Name: Frau Hafner
Telefon: 0941 516-08
Telefax: 0941 516-10
E-Mail: ebner23@aol.de

9

Datum: ....-07-12

Ihre Bestellung 5

Sehr geehrte Frau Herber, 6

10 für Ihre Bestellung vom 3. Juli 2002 bedanken wir uns. Leider ist das Bastelset "Eisbär" aus Teddyplüsch zur Zeit vergriffen. Wir können Ihnen aber unseren Preishit

"Teddy, braun, 8,50 EUR" 7

anbieten. Unsere Teddys sind fertig genäht, Augen und Nase montiert. Sie benötigen nur noch die Füllwatte. Die Bestellnummer für dieses Angebot lautet 410348-M96.

Rufen Sie uns bitte unter der Telefonnummer 0941 516-08 an. Wir erledigen Ihren Auftrag dann sofort. Als Anlage erhalten Sie den neuesten Katalog.

Mit freundlichen Grüßen

9 Zeichen- und Bastelbedarf Ebner

i. V.

Hafner 8

Anlage
1 Katalog

11

Geschäftsstelle	E-Mail	Telefon	Internet-Homepage	Kontoverbindungen
Am Kohlenmarkt	ebner23@aol.de	0941 516-0	http://www.ebner-malen.de	Sparkasse Regensburg
93047 Regensburg				BLZ 750 500 00, Kto.-Nr. 1738

Arbeitsaufgabe

Ordne die einzelnen Elemente den Zahlen zu und beschreibe die Inhalte:

- Brieftext
- Feld für den Briefkopf
- Absenderabgabe
- Anrede
- Briefabschluss
  - Grußformel
  - Bezeichnung des Unternehmens bzw. der Behörde
  - Zusätze (z. B. i. A., ppa.)
  - Unterschriften (hand- und maschinenschriftlich
  - Anlagen- und Verteilvermerke
- Betreff
- Faltmarke
- Anschriftfeld
- Informationsblock
- Lochmarke
- Geschäftsangaben

Wie kann eine Briefmaske erstellt werden?

Karsten arbeitet im TELEFONLADEN. Von seinem Chef hat er den Auftrag bekommen, für die Firma eine neue Briefmaske am PC zu entwerfen. So sieht sein Entwurf aus:

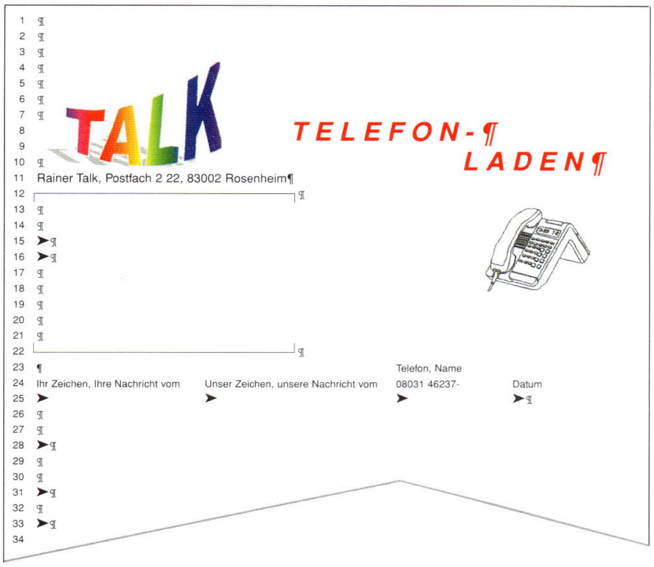

Für Schriftstücke, bei denen z. B. der gleiche Kopf gebraucht wird und immer an der gleichen Stelle Text einzusetzen ist, können so genannte Masken verwendet werden, die vorher erstellt und gespeichert worden sind.

Für die Erstellung einer Briefmaske sind in der Regel folgende Arbeiten notwendig:

> Zunächst werden die Ränder festgelegt. Dann wird der Briefkopf entworfen. Er lässt sich z. B. mit Grafiken oder durch verschiedene Schriftarten gestalten. Das Anschriftfeld mit darüber stehender Absenderzeile und die Leitwörter der Bezugszeichenzeile werden eingegeben. An Positionen, die immer wieder anzusteuern sind, werden Markierungspunkte bzw. Haltepunkte gesetzt. Diese zeigen den Beginn eines Schreibfeldes an. Zum Auffinden der Schreibpositionen stehen je nach Programm unterschiedliche Tastenkombinationen zur Verfügung. Beim Ausdruck erscheint an Stelle der Markierungszeichen der eingegebene Text.
>
> Der fertige Brief ist unter einem anderen Namen als die Maske zu speichern. Es empfiehlt sich, die Briefmaske als Dokumentvorlage, s. Seite 55, bzw. schreibgeschützt zu speichern oder als Textbaustein (Autotext) zu sichern, s. Seite 88.

1. Nenne Schriftstücke, für die Masken erstellt werden können.
2. Finde Gründe für die Verwendung von Masken.
3. Neben der links stehenden Briefmaske gibt es noch weitere Möglichkeiten. Vergleiche:

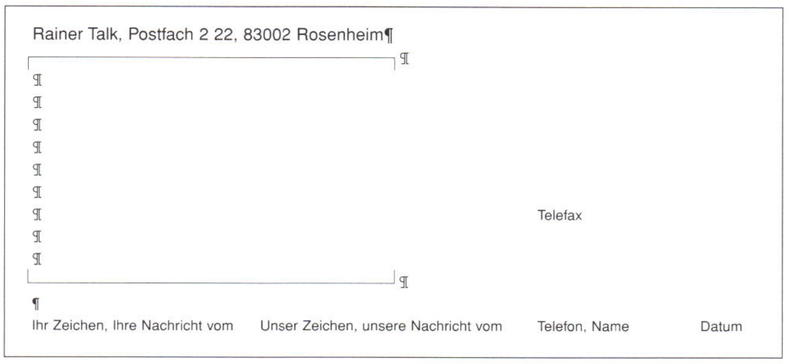

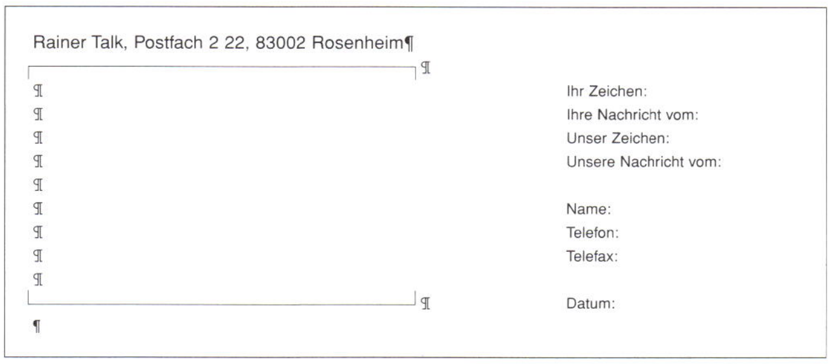

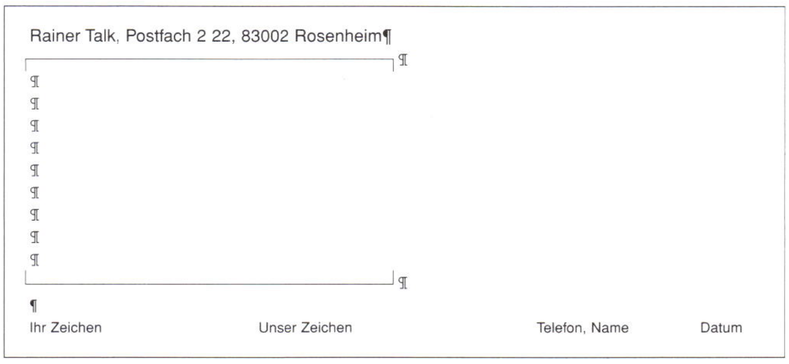

4. Lies den nebenstehenden Informationstext und schreibe eine Handlungsanweisung für das Erstellen einer Briefmaske.
5. Notiere für dein Programm die Befehle zum Setzen und Auffinden von Haltepunkten.

6. Gestalte verschiedene Briefköpfe.
7. Entwirf eigene Masken.

Tastschreiben macht Spaß

Auf den weiteren Seiten des Buches findest du immer wieder viele Übungsmöglichkeiten zur Texterfassung und Textgestaltung. Gestalte jeweils auch die Briefköpfe.

Der besseren Lesbarkeit wegen sind die Briefe in der Schriftart Courier verfasst. Verwende auch andere Schriftarten.

A4-Brief verkleinert

J. A.
BASTELSTUDIO KREATIV

Bastelstudio KREATIV, Felsenweg 3, 82481 Mittenwald

•
•
•
Frau
Stefanie Steinberger
Blumenweg 5
82481 Mittenwald
•
•

Telefax
08823 7017-108

E-Mail
kreativ@aol.com

•

Ihr Zeichen, Ihre Nachricht vom	Unser Zeichen, unsere Nachricht vom	Telefon, Name	Datum
	a-k	08823 7017-254 Kraus	....-03-04

•
Seidenmalerei
•
•
Sehr geehrte Frau Steinberger,
•
die Seidenmalerei ist eine alte Kunst und vielleicht ein neues Hobby für Sie. Bilder, Broschen, Kissen, Tücher, Krawatten und Kleidung lassen sich mit speziellen Farben ganz individuell gestalten. Ihrer Kreativität sind dabei keine Grenzen gesetzt.
•
Wir bieten Ihnen ab 20. April d. J. in unseren Schulungsräumen wieder einen Einführungskurs in diese faszinierende Technik an. An zehn Abenden vermittelt Ihnen eine erfahrene Künstlerin in verständlicher Weise die Grundlagen der Seidenmalerei. Anhand zahlreicher Beispiele lernen Sie wichtige Techniken kennen. Besondere Vorkenntnisse sind nicht erforderlich.
•
Die Kursgebühr beträgt 50 EUR. Dazu kommen je nach Bedarf die Materialkosten. Verschieden große Rahmen zum Spannen der Seide stellen wir kostenlos zur Verfügung.
•
Bitte melden Sie sich rasch persönlich oder telefonisch an, da die Nachfrage für Seidenmalkurse immer recht groß ist. Weitere Auskünfte erhalten Sie in unserem Sekretariat oder durch die Kursleiterin, Frau Silk.
•
Herzliche Grüße
•
Bastelstudio KREATIV
Julia Assmann
•
•
•
Assmann
•
3 Anlagen

Gestalte die Briefe mit Bezugszeichenzeile und Kommunikationszeile und/oder mit Informationsblock.

Anschriftfeld:	Kosmetikstudio Barbara Plank, Akazienweg 1 b, 86956 Schongau
Telefax:	7745
E-Mail:	kosmetik@aol.com
Unsere Zeichen:	kl-im
Telefon:	7744
Name:	Herr Dr. Klar
Datum:	....-05-22
Betreffvermerk:	Unser Angebot
Gruß:	Mit den besten Grüßen
Firmenname:	Kosmetik AG
Unterzeichner:	Dr. Klar

wie Sie in Ihrem Geschäft sicher schon bemerken konnten, wird die Kundschaft immer kritischer. Die fortschreitende Umweltzerstörung und das immer größer werdende Ozonloch haben beim Verbraucher ein neues Umweltbewusstsein entstehen lassen.⌐Gefragt ist nunmehr eine schadstoffarme, umweltverträgliche Kosmetik. In diesem Trend liegen unsere Artikel. Bei sämtlichen Sprays verzichten wir auf das gefährliche Treibgas FCKW. Wir sind deshalb ganz auf Pumpsprays umgestiegen.⌐Unsere Produkte bestehen aus reinen Pflanzenextrakten. Sie sind klinisch erprobt - natürlich ohne Tierversuche. Für die meisten unserer Artikel gibt es Nachfüllpackungen. Das gesamte Verpackungsmaterial ist wieder verwertbar.⌐Unser Vertreter, Herr Kalli Schwätzer, wird Sie in der nächsten Woche besuchen. Sie erhalten Werbematerial, inklusive einer aufklärenden Broschüre, das Sie Ihren Kunden weitergeben können.

Anschriftfeld:	Einschreiben Einwurf, Sportversand Sebastian Langhemd, Rasenweg 7, 95030 Hof
Telefax:	674
E-Mail:	info.sportversand@t-online.de
Unsere Zeichen:	ba-la
Telefon:	45
Name:	Herr Lausch
Datum:	....-04-20
Betreffvermerk:	Reklamation
Gruß:	Mit freundlichen Grüßen
Firmenname:	Sportklub KICKER
Unterzeichner:	Bally
Anlagenvermerk:	Anlagen
Verteilvermerk:	Verteiler, Vorstandschaft

nachdem nun fast die ganze Saison vorüber ist, trafen vor zehn Tagen die bei Ihnen im Oktober georderten Trikots ein.⌐Wie unser Trainer, Herr Schnellfuß, feststellen konnte, ist es Ihnen gelungen, die richtige Hemdfarbe zu liefern. Allerdings bestellten wir die Hemden für unsere Altherrenmannschaft in den Größen 50 bis 56. Erhalten haben wir aber die Größen 126 bis 132. Selbst unsere Kleinstschülermannschaft schafft es nicht, sich diese Hemden überzustreifen.⌐Auch der Nummerndruck auf den Hemden kann so nicht hingenommen werden: Ein Aufdruck auf der Vorderseite ist für ein Fußballtrikot wirklich sehr ungewöhnlich! ⌐Aus diesen Gründen schicken wir Ihnen die Hemden zurück. Von einer weiteren Bestellung müssen wir leider Abstand nehmen: Das Punktspiel der Altherrenmannschaft musste abgesagt werden, da alle Spieler an Zerrungen der Lachmuskulatur leiden, die sie sich beim Auspacken der Trikots zugezogen haben.

Anschriftfeld:	Frau Steuerberaterin Dr. Barbara Zöllner, Ludwig-Thoma-Straße 26 b, 83727 Schliersee
Telefax:	920
E-Mail:	panzerschrank@t-online.de
Unsere Zeichen:	s-f
Telefon:	919
Name:	Frau Fach
Datum:	....-02-05
Betreffvermerk:	Gehen Sie auf Nummer Sicher
Gruß:	Mit besten Grüßen
Firmenname:	Panzerschränke AG Fritz Sicher,
Unterzeichner:	Sicher
Anlagenvermerk:	Anlage, 1 Katalog

stellen Sie sich vor: Sie kommen eines Tages ins Büro und erfahren, dass wichtigste Dokumente und Datenträger durch Brand zerstört oder durch Einbruch unbrauchbar geworden sind. Dies hätte nicht passieren müssen. Voraussetzung dafür ist allerdings die richtige Aufbewahrung. Mit unseren neu entwickelten, feuersicheren Dokumenten- und Datensicherungsschränken bieten wir Ihnen geprüfte Sicherheit zum kleinen Preis. Unsere Produkte überzeugen durch sorgfältige Materialauswahl, gute Verarbeitung und strengste Qualitätskontrollen. In einer Vielzahl von Versuchen und Prüfungen wird der Ernstfall getestet. Die Schränke bieten für Dokumente und Datenträger Feuersicherheit bis 1 050 °C. Unser Modellangebot reicht vom kleinen Sicherheitsschrank für das Chefzimmer bis zum Modell für das Großraumbüro. Gehen auch Sie auf Nummer Sicher.

Tanzen - ein Sport für jedes Alter

fgfg jhjh frfr juju ftft jzjz dede kiki swsw lolo aqaq öpöp
ößöß ayay ö-ö- sxsx l.l. dcdc k,k, fvfv jmjm fbfb jnjn fgfg

Langsamer Walzer, Tango, Quickstep, Slowfox, Wiener Walzer,
Samba, Cha-Cha-Cha, Rumba, Paso doble, Jive, Turniertänzer,
Perfektion, Akrobatik, Rhythmusgefühl, Fitness, Kreativität
Standardtänze Tanzklub Tanzpaare Tanzturnier Tanzbewegungen

Der
Der professionelle
Der professionelle Turniertanz
Der professionelle Turniertanz ist
Der professionelle Turniertanz ist recht
Der professionelle Turniertanz ist recht trainingsintensiv.
Der professionelle Turniertanz ist recht trainingsintensiv.
Der professionelle Turniertanz ist recht
Der professionelle Turniertanz ist
Der professionelle Turniertanz
Der professionelle
Der

Tanzen spielt im Leben einer Gesellschaft schon immer eine sehr 67
wichtige Rolle. Dabei reicht bei uns in Europa der Bogen von den 136
Tanzbewegungen in einer Diskothek bis hin zum professionellen 200
Turniertanz. Dieses Tanzen nach vorgegebenen Schrittfolgen ist 267
ein trainingsintensiver, schweißtreibender Sport mit hohen 327

Anforderungen an die Beweglichkeit, das Rhythmusgefühl, die 390
Kondition und die Körperbeherrschung der Paare. Die klassischen 458
Tänze lassen sich in zwei große Gruppen einteilen. Zu den so 522
genannten Standardtänzen gehören Langsamer Walzer, Tango, 584
Quickstep, Slowfox und Wiener Walzer. Zu den lateinamerikanischen 655

Tänzen werden Samba, Cha-Cha-Cha, Rumba, Paso doble und Jive 724
gezählt. Tanzen ist keineswegs ein Vergnügen, das nur von älteren 792
Herrschaften geschätzt wird. In den Tanzklubs gibt es Schüler-, 860
Junioren- und Erwachsenengruppen. Jede dieser Altersgruppen ist, 929
entsprechend dem Können der Tanzpaare, in verschiedene 986

Leistungsklassen unterteilt. Freilich erreicht nicht jeder Tänzer 1055
die Perfektion und Akrobatik der Spitzenkönner, die uns das 1118
Fernsehen bei Übertragungen von internationalen Tanzturnieren 1183
zeigt. Auf jeden Fall fördert der Tanzsport Fitness und 1243
Kreativität seiner Anhänger, verbessert die Körperhaltung und die 1312

persönliche Ausdrucksfähigkeit und macht, was sicher genauso 1374
wichtig ist, sehr großen Spaß. 1405

Wie werden Einrückungen gestaltet?

A4-Brief verkleinert

•
•
•
•
•
•

Tanzstudio Central

Tanzstudio Central, Postfach 1 23, 65001 Wiesbaden

•
•
•
Tastschreib-Schule
Schlossgarten 18
65205 Wiesbaden
•
•
•

•

Ihr Zeichen, Ihre Nachricht vom	Unser Zeichen, unsere Nachricht vom	Telefon, Name 0611 2335-	Datum
	m-l	381 Miller	....-03-19

•
•
Anfängertanzkurse
•
•
Liebe Tanzsportfreunde!
•
Wie in jedem Jahr, so bietet auch heuer unser bekanntes und beliebtes Tanzstudio wieder
•
Anfängerkurse für Schülerinnen und Schüler
•
an.
•
Da wir davon ausgehen, dass Sie die ersten Schritte auf dem "glatten" Tanzparkett im Kreise Ihrer Mitschüler erlernen wollen, unterbreiten wir Ihnen ein besonders preisgünstiges Angebot. Für 10 Abende bezahlen Sie ab einer Gruppenstärke von 20 Personen lediglich 75,00 EUR.
•
Meine Mitarbeiter und ich werden Sie in bewährter Weise in die Geheimnisse der Standardtänze einweihen. Mit entsprechender Musikbegleitung lernen Sie Foxtrott, Wiener Walzer, Langsamen Walzer, Tango und Boogie. Nach diesem Kurs bewegen Sie sich selbstsicher auf jedem Parkett und beherrschen natürlich auch die notwendigen Umgangsformen.
•
Wir freuen uns auf Ihre baldige Anmeldung und verbleiben
•
mit freundlichen Grüßen
•
Ihre
•
Melanie Miller
•
Anlagen
30 Anmeldeformulare

Geschäftsräume
Akazienweg 3
65205 Wiesbaden

Fax 0611 23357

Kontoverbindung
Sparkasse Wiesbaden
BLZ 510 500 15, Kto.-Nr. 466123

Surfen macht Spaß

Löse zu den einzelnen Themen die folgenden Aufgaben mit Hilfe des Internets.

Thema Tanzen

1. Informiere dich über den Beruf des Tanzlehrers.
2. Finde zwei Tanzschulen, die Grundkurse für Schüler und Jugendliche anbieten. Notiere,
   - wie viel die Kurse kosten,
   - wo und um welche Uhrzeiten sie stattfinden.
3. Welche Tanzabzeichen kannst du erwerben?
4. Aus welchen Ländern stammen die Tänze Rumba und Cha Cha Cha?
5. Suche zwei Buchtitel zum Thema Tanzen.

Thema Zoo

1. Nenne Aufgaben von zoologischen Gärten (Zoos).
2. Bei der Planung eines Zoobesuchs sollten verschiedene Punkte beachtet werden. Zähle einige auf.
3. Führe in einem beliebigen Zoo einen multimedialen Rundgang durch.
4. Drucke dir genauere Informationen über ein Tier deiner Wahl aus.
5. Suche einen Geo-Zoo in Deutschland und nenne beliebte Einrichtungen dieses Zoos.
6. Erkläre den Begriff „Geo-Zoo“.
7. Informiere dich über Tierpatenschaften im Augsburger Zoo. Notiere die Kosten für drei Tiere deiner Wahl.
8. Wo können Tierpfleger nach Abschluss der Berufsausbildung arbeiten? Welche Aufstiegsmöglichkeiten gibt es?

Gestalten macht Spaß

Gestalte folgende Anzeige.

Tierpark Wildenstein

Sie haben Freude im Umgang mit Tieren? Machen Sie Ihr Hobby zum Beruf!

Wir sind ein staatlich anerkannter Ausbildungsbetrieb und suchen zum 1. September .... Auszubildende zum Tierpfleger/zur Tierpflegerin.

Eine vielseitige, interessante Berufsausbildung erwartet Sie.

Dazu gehört u. a.:
Verhaltensweisen von Tieren kennen lernen
Futterrationen und -mischungen richtig zubereiten
Tiere artgerecht betreuen und pflegen

Bitte senden Sie Ihre schriftliche Bewerbung an folgende Adresse:

Tierpark Wildenstein, Postfach 23 45 67, 97903 Altenburg

Energiesparen - eine Aufgabe, die jeden Einzelnen betrifft

```
    qaq wsw ede rfr tft gfg äöä üöü pöp ßöß olo iki uju zjz hjh
    yay xsx cdc vfv bfb -ö- .l. ,k, mjm njn yay xsx cdc vfv bfb

    zusätzlich deutlich wirkungsvoll rationell nötig reduzieren
    Lebensbereich Energieverbrauch Überlegungen Wasserverbrauch

    Energiesparen entlastet die Umwelt und auch den Geldbeutel.      62
    Jeder von uns soll daher mit der Energie rationell umgehen.      61
```

```
Energiesparen entlastet nicht nur den Geldbeutel, sondern auch       65
die Umwelt. Deshalb ist es nach wie vor aktuell, in allen            125
Lebensbereichen mit der Energie rationell umzugehen. Seit der        190
Ölkrise hat die Industrie bei zahlreichen Produkten technische       256
Neuerungen eingeführt, die den Energieverbrauch verringern. Aber     324

ebenso wichtig ist das energiebewusste Verhalten der Verbraucher.    392
Würden einige einfache Überlegungen beachtet, wäre ein deutlicher    460
zusätzlicher Spareffekt zu erreichen. Überheizte Wohnungen sind      527
teuer und ungesund. Für eine angenehme Raumtemperatur genügen 21     594
Grad. Jedes Grad mehr kostet sechs Prozent mehr Heizenergie.         660

Besondere Verluste entstehen, wenn ein Raum dauernd durch            721
gekippte Fenster belüftet wird. Besser und wirkungsvoller ist es,    789
die Fenster für einige Minuten weit zu öffnen, um schnell den        853
größten Teil der Luft auszutauschen. Wer sich duscht, statt ein      920
Vollbad zu nehmen, spart neben Energie auch Wasser. Für eine         985

warme Dusche benötigt man nur ein Drittel der Energie, die man       1051
für ein Vollbad braucht. Als willkommener Nebeneffekt fällt bei      1118
einer Dusche auch weniger Abwasser an. Bei jeder Wäsche in der       1185
Waschmaschine sollte die Trommel ganz voll sein. Dadurch             1245
verringert man die Waschgänge. Auch der Stromverbrauch und die       1311

Umweltbelastung durch Waschmittelrückstände werden durch ein         1374
solches Vorgehen stark reduziert.                                    1408
```

Anschriftfeld:	Einkaufsparadies, SUPER & EHRLICH, An der Römermauer 16, 54290 Trier	Betreffvermerk:	Ich verwende keine Plastiktüte
Telefax:	467	Zentrierung:	Mit absoluter Sicherheit: NEIN!
Unsere Zeichen:	b-k	Briefschluss:	Mit freundlichen Grüßen, Händler & Co., Bäcker
Telefon:	466	Anlagenvermerk:	Anlage, 1 Prospekt
Name:	Herr Bäcker	Verteilvermerk:	Verteiler, Abteilung V
Datum:	....-02-01		

mit unserer Aktion „Ich verwende keine Plastiktüte“ wollen wir auch Sie ansprechen. Das Umweltbewusstsein nimmt zu. Immer mehr Kundinnen und Kunden lehnen aus diesem Grund Verpackungen aus Kunststoff ab.| Viele Verbraucher benutzen schon heute ihre mitgebrachten Taschen und Körbe. So vorteilhaft dieses Verhalten für die Umwelt sein mag, wir fragen Sie: Können Sie es sich leisten, auf so billige Werbung, wie sie bisher auf der Plastiktüte lesbar war, zu verzichten?|Mit absoluter Sicherheit: NEIN!|Hier kann nur eines Abhilfe schaffen: die reißfeste Papiertüte aus 100-prozentigem Altpapier. Eine ansprechende Werbung für Ihr Unternehmen platzieren wir natürlich gerne entsprechend Ihren Wünschen.

Schokolade ein Genuss - nicht nur für Kinder

abcd dcba efgh hgfe ijkl lkji mnop ponm qrst tsrq uvwx xwvu

Kakaomasse Kakaobutter Schokoladenproduktion Originalrezept
"xocolatl" Cortez Montezuma Aztekenherrscher Mexiko Spanien

Die Kakaopflanze wächst u. a. in Ghana, Nigeria und Mexiko. 64
Zweimal jährlich werden auf den Plantagen Früchte geerntet. 62

Wenn Kakaomasse mit Kakaobutter, Zucker und Milch oder Sahne in 70
einem fein ausgeklügelten Verhältnis gemischt und in besonderen 135
Verfahren erhitzt und geformt wird, so entsteht daraus ein 195
Produkt, das seit 1519 die Welt erobert hat und seinen 252
Herstellern jährlich millionenschwere Erträge bringt. Die Rede 319

ist von der Schokolade, die uns seit Kindesbeinen das Leben 382
versüßt. Der spanische Eroberer Hernando Cortez brachte das 446
Originalrezept der sog. "xocolatl" vom Hof des Aztekenherrschers 516
Montezuma im heutigen Mexiko nach Spanien. Obwohl versucht wurde, 586
das Produktionsverfahren geheim zu halten, gelangte es dennoch 650

nach Italien und später nach England. Ein Siegeszug begann, den 718
nicht einmal der zunächst hohe Preis aufhalten konnte. Schokolade 786
ist mehr als nur ein köstliches Naschwerk. Sie enthält 843
Kohlenhydrate und Fette, wertvolles Eiweiß, Calcium, Eisen und 911
Vitamine. In vernünftigen Mengen genossen, gilt sie als idealer 978

Energie- und Kraftspender. Grundlage der Schokoladenproduktion 1045
ist die Frucht der Kakaopflanze, die in Ländern wie Ghana, 1108
Nigeria, Brasilien, Mexiko und der Elfenbeinküste wächst. Auf 1175
weitläufigen Plantagen werden zweimal im Jahr zwanzig bis dreißig 1243
Früchte pro Baum geerntet, die jeweils bis zu sechzig Bohnen 1307

enthalten. Aus diesen wird die Schokoladenrohmasse hergestellt, 1373
die dann so abgewandelt und verfeinert wird, dass schließlich das 1439
uns allen bekannte Stück Schokolade entsteht. 1486

Anschriftfeld:	Süßwarenfachgeschäft Leopold Keks, Wiener Str. 31, 94032 Passau	Name:	Frau Lindenberg
Telefax:	4712	Datum:	....-05-30
Ihre Zeichen, Ihre Nachricht vom:	ke-ro, ...-05-20	Betreffvermerk:	Neue Spezialitäten
Unsere Zeichen:	l-z	Zentrierung:	Sahnekugeln und Kokosbällchen
Telefon:	4711	Briefschluss:	Mit den besten Grüßen, PRINZEN-KONFISERIE, Lindenberg & Nüsslein, Lindenberg
		Anlagenvermerk:	Anlage

herzlichen Dank für Ihren Auftrag. Ihre regelmäßigen Bestellungen zeigen, dass Sie mit unseren Erzeugnissen immer zufrieden sind.⌐Seit Jahren arbeiten wir nur mit den allerbesten Rohstoffen und fertigen daraus nach alten Rezepten unsere unnachahmlichen Pralinen. Heute wollen wir Ihnen zwei neue Spezialitäten vorstellen: ⌐Sahnekugeln und Kokosbällchen.⌐Die Sahnekugeln bestehen aus Sahnetrüffel, gehackten Mandeln oder Haselnüssen und edelster Vollmilchschokolade. Zutaten für die Kokosbällchen sind feinstes Nougat und ein Gemisch aus weißer Schokolade und Kokosflocken. Die Herstellung erfolgt nur in unserem Hause, da diese Rezepte patentiert sind.⌐Die kleine Kostprobe, die wir Ihrer Lieferung beilegen, wird Sie sicher für dieses Konfekt begeistern. Wir freuen uns deshalb schon heute auf Ihre nächste Bestellung.

Aerobic hält dich fit

Alle
Alle Aerobicteilnehmer
Alle Aerobicteilnehmer tanzen
Alle Aerobicteilnehmer tanzen begeistert
Alle Aerobicteilnehmer tanzen begeistert bei
Alle Aerobicteilnehmer tanzen begeistert bei flotter
Alle Aerobicteilnehmer tanzen begeistert bei flotter Musik.
Alle Aerobicteilnehmer tanzen begeistert bei flotter Musik.
Alle Aerobicteilnehmer tanzen begeistert bei flotter
Alle Aerobicteilnehmer tanzen begeistert bei
Alle Aerobicteilnehmer tanzen begeistert
Alle Aerobicteilnehmer tanzen
Alle Aerobicteilnehmer
Alle

mitreißend typisch ungefähr spürbar entwickelt rhythmischer
Tanzbewegungen Lockerungsübungen Dehnungsübungen Muskulatur
Kreislauftätigkeit Fernsehgymnastik Trimmaktionen Kondition

In vielen Sportvereinen finden bereits Aerobic-Kurse statt. 63
Regelmäßiges Training bei heißen Rhythmen bringt viel Spaß. 63
Es dient der Gesundheit und hilft, sich in Form zu bringen. 62

Musik dröhnt. Der Fußboden des Trainingsraumes bebt. Vor einer 68
langen Spiegelwand dehnen, strecken, biegen und drehen sich die 133
Aerobicteilnehmer zu mitreißenden Rhythmen. Aerobic ist ein 196
Bewegungstraining, das zu flotter Musik getanzt wird. Vernünftig 264
betrieben, kräftigt es die Körpermuskeln und das Herz, steigert 330

die Kondition und bringt den Kreislauf in Schwung. Eine typische 399
Aerobicstunde beginnt mit leichten Lauf- und Dehnungsübungen zum 467
Lockern und Erwärmen. Nach ungefähr zehn Minuten schließen sich 535
die eigentlichen Aerobicübungen an, nämlich rhythmische 592
Tanzbewegungen verschiedenster Art sowie Hüpfen und Laufen am 658

Ort. Den Abschluss bildet ein Programm zum Abkühlen mit 719
Entspannungs- und Lockerungsübungen. Schon nach wenigen 778
Trainingswochen zeigt sich eine spürbare Verbesserung der 838
Muskulatur, der Durchblutung und der Kreislauftätigkeit. Aerobic 907
entstand bereits im Jahre 1969. Die Amerikanerin Jacki Sorensen 976

bekam damals den Auftrag, eine Fernsehgymnastik für Frauen von 1042
Soldaten zusammenzustellen. Die leidenschaftliche Tänzerin 1104
verband dabei das von Dr. Cooper entwickelte Aerobicprogramm der 1172
Luftwaffe mit tänzerischen Elementen. Im Dezember 1982 wurde 1237
diese Gymnastik erstmals im Deutschen Fernsehen vorgestellt und 1304

von den Zuschauern begeistert aufgenommen. Weit über zwei 1364
Millionen Menschen tanzten sich mehrmals in der Woche vor ihren 1431
Fernsehgeräten fit. Inzwischen bieten neben zahlreichen privaten 1498
Studios auch der Deutsche Sportbund und der Deutsche Turnerbund 1567
Aerobic in ihren Trimmaktionen an. 1603

Fitness ist mega-in

A4-Brief verkleinert

FIT & FUN
Aerobic- und Fitnessstudio

Fit & Fun, Sonnenhang 3, 71665 Vaihingen

Frau
Margot Mittler
Eichenweg 25 // III
71665 Vaihingen

Ihr Zeichen, Ihre Nachricht vom	Unser Zeichen, unsere Nachricht vom	Telefon, Name 07042 8484-	Datum
	j-f	599 Jung	....-01-25

Fit durch Aerobic

Sehr geehrte Frau Mittler,

vielen Dank für Ihre Anfrage. Wir freuen uns, dass Sie sich für unser attraktives Sportprogramm interessieren. Ein reichhaltiges Angebot an Fitnessübungen bietet Ihnen Gelegenheit, etwas für die Gesundheit zu tun und sich in Form zu bringen.

Mit gut geschulten Übungsleitern können Sie in einer angenehmen Atmosphäre entsprechend Ihrem Leistungsstand trainieren. Unsere Räume sind extra mit Spezialböden ausgestattet, die die Gelenke und die Bandscheiben schonen. Regelmäßige Bewegung bei flotter Musik und in einer netten Gruppe macht sicher auch Ihnen Spaß.

Wählen Sie unter folgenden Aerobic-Kursen aus:

- Anfängertraining
- Fortgeschrittenentraining
- Profi- und Wettkampftraining

Selbstverständlich ermöglichen wir Ihnen gerne ein kostenloses Probetraining. Schauen Sie doch einmal ganz unverbindlich bei uns vorbei. Unsere Öffnungszeiten und unsere Preise entnehmen Sie bitte dem beiliegenden Prospekt.

Mit freundlichen Grüßen

FIT & FUN
Aerobic- und Fitnessstudio

Jung

Anlage

AEROBIC - FITNESS - BODYBUILDING
FIT & FUN
Tun Sie was für Ihre Gesundheit
Wir bieten für Sie und Ihn
AEROBICFITNESSTRAININGGEWICHTSABNAHM
ETRAININGAUSGLEICHSSPORTFIGURTRAIN
INGENERGIZINGSTRETCHINGSKIGYMNA
STIKERNÄHRUNGSBERATUNGSAUN
ARUHERAUMWHIRLPOOLSOLARI
UMMITHOCHDRUCKRÖHREN
BISTROCAFEPOOLBILLAR
DKOSTENLOSESPROB
ETRAININGGÜNSTI
GEDAUERPREI
SESUPERAU
SSTATTU
NG
Demnächst noch größer und schöner!
Gutschein! 1-mal Training kostenlos!

Das Studio FIT & FUN bietet vieles an, um sich fit zu halten. Dabei handelt es sich um eine Aufzählung. Aus werbetechnischen Gründen wurde hier die Form eines Dreiecks gewählt, das vielleicht einen muskulösen Oberkörper darstellen soll. Normalerweise gibt es aber für Aufzählungen vorgeschriebene Schreibweisen, wie die Beispiele in der rechten Spalte belegen:

1. Welche Möglichkeiten, deinen Körper fit zu halten, kannst du auf dem Werbezettel erkennen?
2. Erkläre die einzelnen Begriffe.

einstufige Aufzählungen

```
Aerobic-Kurse für

1. Anfänger
2. Fortgeschrittene
3. Profis

Aerobic-Kurse für

- Anfänger
- Fortgeschrittene
- Profis

Aerobic-Kurse für

a) Anfänger
b) Fortgeschrittene
c) Profis
```

3. Stelle Unterschiede bei den einzelnen Aufzählungen fest.

Neben den sog. einstufigen Aufzählungen, siehe rechte Spalte oben, kann es notwendig sein, einen Text noch weiter zu untergliedern, wie es in den folgenden Beispielen aufgezeigt ist.

mehrstufige Aufzählungen

```
Aerobic-Kurse

1. Anfänger
   a) dienstags, 10 Uhr
   b) mittwochs, 19 Uhr
   c) freitags, 15 Uhr

2. Fortgeschrittene
   a) montags, 10 Uhr
   b) donnerstags, 19 Uhr
   c) freitags, 10 Uhr

3. Profi- und Wettkampftraining
   a) montags
      aa) Jugendliche, 17 Uhr
      bb) Damen und Herren, 19 Uhr
   b) dienstags
      aa) Jugendliche, 17 Uhr
      bb) Damen und Herren, 19 Uhr
   c) freitags
      aa) Jugendliche, 16 Uhr
      bb) Damen und Herren, 18 Uhr
```

Am bekanntesten dürften dir aus den verschiedenen Schulbüchern folgende Gliederungen sein:

Inhaltsübersicht

1 **Aufwärmphase**
1.1 Rhythmische Bewegungen
1.2 Stretching (Dehnübungen)

2 **Hauptphase**
2.1 Gehen in verschiedene Richtungen
2.2 Laufen auf der Stelle
2.3 Hüpfen auf der Stelle
2.4 Tanzbewegungen
2.5 Rücken- und Bauchgymnastik

3 **Erholungsphase**
3.1 Stretching (Dehnübungen)
3.2 Entspannungsübungen

4. Betrachte die unterschiedlichen Gliederungen und versuche, sie so genau wie möglich zu beschreiben.

5. Viele Textverarbeitungsprogramme bieten Gliederungshilfen an.
Probiere einige Möglichkeiten aus.

1 Aufwärmphase

Durch die Kombination von rhythmischen Bewegungen und Stretchingübungen wird der Körper langsam in Schwung gebracht.

1.1 Rhythmische Bewegungen

Erste Übung in der Aufwärmphase ist das Gehen am Ort. Dabei werden die Fußgelenke gut durchgearbeitet ...

Neben grafischen Möglichkeiten werden Aufzählungen und Gliederungen so gekennzeichnet:

1. einstufige Aufzählungen
   a) Ziffern mit Punkt oder
   b) Mittestriche oder
   c) lateinische Kleinbuchstaben mit Nachklammer

2. mehrstufige Aufzählungen
   a) erste Stufe: arabische Ordnungszahlen
   b) zweite Stufe: lateinische Kleinbuchstaben mit Nachklammer
   c) dritte Stufe: doppelte Kleinbuchstaben mit Nachklammer

3. Abschnittskennzeichnungen
   a) Gliederung:
   Alle Abschnittsnummern beginnen an derselben Fluchtlinie. Die Abschnittsüberschriften - auch mehrzeilige - beginnen an einer weiteren Fluchtlinie (z. B. 2,54 cm). Nach Abschnittsnummern folgen mindestens zwei Leerzeichen.
   b) Gliederung mit Textabschnitt:
   Abschnittsnummern sind durch je eine Leerzeile vom vorhergehenden und vom folgenden Text abzusetzen; sie erhalten am Ende keinen Punkt. Mindestens zwei Leerzeichen folgen. Abschnittsnummern und Texte der Abschnitte beginnen an derselben Fluchtlinie.

Gestalten macht Spaß

1. Gib den Text ein, kopiere ihn mehrmals und verwende unterschiedliche Nummerierungs- und Aufzählungszeichen.
   Wende weitere Gestaltungsmöglichkeiten an.

Geräte und Zubehör im Sportstudio

Laufbänder
Walker
Trimmräder
Stepper
Rudersimulatoren
Kraftmaschinen
Bauchtrainer
Fitnessbänke
Physiobänder
Gymnastikbälle

2. Gestalte je eine A4-Seite. Benutze die Aufzählungs- und Nummerierungszeichen deines Textverarbeitungsprogramms.
   Tipp:
   Die im Programm vorgegebenen Aufzählungszeichen lassen sich durch beliebige Zeichen ersetzen.

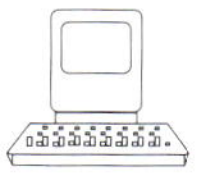

FIT & FUN

Verspüren nicht auch Sie den Wunsch nach mehr Gesundheit und einem schöneren Körper? Wollen nicht auch Sie Stress abbauen, Ihre Kondition verbessern und Zivilisationskrankheiten vorbeugen?

Kommen Sie in unser Studio und testen Sie unsere Kursangebote bei einem kostenlosen Probetraining. Ob Anfänger, Fortgeschrittener oder Profi - bei uns findet jeder geeignete Trainingsmöglichkeiten zu fetziger Musik:

- Aerobic
  Kombinationen unterschiedlicher Schritte und Sprünge
- Jazz Aerobic
  Ausdauertraining mit Tanzschritten
- Stepp-Aerobic
  Training unter Zuhilfenahme eines Steps
- Wirbelsäulengymnastik
  Kräftigung der Rumpfmuskulatur und Erhaltung der Beweglichkeit der Wirbelsäule
- Power Workout
  Training mit Schrittkombinationen zur Muskelkräftigung
- Stretching
  Dehnung der Muskulatur zur Verbesserung der Beweglichkeit

Weitere Informationen geben wir Ihnen gerne bei einem Besuch in unserem Studio in der Barbarossastraße 324, 10781 Berlin, Telefonnummer 030 2212121-21

Turn- und Sportverein Blau-Weiß
Jahnstraße 333
82362 Weilheim

Einladung zur Jahreshauptversammlung mit Neuwahlen am Freitag, 24. Juni ...., 19:30 Uhr im Vereinsheim

Tagesordnung

1. Begrüßung durch den 1. Vorstand
2. Ehrungen verdienter Mitglieder
3. Tätigkeitsbericht der Vorstandschaft
4. Berichte aus den Abteilungen
5. Kassenbericht
6. Bericht der Kassenprüfer
7. Entlastung des Kassiers
8. Neuwahl der Vereinsführung
9. Abstimmung über den Bau einer Inline-Skate-Anlage
10. Gestaltung des 50-jährigen Vereinsjubiläums
11. Freizeitaktivitäten
12. Verschiedenes

Wir freuen uns auf Ihr zahlreiches Erscheinen.

Mit sportlichen Grüßen

Christoph Kämpfer
1. Vorstand

Anschriftfeld:	Sportklub Blau-Rot, Tennisabteilung, Am See 4 a, 82432 Walchensee, Deutschland	Anrede:	Sehr geehrte Damen und Herren,
Bezugszeichenzeile:	I. Z., I. N. v. IV-la ....-05-02 U. Z., u. N. v. s-d Telefon, Name 5791 Schilling Datum ....-05-14	Gruß:	Mit den besten Grüßen
		Firmenname:	Reisebüro INTERNATIONAL
		Unterzeichner:	i. A. Schilling
		Anlagenvermerk:	Anlage, 1 Reiseführer
Betreffvermerk:	Ihre Wienreise	Verteilvermerk:	Verteiler, Abteilung V

Sie haben eine gute Wahl getroffen. Für Ihre Klubmitglieder planen Sie im Herbst eine Reise nach Wien. Dabei sollten Sie es auf keinen Fall versäumen, die folgenden Sehenswürdigkeiten zu besuchen: 1. den Stephansdom, das Wahrzeichen Wiens 2. das Parlament im Stil eines griechischen Tempels 3. das Riesenrad als wunderschönen Aussichtspunkt 4. Schloss Schönbrunn mit seiner Parkanlage und den Wasserspielen 5. die Spanische Reitschule mit den weißen Lipizzanerhengsten. Ausführliche Informationen dazu finden Sie im beiliegenden Reiseführer. Er enthält außerdem einen Stadtplan und ein Hotelverzeichnis sowie Hinweise über kleine gemütliche Gaststätten, in denen Sie zu vernünftigen Preisen essen können. Gerne besorgen wir Ihnen auch Karten für eine Musikaufführung oder eine Theaterveranstaltung. Bitte geben Sie uns bald Bescheid, wann Sie reisen möchten.

Anschriftfeld:	Reisebüro INTERNATIONAL, Frau Schilling, Johann-Strauß-Platz 4, 1010 Wien, Österreich	Anrede:	Sehr geehrte Frau Schilling,
Bezugszeichenzeile:	I. Z., I. N. v. s-d ....-05-14 U. Z., u. N. v. IV-la Telefon, Name 7878 Frau Lankes Datum ....-06-15	Gruß:	Mit freundlichen Grüßen
		Firmenname:	Sportklub Blau-Rot, Tennisabteilung
		Unterzeichner:	i. A. Lankes
Betreffvermerk:	Unsere Wienreise		

besten Dank für Ihre ausführlichen Informationen und die Übersendung eines Reiseführers. Nach Rücksprache mit unseren Klubmitgliedern kommt als Termin die Zeit vom Mittwoch, ...-10-08, bis Sonntag, ...-10-12, infrage. Für die Reise haben sich 45 Personen angemeldet. Wir benötigen deshalb 19 Doppelzimmer und 7 Einzelzimmer mit Dusche/Bad. Aus Ihrem großen Übernachtungsangebot entsprechen vor allem folgende Hotels unseren Wünschen: 1. Hotel KÄRNTNER HOF mit Hallenbad und Fitnessraum 2. Hotel SALZBURGER LAND mit Tennishalle und Minigolfanlage 3. Landgasthof DONAUBLICK mit Fahrradverleih und Kegelbahn. Teilen Sie uns bitte mit, ob wir in einem der genannten Häuser untergebracht werden können. Während unseres Aufenthalts würden wir gerne die wichtigsten Sehenswürdigkeiten besichtigen. Zudem haben die Teilnehmer den Wunsch geäußert, die Spanische Reitschule zu besuchen. Bitte organisieren Sie die Reise für unsere Vereinsmitglieder.

Surfen macht Spaß

Suche zu den folgenden Themen Informationen im Internet.

Thema „Spanische Reitschule"
- Woher stammt der Name „Spanische Reitschule"?
- Wie heißt das Gestüt, aus dem die Pferde kommen?
- Welche Farbe haben die Fohlen?
- In welchem Alter beginnt die Ausbildung der Pferde und wie lange dauert sie?
- Bei den Vorführungen zeigen die Pferde u. a. Piaffen und Kapriolen. Erkläre die Begriffe.

Thema „Riesenrad"
- Wann und von wem wurde das Riesenrad errichtet?
- Wie schnell dreht sich diese Sehenswürdigkeit?

Thema „Schloss Schönbrunn"
- Welche Baustile sind vorherrschend?
- Welches berühmte Herrscherpaar lebte hier im 19. Jahrhundert?
- Schau dir einige Räume mittels eines virtuellen Rundgangs an.

Thema „Hotels"
Suche für Wien ein Drei-, Vier- und Fünfsterne-Hotel und notiere die Preise für je ein Doppelzimmer in der Nebensaison.

Die hohe Schule der Dressur

1 gibt sind dort zwar alle über dies ohne doch groß ihre seit
2 weiße ihrer exakt hohes große zeigt durch edlen unter diese

3 thousands of visitors, classical equitation, concentration,
4 many spectators, difficult exercise, numerous presentations
5 horse and horseman, different paces, step, trot and gallop,

6 vollendeten klassischen mühseligen verschiedenen harmonisch
7 vorbildliche gymnastische schwierige exakt hohes begeistert

8 Dressur Darbietungen Vorführungen Körperhaltung Bahnfiguren
9 Geschicklichkeit Konzentration Kraft Lebhaftigkeit Ausdauer
10 Lipizzanerhengste Schimmel Schulquadrille Symmetrie Lektion

11 Die Spanische Reitschule gehört zu Wiens Hauptattraktionen. 64
12 Bereits seit 1572 pflegt man hier die klassische Reitkunst. 61
13 Die Tiere erlernen in einer langen Ausbildung alle Übungen. 63
14 Zum Einsatz kommen Lipizzanerhengste und fast nur Schimmel. 62

15 Alljährlich sind Tausende von Besuchern der Spanischen Reitschule 71
16 in Wien von den vollendeten Darbietungen der weißen 125
17 Lipizzanerhengste und ihrer Reiter begeistert. Seit 1572 pflegt 192
18 man dort die klassische Reitkunst und gibt die Tradition an die 258
19 nachfolgenden Generationen weiter. Zum Einsatz kommen 315

20 ausschließlich Hengste, und zwar bis auf wenige Ausnahmen nur 379
21 Schimmel. Sie zeichnen sich aus durch einen edlen Körperbau, 443
22 Lerneifer, Lebhaftigkeit, Gutmütigkeit, Mut, Härte und Ausdauer. 503
23 In einer langen, oft mühseligen Ausbildung erlernen die Tiere 572
24 alle Übungen der hohen Schule der Dressur. Dabei müssen sie in 643

25 verschiedenen Gangarten wie Schritt, Trab und Galopp exakt und in 713
26 vorbildlicher Körperhaltung gymnastische Bahnfiguren zeigen. 779
27 Krönung sind die "Schulen über der Erde". Dies sind Sprungübungen 852
28 ohne Hindernisse, die von Reiter und Pferd ein hohes Maß an 916
29 Geschicklichkeit, Kraft und Konzentration erfordern. Diese 979

30 Vorführungen werden an der Hand und unter dem Reiter 1035
31 durchgeführt. Bei den Zuschauern ist jedoch die große 1091
32 Schulquadrille am beliebtesten. Eine Gruppe von acht oder zwölf 1158
33 Hengsten zeigt mit ihren Reitern in einer Formation schwierige 1224
34 Lektionen zur Musik, harmonisch und in absoluter Symmetrie. 1286

Wie wird ein Teilbetreff gestaltet?

A4-Brief verkleinert

Hoffmann & Zimmermann
Kommunikationstechnik

Hoffmann & Zimmermann, Postfach 3 88, 91533 Rothenburg

Modehaus
Metz & Co.
Frau Katja Kronberger
Am Schlossberg 5
91541 Rothenburg

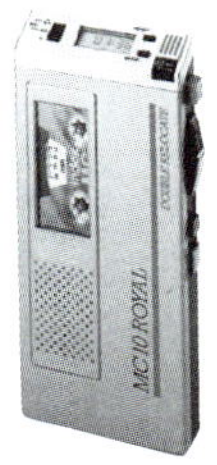

Ihr Zeichen, Ihre Nachricht vom	Unser Zeichen, unsere Nachricht vom	Telefon, Name 09861 123- 8040 Frau Hoffmann	Datum
	h-d		....-05-14

Aufnahme und Wiedergabe
mit unseren neuen Hand- und Tischdiktiergeräten

Sehr geehrte Frau Kronberger,

unsere Firma ist seit Jahren eine der besten Adressen für Diktiergeräte. Unser Name bedeutet große Erfahrung, modernste Technik, praxisgerechte Auswahl und zuverlässigen Service.

Für perfektes Notieren und Diktieren im Büro oder unterwegs stehen Ihnen unsere Hand- und Tischgeräte zur Verfügung. Die Geräte besitzen einen Standard, der auf einer über 30-jährigen Erfahrung in der Sprachverarbeitung beruht:

- einfachste und ergonomische Handhabung
- perfekte Aufnahme- und Wiedergabequalität
- modernes Design

Die beigefügte Broschüre gibt Ihnen einen kleinen Überblick über unsere große Auswahl. Weitere Modelle finden Sie in unseren Ausstellungsräumen.

Diktierseminar. Als zusätzlichen Kundenservice bieten wir Ihnen heute ein Diktierseminar an. Diktanten und Phonotypisten werden nach den Diktierregeln (DIN 5009) unterrichtet. Danach besteht Gelegenheit zur praktischen Arbeit an den neuesten Geräten. Gut geschulte Mitarbeiter stehen jederzeit zu Ihrer Verfügung.

Mit bestem Gruß

Hoffmann & Zimmermann
Kommunikationstechnik

Hoffmann

Anlage
1 Broschüre

Ohne Elektronik läuft nichts

der ist auf den mit und per zur was nur für vor aus ein neu
wenn dann mehr kann sehr hohe sich nach auch noch über hier
ihren bevor durch zudem dabei stets immer außer jeder lässt

uen nie sua rov rüf run saw ruz rep dnu tim ned fua tsi red
reih rebü hcon hcua hcan hcis ehoh rhes nnak rhem nnad nnew
tssäl redej reßua remmi stets iebad meduz hcrud roveb nerhi

when then more very high here fast fine less good into this
supermarket profit merchandise inventory type number resale
an exact check, a special system, this order, firm account,

Strichcode Strichcodeleser Netz Computernetz Computersystem
in einem Kaufhaus, beim Lieferanten, die moderne Elektronik
per Scanner, am Kassenterminal, mit einem speziellen System

Der Warenbestand einer Firma muss laufend überprüft werden. 62
Gehen Artikel aus, decken die Kunden ihren Bedarf anderswo. 63
Sind immer zu viele Waren im Lager, können Verluste drohen. 63

Wenn in einem Kaufhaus die Ware vergriffen ist, verschenkt der 66
Inhaber Geld. Die Kunden decken dann ihren Bedarf in einem 130
anderen Laden. Ist in einem Geschäft ständig zu viel auf Lager, 198
drohen Verluste. Die Lieferanten drängen natürlich auf Bezahlung, 268
bevor durch den Weiterverkauf eigene Einnahmen erzielt werden 332

können. Zudem verursacht die Lagerung in vielen Fällen sehr hohe 400
Kosten. Eine genaue Kontrolle der vorhandenen Warenbestände ist 468
deshalb außerordentlich wichtig. Dem Kaufmann hilft dabei die 532
moderne Elektronik. Mit einem System, das mit Strichcodelesern, 600
Strichcode und einem Computernetz arbeitet, lässt sich der 661

gesamte Warenumlauf zuverlässig überwachen und stets auf dem 723
neuesten Stand halten. Sofort nach der Anlieferung liest ein 787
Angestellter den Strichcode jedes Artikels per Scanner in das 853
Computersystem ein. So wird der Warenzugang festgehalten. 914
Gleichzeitig veranlasst der Computer auch noch die Belastung des 982

Firmenkontos mit den Preisen für die angekommenen Güter. Art und 1051
Anzahl der verkauften Waren werden ebenfalls durch den Strichcode 1120
am Kassenterminal in den Computer eingegeben. So stehen immer 1185
Zahlen über den aktuellen Artikelbestand zur Verfügung. Außerdem 1252
ist jederzeit feststellbar, was sich besonders gut verkauft. Hier 1319

kann dann das Sortiment entweder nur vergrößert oder auch um neue 1386
Waren erweitert werden. Die Bestellung lässt sich wiederum per 1454
Computer abrufen. Wird die vorher eingespeicherte Mindestmenge 1520
eines Artikels unterschritten, erfolgt direkt beim Lieferanten 1585
die automatische Nachbestellung. 1618

Manchmal kommt sogar ein Brief zu teuer!

Eines Tages läutet im Sportfachgeschäft Renner & Team das Telefon. Der Auszubildende Herr Bergmann (B) hebt ab und spricht mit Frau Renner (R), seiner Abteilungsleiterin.

B: Renner & Team, Bergmann - Guten Tag!

R: Renner - Grüß Gott, Herr Bergmann!
Ich bin gerade im Werbestudio „Gag & Partner" in München. Wir möchten die endgültige Gestaltung unseres nächsten Werbeprospekts und des Einladungsschreibens zur Neueröffnung unserer Filiale besprechen. Bei meinen Unterlagen fehlt aber das Einladungsschreiben.

B: Frau Renner, das ist nicht so schlimm. Ich werde mich gleich auf meine Maschine setzen und Ihnen die fehlenden Unterlagen bringen.

R: Um Himmels Willen, bei diesem Verkehr dauert das doch viel zu lange. Gibt es nicht noch eine andere Möglichkeit?

1. Lies das nebenstehende Telefongespräch mit verteilten Rollen.
2. Schlage Lösungsmöglichkeiten vor.

(1)

Renner & Team
Ihr Sportprofi

.... -02-28

Wir haben

- neue Verkaufsräume geschaffen,
- das Sportbekleidungsangebot vergrößert, (2)
- unsere Fitness-Abteilung ausgebaut.

Zur Eröffnungsfeier der neuen Räumlichkeiten mit anschließendem Büfett laden wir Sie am

10. Mai .... um 10:00 Uhr

sehr herzlich ein.

Wir freuen uns auf Ihr Kommen.

(3)

Inge Läufer
Geschäftsführerin

Robert Kämpf
Verkaufsleiter

3. Betrachte das nebenstehende Einladungsschreiben und bewerte es.
4. Mit dem Telefax können verschiedene Arten von Vorlagen gesendet werden.
Die Ziffern geben dir Hinweise.

5. Lies den Fließtext auf der folgenden Seite. Bringe dann die folgenden Tätigkeiten in die richtige Reihenfolge, es gibt verschiedene Möglichkeiten:
   - Vorlage wird in das Telefaxgerät eingezogen
   - Starttaste drücken
   - Vorlage wird in Form von elektrischen Signalen zum Empfängergerät übertragen
   - Empfänger telefonisch anwählen
   - Vorlage erscheint beim Empfänger als Kopie
   - Vorlage mit der beschrifteten Seite nach unten in das Telefaxgerät einlegen

Das Telefax - eine kostengünstige Alternative

per hat aus dem fax für man des wie ein und ist wer der sie
jedem viele seine wählt rasch lohnt nicht wurde einem schon

industry commerce craft administration authorities services
Millions of documents are transmitted by telefax every day. 60
For us faxing is as simple as telephoning or making copies. 60

übermittelt entwickelt bestätigt überträgt informiert bucht
effektiv originalgetreu monatlich groß erschwinglich billig
Telefon Telefax Telekopien Telebriefe Telegramme Television

Der große Faxboom setzte ungefähr Mitte der 90er Jahre ein. 63
Täglich werden Millionen Schriftstücke per Fax übermittelt. 63
Heute schaffen sich immer mehr Privatleute ein Faxgerät an. 62

An jedem Tag werden viele Millionen Schriftstücke per Telefax 67
übermittelt. Der Fernkopierer hat sich zu einem effektiven und 132
beliebten Telekommunikationsmittel entwickelt und ist aus 191
Industrie und Handel, Handwerk, Dienstleistungsbetrieben, 253
Verwaltungen und Haushalten nicht mehr wegzudenken. Per Fax 317

informiert der Firmeninhaber seine Filialbetriebe, der Anwalt 382
leitet einen Schriftsatz dem Gericht zu, der Wohnungsmakler 445
bestätigt eine Änderung des Termins, der Architekt versendet 509
Lagepläne, der Redakteur überträgt seine Manuskripte an die 572
Redaktion, der Maler bestellt Farben und der Gast bucht sein 637

Hotelzimmer. Gestartet wurde der Telefaxdienst - der Begriff 702
"fax" stammt vom lateinischen Wort facsimile und bedeutet "mach 770
ein Gleiches" - bereits am 1. Januar 1979. Der große Boom setzte 840
jedoch erst Mitte der 90er Jahre ein. Die Geräte sind inzwischen 909
auch für den Privatgebrauch erschwinglich und so einfach zu 970

bedienen wie Telefone und Kopierer. In der Regel legt man das 1036
Blatt mit dem Aufdruck nach unten in das Gerät ein, wählt die 1101
Nummer des Partners und startet den Vorgang. Faxe können rasch zu 1171
jeder Tages- und Nachtzeit in alle Welt übertragen werden. Der 1238
Empfänger erhält dabei eine originalgetreue Abbildung der 1299

Vorlage. Zu zahlen sind nur die Telefongebühren. Die Abrechnung 1368
erfolgt mit der monatlichen Telefonrechnung. Ausschlaggebend für 1435
die Kosten sind - wie beim Telefonieren - die Übertragungszeit, 1502
die Übertragungsdauer, die Entfernung und die Tarife des 1562
jeweiligen Anbieters. Vergleichen lohnt sich auch hier! 1620

Arbeitsaufgaben

1. Lies den Fließtext und notiere die zahlreichen Vorteile des Telefaxens.
2. Vergleiche diese Mitteilungsart mit der Briefpost.
3. „Das Telefax spart Kosten, es entlastet die Umwelt.“ Begründe diese Aussagen.
4. Informiere dich im Internet über den Begriff „Robinsonliste“.

Nicht jede Vorlage soll bzw. darf gefaxt werden!

Telefaxgeräte sind einfach zu bedienen und haben sich deshalb zu einem alltäglichen Kommunikationsmittel entwickelt. Trotzdem ist genau zu überlegen, ob Schriftstücke gefaxt werden sollen oder ein Versand per Brief besser ist. Manchmal ist eine Übermittlung per Telefax unangebracht oder unzulässig.

Hier einige wichtige Hinweise:
- Ohne Absprache mit dem Empfänger sollten keine zu umfangreichen Dokumente und keine Schriftstücke, bei denen die äußere Form von Bedeutung ist, gefaxt werden.
- Auch vertrauliche oder persönliche Mitteilungen eignen sich nicht.
- Bei Nachrichten, die Belangen des Datenschutzes unterliegen, ist eine Weitergabe per Fax unter Umständen nicht empfehlenswert.
- Verboten ist der unaufgeforderte Versand von Werbung mittels Telefax. Dies wird von Gerichten als Verstoß gegen das Gesetz gegen den unlauteren Wettbewerb und als Eingriff in das Recht am Gewerbebetrieb und am Eigentum gewertet.

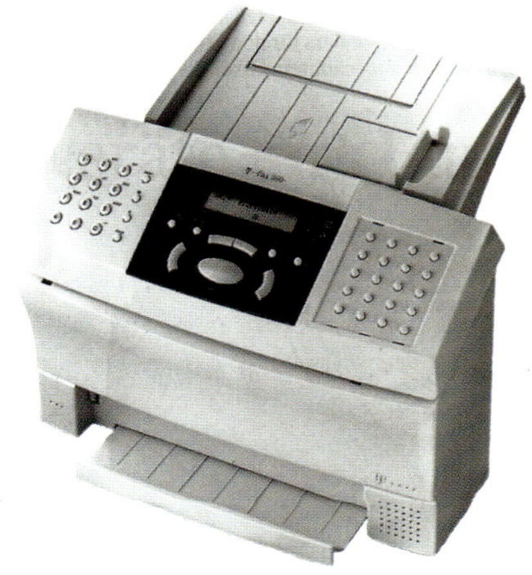

1. Finde Gründe für die genannten Einschränkungen im Faxversand.

Die gewünschte Faxnummer lautet ...

Faxnummern setzen sich wie Telefonnummern aus der Landeskennzahl, der Ortsnetzkennzahl und der Rufnummer zusammen.

Die Faxnummer wird wie die Telefonnummer gegliedert:

0941 507-2027

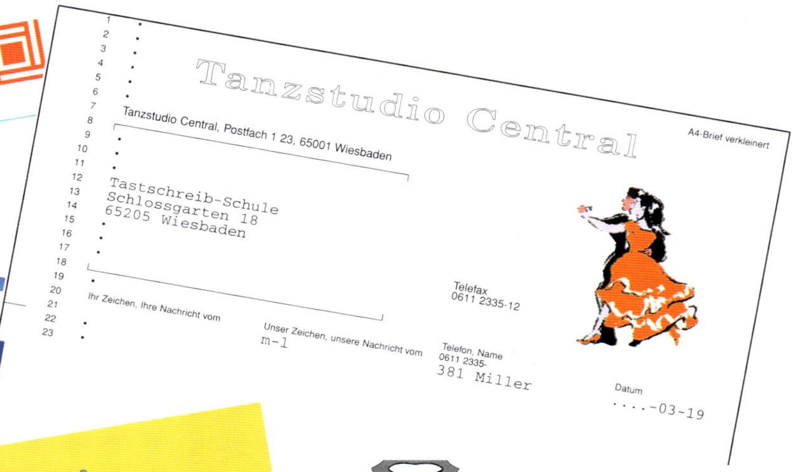

2. Auf den nebenstehenden Grafiken und Fotos siehst du einige Möglichkeiten, um Telefaxnummern zu erfahren. Nenne die Beispiele und zähle weitere auf.

3. Suche die Telefaxnummern für folgende Einrichtungen:
   - örtliche Zeitung
   - Stadtverwaltung
   - Landratsamt
   - Fremdenverkehrsamt deines Ortes
   - Bank/Sparkasse

Faxen geht ganz einfach, aber ...

Trägerfolie benutzen

In der Regel können A4- und A5-Formate problemlos eingezogen werden. Kleinere, zerrissene oder geknickte Blätter, zu dünnes Papier sowie gelochte oder gefaltete Seiten sollten vor dem Versand in eine so genannte Trägerfolie gelegt werden.
Nicht vergessen: Büro- und Heftklammern entfernen.

Besondere Hinweise über zulässige Papiergröße, -art und -stärke sind in den jeweiligen Handbüchern zu finden.

Zum „guten Ton“ der Fax-Kommunikation gehört die Angabe bestimmter Informationen des Absenders. Diese Angaben werden einmal eingegeben, im Gerät gespeichert und beim Sendevorgang mit übertragen. Sie erscheinen auf dem Ausdruck des Empfängers.

1. Erläutere die Inhalte der folgenden Kopfzeilen.

So könnten Kopfzeilen aussehen:

49 941 56789	PC Servicestelle	93047 Regensburg	0:55	S01	2002-12-20	09:23

oder

2002-12-29	17:35	☎ +49 9455 1213	Hubert Flachs	❒ 002

Sende- und Empfangsprotokoll

Für abgehende und ankommende Telefaxe werden auf Wunsch Sende- und Empfangsprotokolle ausgedruckt. Mit ihrer Hilfe kann überprüft werden, ob bestimmte Schriftstücke bereits versandt wurden. Außerdem lassen sich z. B. falsch übermittelte Faxe herausfinden sowie die Faxkosten kontrollieren.

So kann ein Sendeprotokoll aussehen:

<<SENDEBERICHT>>

DATUM	UHRZEIT	DAUER	GEGENSTELLE	SEITEN	ERGEBNIS
24. Dez	13:14	00:01:34	49 941 56789	002	Erfolg

Sendeprotokolle allein gelten in der Regel nicht als Nachweis, dass Schriftstücke wirklich weggefaxt wurden!

2. Welche Informationen sind im oben stehenden Sendeprotokoll zu finden?

Faxvorlagen für kurze Mitteilungen stehen inzwischen für fast alle Anlässe zur Verfügung. Immer häufiger finden auch selbst erstellte Faxformulare Verwendung. Eine werbewirksame Aufmachung kommt - ähnlich wie beim gut gestalteten Briefvordruck - dem Erscheinungsbild des Betriebes nach außen hin zugute.

Die grafische Gestaltung sollte jedoch nicht zu aufwendig sein, da sie die Übertragungszeit verlängert und so die Kosten erhöht.

Faxvorlagen

Telefax

Albert-Schweitzer-Realschule Regensburg, Klasse 8 a
Isarstraße 24, 93057 Regensburg
Telefonnummer: 0941 507-1082
Telefaxnummer: 0941 507-1086

Telefaxnummer:

1. Betrachte den nebenstehenden Fax-Entwurf und stelle seine Bauteile fest.
2. Gestalte Faxformulare mit den Absenderangaben eurer Klasse.
   - Erstelle jeweils ein Blatt zum handschriftlichen Ausfüllen und
   - ein Blatt zum Beschriften mit dem Computer.
3. Gestalte Faxformulare mit deinen eigenen Absenderangaben.

Setze Markierungspunkte an die Stellen, die immer wieder angesteuert werden sollen.
Wenn es notwendig ist, informiere dich im Hilfsprogramm über das Setzen und Ansteuern von Markierungspunkten.

Telefax

Albert-Schweitzer-Realschule Regensburg, Klasse 8 a
Isarstraße 24, 93057 Regensburg
Telefonnummer: 0941 507-1082
Telefaxnummer: 0941 507-1086

Telefaxnummer:

4. Du möchtest mit Schülerinnen und Schülern anderer Schulen in Kontakt treten und ein Fax an eine 9. Klasse senden. Stelle deine Klasse kurz vor und berichte über verschiedene Aktivitäten an deiner Schule.
5. Finde weitere Situationen für den Faxversand. Suche die Faxnummern, erstelle Schriftstücke und sende sie ab.

Die Kreditkarte - eine praktische, aber nicht immer billige Einrichtung

gfhj vfmj rfuj bfnj tfzj edik wsol qapö ya-ö xs.l cd,k üöäö
hjgf mjvf ujrf njbf zjtf iked olws pöqa -öya .lxs ,kcd äöüö

überflüssig, überhaupt, überweisen, übertragen, überprüfen,
gutgeschrieben abgezogen schneller dazugehörig entsprechend
privat bargeldlos verschlüsselt gesperrt abgebucht gestimmt

Comp Computer Computerzeit Computerzeital Computerzeitalter
I Identifi Identifika Identifikations Identifikationsnummer
Auto Autori Autorisie Autorisierungs Autorisierungszentrale

Computerzeitalter Datenfernübertragung Automat Geheimzahlen
Kassenterminal Identifikationsnummer Autorisierungszentrale
Kreditgewerbe Rechnungsbeträge Datenfernleitung Kartenleser

.hcrud rhem remmi egatuztueh hcis tztes nelhaZ sesoldlegraB 61
.reselnetraK nie dnu etrakkcehcS enie uzad nedrew thcuarbeG 62
.nessiw remmunsnoitakifitnedI enies ednuK red ssum medreßuA 62

Bargeldloses Zahlen setzt sich heutzutage immer mehr durch. 61
Gebraucht werden dazu eine Scheckkarte und ein Kartenleser. 62
Außerdem muss der Kunde seine Identifikationsnummer wissen. 62

Braucht der Mensch des Computerzeitalters überhaupt noch Münzen 68
und Scheine? "Electronic cash" heißt das Zauberwort, das 131
fassbares Geld überflüssig machen soll. An Kassenterminals 193
bargeldlos zu zahlen, bringt große Vorteile. Der Kunde braucht 259
kein Bargeld mit sich herumzutragen, der Händler hat weniger 322

Bargeld im Haus. Die Gefahren beim Transport der Tageseinnahmen 392
zur Bank fallen weg. Die Abwicklung an den Kassen erfolgt 454
wesentlich schneller, da nichts nachgezählt oder herausgegeben 517
werden muss. Möglich wird das Ganze mit Hilfe eines Kartenlesers 586
und einer Scheckkarte. Auf ihr befindet sich ein Magnetstreifen, 654

der die Kontonummer und die Bankleitzahl enthält. Beide sind 718
ähnlich verschlüsselt wie die Daten auf einer Diskette oder 780
Festplatte. Die Karte wird in den Automaten gesteckt. Auf der 847
dazugehörigen Tastatur gibt man seine private Geheimzahl, die so 914
genannte Identifikationsnummer (PIN), ein und bestätigt dann den 985

Rechnungsbetrag. Die vier Daten werden nun verschlüsselt und per 1053
Datenfernübertragung auf die Reise geschickt. In der 1109
Autorisierungszentrale des Kreditgewerbes überprüft ein Rechner, 1177
ob die Karte nicht gesperrt ist, die PIN stimmt und der Betrag 1245
abgebucht werden darf. Ist alles in Ordnung, geht die 1301

entsprechende Meldung an das Kassenterminal zurück. Nur wenige 1367
Sekunden später erscheint die Nachricht "Zahlung erfolgt". Nach 1437
Ladenschluss fließen die Daten per Datenfernleitung an die Bank 1505
des Händlers, die den Betrag auf dem Händlerkonto gutschreibt und 1574
sich um den Einzug der Zahlung kümmert. 1615

Kann ein Brief mit Ziffern geschrieben werden?

Gisela wurde im September als Auszubildende in einem Geldinstitut eingestellt. Seit einigen Tagen arbeitet sie im Schreibbüro. Bei ihrer Mitarbeiterin, Frau Meyr, entdeckt sie folgende Schriftstücke:

Schreibauftrag

Sachbearbeiter: *Sparfit* **Diskette/Datei:** *Girokonto*

Anschrift	
Herrn	Verteiler: ----
Hubert Weber	Kopie(n): *2*
Grasgasse 3	zur Unterschrift an: *Sparfit*
84069 Schierling	Unterschrift: *Sp*

Ihr Zeichen, Ihre Nachricht vom	Unser Zeichen, unsere Nachricht vom	Telefon, Name	Datum
....-07-23	*sp-...*	*729 Sparfit*	*....-07-29*

Bausteinnummer	Einfügung/Variable
02	
12	*Weber,*
21	
30	
40	
51	
61	
70	*Sparfit*

Schreibauftrag

Sachbearbeiter: *Sparfit* **Diskette/Datei:** *Girokonto*

Anschrift	
Frau	Verteiler: ----
Martina Wild	Kopie(n): *2*
Tannenstr. 1	zur Unterschrift an: *Geldmann*
92224 Amberg	Unterschrift: *Sp*

Ihr Zeichen, Ihre Nachricht vom	Unser Zeichen, unsere Nachricht vom	Telefon, Name	Datum
....-07-23	*sp-...*	*312 Geldmann*	*....-07-29*

Bausteinnummer	Einfügung/Variable
01	
11	*Wild,*
20	
30	
50	
62	*....-08-10/10:30*
70	*Geldmann*

Ein Großteil der Briefe, die im Geschäftsleben geschrieben werden, besteht aus Textteilen, die in der gleichen Art und Weise immer wieder verwendet werden können. Diese Textteile bezeichnet man als Textbausteine, in manchen Programmen als Autotext.

•
Eröffnung eines Girokontos
für Schüler, Auszubildende und Studenten
•
•
Sehr geehrter Herr Weber,
•
wir gratulieren Ihnen herzlich zum Eintritt ins Berufsleben und
freuen uns, dass Sie bei uns ein Girokonto eröffnen wollen.
•
Der bargeldlose Zahlungsverkehr bringt auch Ihnen viele Vorteile.
Sei es der Eingang Ihres monatlichen Gehalts, die Abbuchung per
Dauerauftrag für ständig wiederkehrende Zahlungen oder einfach
die Überweisung für eine Reparaturrechnung. Der Weg von Girokonto
zu Girokonto ist eine schnelle, bequeme und sichere Sache.
•
Solange Sie sich in der Ausbildung befinden, zahlen Sie keinerlei
Gebühren. Ihre Kontoauszüge erhalten Sie am Schalter. Auf Wunsch
schicken wir sie Ihnen gegen Zahlung der Portokosten gerne zu.
•
Sobald Sie volljährig sind, gewähren wir Ihnen jederzeit einen
Dispositionskredit. Sie können dann Ihr Girokonto bis zu einem
vereinbarten Betrag ohne Rückfragen überziehen.
•
...

1. Betrachte die beiden obigen Schreibaufträge.
2. Äußere dich zu den einzelnen Bereichen des Schreibauftrages und versuche, die Fachbegriffe zu erklären.
3. Vergleiche den Schreibauftrag an Herrn Weber mit dem nebenstehenden Briefausschnitt und den Textbausteinen auf der folgenden Seite.
4. Nenne Bereiche aus dem Privat- und Geschäftsleben, die sich für den Einsatz von Textbausteinen eignen.
5. Sammle aus dem Unterricht gleich lautende Textteile wie z. B. Schulübung, deine Anschrift etc.
6. Erfasse diese Textteile als Textbausteine und wende sie so oft wie möglich an.

Textprogramm: Girokonto

Bausteingruppe: Eröffnung — Blatt: 01

Textbaustein	Nr.	Stichwort
Eröffnung eines Girokontos	01	Betreff (Eröffnung)
Eröffnung eines Girokontos für Schüler, Auszubildende und Studenten	02	Betreff (Eröffnung Azubi etc.)
Sehr geehrte Damen und Herren,	10	Anrede
Sehr geehrte Frau ...	11	Anrede
Sehr geehrter Herr ...	12	Anrede
vielen Dank für Ihre Anfrage. Wir freuen uns, dass Sie bei uns ein Girokonto eröffnen wollen.	20	Dank für Anfrage
wir gratulieren Ihnen herzlich zum Eintritt ins Berufsleben und freuen uns, dass Sie bei uns ein Girokonto eröffnen wollen.	21	Gratulation zum Eintritt ins Berufsleben
Der bargeldlose Zahlungsverkehr bringt auch Ihnen viele Vorteile. Sei es der Eingang Ihres monatlichen Gehalts, die Abbuchung per Dauerauftrag für ständig wiederkehrende Zahlungen oder einfach die Überweisung für eine Reparaturrechnung. Der Weg von Girokonto zu Girokonto ist eine schnelle, bequeme und sichere Sache.	30	Vorteile des bargeldlosen Zahlungsverkehrs
Solange Sie sich in der Ausbildung befinden, zahlen Sie keinerlei Gebühren. Ihre Kontoauszüge erhalten Sie am Schalter. Auf Wunsch schicken wir sie Ihnen gegen Zahlung der Portokosten gerne zu.	40	Kontoführungskosten für Azubi etc.
Zehn Überweisungen pro Monat sind gebührenfrei. Ihre Auszüge erhalten Sie durch unsere Kontoauszugsdrucker, die wir in allen Zweigstellen aufgestellt haben.	41	Kontoführungskosten, Kontoauszüge
Selbstverständlich gewähren wir Ihnen einen Dispositionskredit. Dadurch können Sie Ihr Girokonto jederzeit bis zur dreifachen Höhe Ihres monatlichen Gehalts ohne besondere Formalitäten überziehen.	50	Dispositionskredit
Sobald Sie volljährig sind, gewähren wir Ihnen jederzeit einen Dispositionskredit. Sie können dann Ihr Girokonto bis zu einem vereinbarten Betrag ohne Rückfragen überziehen.	51	Dispositionskredit bei Volljährigkeit
Bitte kommen Sie zum Unterschreiben des Kontoeröffnungsantrags in unserer Zweigstelle vorbei. Bringen Sie dazu Ihren Reisepass oder den Personalausweis mit.	60	Unterlagen für Kontoeröffnung
Bitte kommen Sie zum Unterschreiben des Kontoeröffnungsantrags mit einem Erziehungsberechtigten in unserer Zweigstelle vorbei. Bringen Sie dazu Ihre Ausweispapiere mit.	61	Unterschrift des Erziehungsberechtigten
Unser Geldberater hat alle Unterlagen zur Kontoeröffnung für Sie vorbereitet. Er möchte gern am .... gegen ..... Uhr bei Ihnen vorbeikommen. Bitte bestätigen Sie diesen Termin.	62	Terminvereinbarung mit Geldberater
Mit freundlichen Grüßen BANKHAUS MÜNZE ...	70	Briefabschluss

Wie werden Textbausteine erstellt?

Ohne Fleiß - kein Preis. Dieses alte Sprichwort könnte man auch auf die Erstellung von Textbausteinen anwenden.

Bevor mit fertigen Textbausteinen gearbeitet werden kann, sind folgende Vorarbeiten notwendig:

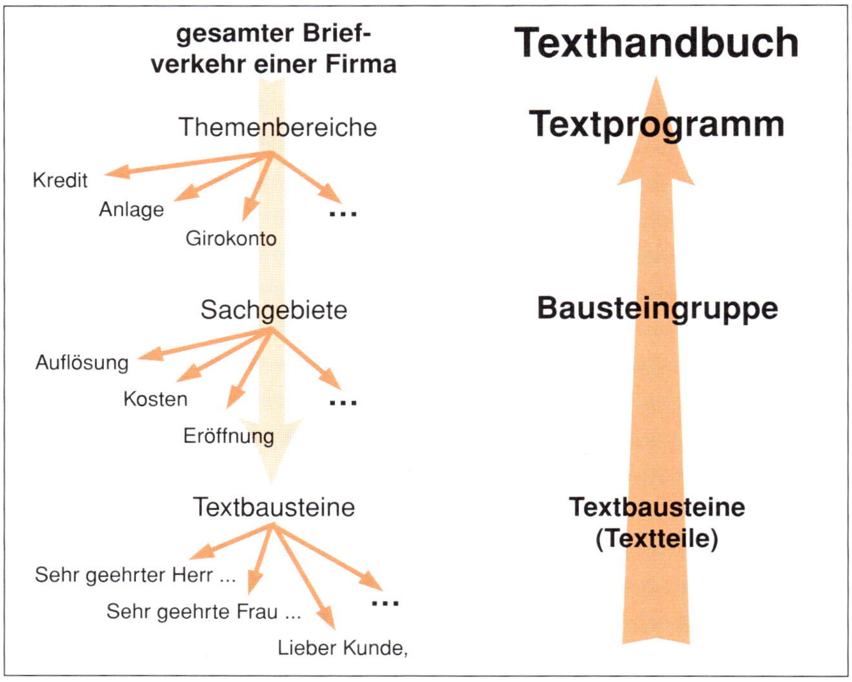

Nachdem ein Textprogramm entworfen ist, werden die Textbausteine eingegeben. Das Handling und die Befehle zur Eingabe, zum Speichern und Aufrufen von Textbausteinen sind von Programm zu Programm verschieden. Dabei gilt es, Folgendes zu beachten:

- Die Schreib- und Gestaltungsregeln für die Textverarbeitung nach DIN 5008 sind einzuhalten.
- Zum Text gehörende Leerzeilen werden eingefügt.
- Eine Worttrennung mit bedingten Trennstrichen ist durchzuführen (Randausgleich).
- Haltepunkte für Variablen, z. B. den Familiennamen, sind einzugeben.
- Die Textbausteine werden unter der im Texthandbuch jeweils aufgeführten Nummer einzeln abgespeichert.
- Vor einer erstmaligen Verwendung sollten sämtliche Textbausteine ausgedruckt und genauestens auf Form und Rechtschreibung überprüft werden.

Arbeitsaufgaben

1. Gib die Textbausteine des Textprogramms „Girokonto“, Bausteingruppe: Eröffnung, ein.
2. Bearbeite die Schreibaufträge vom ....-07-29, siehe Seite 88.

Weitere Übungsaufgaben findest du auf den Seiten 91 bis 96.

1. Betrachte das Formular „Textprogramm“ auf der vorhergehenden Seite und erläutere seine Inhalte.
2. Besprich mit deinem Partner anhand der nebenstehenden Grafik die „Entstehungsgeschichte“ eines Textbausteins.
3. Erkläre die Bedeutungen der verwendeten Fachbegriffe.
4. Bringe die folgenden Handlungsschritte in die richtige Reihenfolge und ordne den einzelnen Tätigkeiten eine der beteiligten Personen (Schreibkraft, Sachbearbeiter) zu:
   - Bausteinnummer notieren
   - Textbaustein aufrufen
   - Einfügung eintragen
   - Textbaustein auswählen
   - Schriftstück ausdrucken
   - Schriftstück unterschreiben
   - Einfügung ergänzen
   - Textprogramm bestimmen
   - Schreibauftrag unterschreiben

Textbaustein eingeben

Textbaustein speichern

Textbaustein aufrufen

5. Notiere dir die Befehlsfolge zur Eingabe, zum Speichern und Aufrufen von Textbausteinen.

Textprogramm: Kredit

Bausteingruppe: Kleinkredit — Blatt: 01

Textbaustein	Nr.	Stichwort
Ihr Kreditantrag	01	Betreff (Kreditantrag)
Sehr geehrte Frau ...	10	Anrede
Sehr geehrter Herr ...	11	Anrede
Sie haben bei uns einen Kredit in Höhe von ... beantragt.	20	Kredithöhe
für die rasche Zurücksendung der unterschriebenen Kreditunterlagen bedanken wir uns recht herzlich. Die mit Ihrer Erlaubnis eingeholten Auskünfte der SCHUFA waren positiv. Es steht deshalb dem beantragten Darlehen nichts entgegen.	21	Dank für Zusendung des Kreditantrages, positive SCHUFA-Auskunft
wir bedanken uns recht herzlich für die rasche Zurücksendung der Kreditunterlagen. Gerne sind wir bereit, Ihnen das gewünschte Darlehen zu gewähren: Voraussetzung dafür ist aber, dass wir bei der SCHUFA Auskünfte über Ihre Bonität einholen dürfen.	22	Nachfrage bei SCHUFA
Leider können wir Ihnen den gewünschten Kredit nicht gewähren. Nach Auskunft der SCHUFA haben Sie bereits von anderen Geldinstituten Darlehen in Anspruch genommen. Dabei gerieten Sie mit Ihren monatlichen Ratenzahlungen erheblich in Verzug.	30	negative SCHUFA-Auskunft
Grundsätzlich sind wir bereit, Ihnen das gewünschte Darlehen zu gewähren. Füllen Sie bitte dazu die beiliegenden Formulare aus und schicken Sie sie recht bald an uns zurück. Nach Überprüfung der Unterlagen geben wir Ihnen sofort Bescheid.	31	Kreditangebot mittels Formularen
Bitte schicken Sie uns deshalb das beiliegende Formular so bald wie möglich unterschrieben zurück. Nach Überprüfung der Unterlagen geben wir Ihnen umgehend Bescheid.	32	Ausfüllen des Formulars
Wir sind gerne bereit, Ihnen den Kredit zu bewilligen und überweisen den Betrag von ... in den nächsten Tagen auf Ihr Girokonto Nr. ... Die Rückzahlung erfolgt vereinbarungsgemäß monatlich im Voraus durch gleich bleibende Raten. Sie haben sich dabei für eine Laufzeit von ... entschieden.	40	Überweisung des Kredits
Mit diesem Schreiben erhalten Sie vorab ein Informationsblatt über verschiedene Kreditarten, derzeit gültige Zinssätze und Rückzahlungsmöglichkeiten. Für weitere Auskünfte stehen wir Ihnen jederzeit in unseren Geschäftsräumen zur Verfügung.	50	Informationsblatt
Bitte kommen Sie zu einem persönlichen Gespräch in unsere Geschäftsräume. Wir beraten Sie gern und zeigen Ihnen andere Finanzierungsmöglichkeiten auf.	51	Gesprächsangebot für Finanzierungsmöglichkeiten
Mit bester Empfehlung BANKHAUS MÜNZE Kreditabteilung	60	Briefabschluss
Anlagen	70	Anlagen

Einen Kredit erhält man schnell, aber ...

Kredit Kredite Kreditangebote Kreditkosten Kreditlaufzeiten
Überziehungskredit Dispositionskredit Ratenkredite Darlehen

Eine Kreditaufnahme sollte sehr sorgfältig überlegt werden. 61
Außerdem ist die erforderliche Rückzahlung genau zu planen. 61

Glaubt man der Werbung, dann gibt es nichts Leichteres, als an 66
Geld zu kommen, das man braucht, um sich seine Wünsche zu 126
erfüllen. Kredite unterschiedlichster Art werden angeboten, sich 193
zu verschulden als etwas Selbstverständliches hingestellt. Aber 259
Vorsicht - Kredite müssen zurückbezahlt werden. Vor allen Dingen: 330

Darlehen gibt es nicht umsonst. Jeder, der einen Kredit aufnehmen 399
will, tut gut daran, sich genau zu überlegen, ob die gewünschte 463
Anschaffung notwendig ist. Er sollte außerdem verschiedene 524
Kreditangebote sorgfältig vergleichen und auf den anfänglichen 588
effektiven Jahreszins achten. Das sind die zu zahlenden Zinsen 654

einschließlich der sonstigen Kreditkosten, wie z. B. 709
Bearbeitungs- und Vermittlungsgebühren. Bedacht werden muss auch, 778
ob der Kredit mit dem zur Verfügung stehenden Einkommen 837
vertragsgemäß getilgt werden kann. Sehr beliebt ist der sog. 899
Überziehungs- oder Dispositionskredit. Hier kann der Kunde sein 967

Girokonto ohne besondere Formalitäten um einen gewissen Betrag 1033
unbefristet überziehen. Dafür fallen allerdings hohe 1087
Überziehungszinsen an. Beim Ratenkredit erhält der Kreditnehmer 1155
einen bestimmten Darlehensbetrag, den er einschließlich der 1216
Zinsen und sonstigen Kosten innerhalb der Kreditlaufzeit in 1279

festgelegten, meist monatlichen Raten zurückzahlen muss. Werden 1345
größere Darlehen z. B. für den Kauf eines Hauses oder einer 1409
Eigentumswohnung benötigt, so verlangen die Geldinstitute 1469
entsprechende Sicherheiten. In der Regel lassen sie sich sog. 1534
Grundpfandrechte (z. B. Hypotheken) eintragen. Dann dient ein 1602

Grundstück praktisch als Pfand. Der Eigentümer des Grundstücks 1670
haftet so mit dem Grundstück für die Rückzahlung und die Zinsen. 1737

Surfen macht Spaß

1. Informiere dich bei drei verschiedenen Geldinstituten über Baudarlehen für 150.000 EUR und vergleiche die Konditionen bei einer Zinsfestschreibung von 10 und 15 Jahren.

Internet

2. Stelle den Vergleich in einer Tabelle dar.
3. Erkläre die Begriffe „Disagio“ und „Nominalzins“.

Jederzeit bereit - das Telebanking

aßb cüd eöf gäh izj kyl mxn owp qvr sut aßb cüd eöf gäh izj
kyl mxn owp qvr sut aßb cüd eöf gäh izj kyl mxn owp qvr sut

vom auf von für zum bei nur vor ist man und den das die was
sowie sogar alles jeder damit nötig immer nicht beide heißt

abfragen überweisen verlangen bekommen einrichten aufnehmen
schnell aktuell persönliche geringere möglich elektronische

Fast alle Geldinstitute bieten ihren Kunden Telebanking an. 63
Viele Transaktionen lassen sich von zu Hause aus erledigen. 62

Schnell den aktuellen Stand des Girokontos abfragen, Geld von 66
seinem Konto auf ein anderes überweisen oder einen bestehenden 130
Dauerauftrag ändern - das alles ist vom eigenen PC aus möglich. 197
Telebanking - auch Online-Banking oder Homebanking - heißt das 264
Zauberwort. Über das Internet lassen sich mit Hilfe einer 326

bestimmten Software verschiedenste Bankgeschäfte zu jeder Tages- 394
und Nachtzeit an sieben Tagen in der Woche erledigen. Die Banken 464
und Sparkassen verlangen in der Regel keine eigene Gebühr für ein 533
Online-Konto. Viele berechnen zudem für elektronische Buchungen 601
geringere Preise als für Buchungen am Schalter; bei manchen sind 670

Transaktionen und Kontoverwaltung sogar zum Nulltarif möglich. Zu 740
zahlen sind jedoch die Telefongebühren sowie mögliche 795
Nutzungsgebühren des Providers. Ein Online-Konto zu bekommen, ist 866
relativ einfach. Man stellt bei seinem Kreditinstitut den Antrag, 935
das eigene Girokonto online-fähig einzurichten und vereinbart mit 1002

dem Geldberater die Höhe der täglichen Verfügungsmöglichkeiten 1068
sowie den Höchstbetrag je Auftrag. Damit nur Berechtigte 1129
Verbindung zum Bankcomputer aufnehmen können, sind bestimmte 1192
Sicherheitsvorkehrungen nötig. Diese heißen PIN und TAN. PIN 1264
bedeutet persönliche Identifikations-Nummer bzw. persönlicher 1328

Identifikations-Name. Die PIN besteht aus fünf verschiedenen 1395
Buchstaben oder Ziffern oder einer Mischung aus beiden. Die 1459
Eingabe der PIN und der Kontonummer ermöglicht das Abfragen des 1529
Kontostandes. Um aber Überweisungen tätigen zu können, ist bei 1595
jedem Auftrag als zusätzliche Sicherung die sechsstellige 1655

Transaktions-Nummer (TAN) anzugeben, da Überweisungen ja nicht 1726
unterschrieben werden. Diese TAN errechnet ein Computer - der 1793
Anwender erhält jeweils eine bestimmte Anzahl von der Bank in 1858
einem verschlossenen Umschlag. Persönliche Identifikations-Nummer 1928
und Transaktions-Nummern sollten immer vor unberechtigtem Zugriff 1997

geschützt sein. Aus Sicherheitsgründen empfiehlt es sich nicht, 2063
sie im Computer abzuspeichern. 2094

Textprogramm: Fahrschulausbildung

Bausteingruppe: Anfragen — Blatt: 01

Textbaustein	Nr.	Stichwort
Ihre Anfrage	01	Betreff (Anfrage)
Sehr geehrte Frau ...	10	Anrede
Sehr geehrter Herr ...	11	Anrede
meine Mitarbeiter und ich freuen uns sehr über Ihre Anfrage, wir bedanken uns hierfür.	20	Dank für Anfrage
meine Mitarbeiter und ich freuen uns sehr über Ihre Anfrage, wir bedanken uns hierfür. Unser Team unterbreitet Ihnen folgendes Angebot:	21	Dank für Anfrage Angebot
Ich versichere Ihnen, und alle meine bisherigen Kunden können das bestätigen, dass wir an die Ausbildung unserer Kursteilnehmer mit größter Sorgfalt herangehen. Noch nie war einer unserer Fahrschüler während seiner Ausbildung in einen Unfall verwickelt. Mit Stolz weisen wir auf eine 20-jährige unfallfreie Bilanz hin.	30	Sicherheit bei Ausbildung
Für Fahrerlaubnisklasse A beträgt die Grundgebühr einschließlich der benötigten Lehrmittel ... EUR. Für Übungs- und Sonderfahrten berechnen wir .. EUR je Unterrichtsstunde.	40	Kosten für Klasse A
Für Fahrerlaubnisklasse B beträgt die Grundgebühr einschließlich der benötigten Lehrmittel ... EUR. Für Übungsfahrten berechnen wir .. EUR und für Sonderfahrten .. EUR je Unterrichtsstunde.	41	Kosten für Klasse B
Selbstverständlich stellen wir Ihnen für die Motorradausbildung gegen einen geringen Aufpreis eine spezielle Lederkombi zur Verfügung. Inklusive bieten wir dazu einen MWB-Sicherheitshelm mit automatischer Luftzirkulation und einen gut gepolsterten Nierenschutz an. So sind Sie für Ihre ersten Fahrerlebnisse bestens ausgerüstet.	50	Verleih einer Motorrad-ausrüstung
Ihrem Wunsch entsprechend stellen wir Ihnen für die Ausbildung in der Fahrerlaubnisklasse B entweder einen Mittelklassewagen oder ein Fahrzeug der gehobenen Klasse zur Verfügung.	51	Wahl eines Fahrzeugs
Als Zulassungsvoraussetzungen für die Prüfung in Klasse A gelten mindestens 5 Sonderfahrten, 10 Übungsfahrten sowie die Teilnahme an 16 theoretischen Unterrichtseinheiten. Außerdem werden eine Sehtestbescheinigung und ein Nachweis über die Unterweisung in Sofortmaßnahmen am Unfallort verlangt.	60	Prüfungsvoraussetzungen für Klasse A
Als Zulassungsvoraussetzungen für die Prüfung in Klasse B gelten 10 Sonderfahrten, mindestens 15 Übungsfahrten sowie die Teilnahme an 12 theoretischen Unterrichtseinheiten. Außerdem werden eine Sehtestbescheinigung und ein Nachweis über die Unterweisung in Sofortmaßnahmen am Unfallort verlangt.	61	Prüfungsvoraussetzungen für Klasse B
Für den Mofa-Kurs berechnen wir eine Gebühr von .. EUR. Während der Ausbildungsdauer ist die Teilnahme an 6 theoretischen Unterrichtseinheiten zu jeweils 90 Minuten Pflicht. Hier werden Sie mit dem richtigen Verhalten im Straßenverkehr und wichtigen gesetzlichen Vorschriften zum Führen von Kraftfahrzeugen vertraut gemacht. Dazu kommt eine zweistündige praktische Unterweisung. Im Anschluss an den Kurs legen Sie beim TÜV eine schriftliche Prüfung ab. Nach deren Bestehen erhalten Sie Ihre Prüfbescheinigung.	70	Mofaausbildung

Textprogramm: **Fahrschulausbildung**

Bausteingruppe: **Anfragen** **Blatt:** **02**

Textbaustein	Nr.	Stichwort
Für weitere Auskünfte stehen wir Ihnen gerne zur Verfügung. Wann dürfen wir Sie in unseren Ausbildungsräumen begrüßen?	80	Weitere Auskünfte?
Mit freundlichen Grüßen FAHRSCHULE RASANT Rasant	90	Briefabschluss

Arbeitsaufgaben

Führe folgende Schreibaufträge aus. Die Bezugszeichenzeile ist jeweils nur einmal vorgegeben.

Textprogramm: Girokonto (Eröffnung), siehe Seite 89

Bezugszeichenzeile:	U. Z., u. N. v. kl-ar, Telefon, Name 4899 Sparfit, Datum Tagesdatum
Anschriftfeld:	Frau Claudia Cramer, Regensburger Straße 45 a, 92421 Schwandorf
Baustein (Einfügung):	01, 11 (Cramer,), 21, 30, 60, 70 (Sparfit)
Anschriftfeld:	Herrn Markus Härtel, Arberstr. 7, 94249 Bodenmais
Baustein (Einfügung):	02, 12 (Härtel,), 20, 40, 62 (....-08-15/09:30), 70 (Sparfit)

Textprogramm: Kredit (Kleinkredit), siehe Seite 91

Bezugszeichenzeile:	U. Z., u. N. v. kl-ar, Telefon, Name 4899 Kluge, Datum Tagesdatum
Anschriftfeld:	Frau Brigitte Biederer, Postfach 1 17, 24011 Kiel
Baustein (Einfügung):	01, 10 (Biederer!), 20 (10.000 EUR), 30, 51, 60 (Kluge, Weise)
Anschriftfeld:	Herrn Werner Weiß, Am Südring 37, 50670 Köln
Baustein (Einfügung):	01, 11 (Weiß,), 21, 40 (30.000 EUR/425366/60 Monate), 60 (Kluge, Tupfer)
Anschriftfeld:	Frau Jutta Jörn, An der Alten Mühle 4, 26125 Oldenburg
Baustein (Einfügung):	01, 10 (Jörn,), 22, 32, 50, 60 (Kluge, Weise), 70
Anschriftfeld:	Herrn Rainer Behringer, Weiße Lilienstr. 2 // II, 36041 Fulda
Baustein (Einfügung):	01, 11 (Behringer,), 20 (20.000 EUR), 31, 50, 60 (Kluge, Tupfer), 70

Textprogramm: Fahrschulausbildung (Anfragen), siehe Seiten 94 und 95 oben

Bezugszeichenzeile:	U. Z., u. N. v. ra-st, Telefon, Name 451 Rasant, Datum Tagesdatum
Anschriftfeld:	Frau Christine Lichtenberg, Am Donauufer 45 b, 86609 Donauwörth
Baustein (Einfügung):	01, 10 (Lichtenberg,), 21, 41 (350/45/60), 51, 60, 80, 90
Anschriftfeld:	Herrn Max Kaiser, Föhrenweg 3 // II, 92318 Neumarkt
Baustein (Einfügung):	01, 11 (Kaiser,), 20, 30, 51, 80, 90
Anschriftfeld:	Frau Patricia Hohlfeld, Kastanienweg 2 a, 94227 Zwiesel
Baustein (Einfügung):	01, 10 (Hohlfeld,), 21, 70 (50), 80, 90
Anschriftfeld:	Frau Andrea Kissinger, Burggasse 18, 96049 Bamberg
Baustein (Einfügung):	01, 10 (Kissinger,), 20, 40 (130/30), 50, 80, 90
Anschriftfeld:	Herrn Michael Hauer, Lerchenstraße 20, 82489 Oberammergau
Baustein (Einfügung):	01, 11 (Hauer,), 20, 30, 40 (130/30), 60, 80, 90

Gestalten macht Spaß

Gib die einzelnen Speisen als Textbausteine ein.
Stelle für das Restaurant „Schlemmerstube“ verschiedene Menüs zusammen, setze die Menüpreise fest und gestalte je eine A4-Seite.

Textprogramm:	**Menüs**	
Bausteingruppe: **Speisekarte**		**Blatt:** **04**
Textbaustein	**Nr.**	**Stichwort**
Schinkenmousse mit Spargel	01	Vorspeise
Lachsravioli in Senfsoße	02	Vorspeise
gebratene Hühnerleber auf Blattsalaten	03	Vorspeise
Eiersoufflee mit grüner Soße	04	Vorspeise
Wildpastete mit Preiselbeeren	05	Vorspeise
Minestrone mit Parmesello	10	Suppe
Paprikasuppe mit gerösteten Weißbrotwürfeln	11	Suppe
Kürbissuppe mit Scampi	12	Suppe
Lauchsuppe mit Schinkenwürfeln	13	Suppe
Hühnersuppe mit Nudeln	14	Suppe
Chiemseerenke auf Ratatouille	20	Hauptgericht
Lachssteak mit Lauchgemüse	21	Hauptgericht
Gänsebraten auf Blaukraut	22	Hauptgericht
Lendensteak mit Auberginen	23	Hauptgericht
Hirschbraten mit Rosenkohl	24	Hauptgericht
Kartoffelpüree	30	Beilage
Kartoffelknödel	31	Beilage
Brandteignocken	32	Beilage
Wildreis	33	Beilage
Salzkartoffeln	34	Beilage
Salate vom Büfett	40	Salat
Blattsalate	41	Salat
gemischter Salat	42	Salat
Melonensorbet mit Früchten	50	Nachspeise
Orangenparfait mit Mandelcreme	51	Nachspeise
Mousse au Chocolat mit Waldbeeren	52	Nachspeise
Topfenpalatschinken mit Vanillesoße	53	Nachspeise
Apfelstrudel mit Vanilleeis	54	Nachspeise

Surfen macht Spaß

Bearbeite folgende Aufträge mit Hilfe des Internets.

1. Suche ein bayerisches Kochbuch, ein Fischkochbuch, ein Rezeptbuch für Salate und notiere Titel, Preis, Verlag und Erscheinungsdatum.
2. Drucke dir das Rezept für ein beliebiges Gericht aus.

Auch Blinde können lesen

u une uner unerschö unerschöpf unerschöpfli unerschöpfliche
un unter untersch unterschie unterschiedli unterschiedliche
f fü fün fünf fünfz fünfzi fünfzig fünfzigfach fünfzigfache
z ze zei zeit zeita zeitau zeitauf zeitaufwen zeitaufwendig

Zentralbibliothek, Volumenvergrößerung, Kunststoffstiftchen
die Braille-Schrift entwickelt, zuschaltbare Braille-Zeile, 64
Der Franzose Louis Braille entwickelte eine Blindenschrift. 62
Eine Übersetzung in Blindenschrift ist recht zeitaufwendig.

Auch blinde Menschen können lesen. Sie brauchen dazu aber eine 66
besondere, abtastbare Schrift. Der Franzose Louis Braille, der 134
als Dreijähriger bei einem Unfall sein Sehvermögen verloren 197
hatte, entwickelte im 19. Jahrhundert eine Blindenschrift. Mit 263
dieser Lesehilfe erschloss er zahlreichen Blinden den Zugang zur 331

unerschöpflichen Welt der Bücher und damit auch zum Kreis der 396
Sehenden. Die Schrift besteht aus Blöcken von sechs Punkten, die 466
in zwei senkrechten Reihen zu jeweils drei Punkten angeordnet 530
sind. Durch die unterschiedliche Hervorhebung dieser Punkte 593
entstehen Zeichen für Buchstaben, Ziffern, Satzzeichen und Noten. 664

Deutschlands größte Sammlung von Blindenschriften befindet sich 731
in der Zentralbibliothek in Hamburg. Dem Angebot an Literatur für 802
Blinde sind jedoch enge Grenzen gesetzt. Die Übersetzung eines 869
Werkes in Braille-Schrift führt nämlich zu einer fünfzigfachen 935
Volumenvergrößerung des Buches und ist daher sehr zeitaufwendig. 1002

Dank moderner Computertechnik könnte sich das Problem jedoch bald 1071
lösen lassen. Der auf Diskette gespeicherte Text erscheint auf 1137
dem Bildschirm. Der Blinde ruft mittels Cursor die Textzeile ab, 1207
die nach Knopfdruck auf einer zugeschalteten Braille-Zeile 1269
abgetastet werden kann. Auf der Tastatur schieben sich dabei 1332

Kunststoffstiftchen so in die Höhe, dass die ganze Zeile mit den 1400
Fingerspitzen zu ertasten ist. Nach dem nächsten Knopfdruck 1463
erscheint die nächste Zeile. Ein Hindernis für die Anschaffung 1530
solcher Hilfsmittel ist der zur Zeit leider hohe Preis. Die 1594
zuschaltbare Braille-Zeile kostet weit über 5.000 Euro. 1652

Surfen macht Spaß

Internet

- Drucke das Braille-Alphabet aus.
- Suche nach Kommunikationsmöglichkeiten für taubblinde Menschen.
- Finde heraus, wie alt Louis Braille war, als er die Blindenschrift erfand.
- Informiere dich über die Arbeit von Blinden am Computer und im Internet.

Die folgenden Aufgaben passen zum Text auf der nächsten Seite: Auch das Buch hat eine Geschichte

- Wie hieß Johannes Gutenberg, der Erfinder des Buchdrucks, mit Familiennamen?
- Was war der Grundgedanke seiner Erfindung?
- Welches Werk war die Krönung seiner Druckkunst?
- Wann wurden Zeitungen zu Massenmedien?
- Suche zwei Zeitgenossen (Herrscher, Künstler) von Gutenberg.

Auch das Buch hat eine Geschichte

heute ändern später völlig antik stark zurück mittels immer
wichtig wahrscheinlich bereits nochmals mehrfach allmählich
ableiten vorhersagen beschriften beschreiben zusammenbinden

Germanen Ägypter Araber Europäer China Altertum Mittelalter
Palmblätter Bambusstreifen Wachstäfelchen Papyrus Pergament
Buchenstäbchen Buchrollen Codex Einzelexemplar Massenmedium

Zeichen in Buchenstäbe einritzen, die Zukunft vorhergesagt,
Palmblätter beschriftet, Pergament übereinander geschichtet
die Papyrusrolle hergestellt, immer mehr Pergament benutzt,

Books are very important for information and communication. 60
Johannes Gutenberg is the inventor of letterpress printing. 61
The edition of his first books was about 100 or 200 copies. 60

Die Herstellung der Bücher lag früher ganz bei den Mönchen. 63
Schriftstücke aus Pergament hatten einen recht hohen Preis. 62
Mit der Zeit wurde aus dem Einzelexemplar ein Massenmedium. 63

Bücher sind bis heute ein wichtiges Mittel der Kommunikation, 65
Information und Unterhaltung geblieben, obwohl sie mit dem 126
Aufkommen von Rundfunk, Fernsehen und Datenverarbeitung eine 191
starke Konkurrenz bekommen haben. Das Wort "Buch" ist 251

wahrscheinlich von den Buchenstäbchen abgeleitet, in die die 313
Germanen Zeichen einritzten, um damit die Zukunft vorherzusagen. 381
Der Ursprung der Bücher geht in die Frühgeschichte zurück. So 448
banden bereits die Inder beschriftete Palmblätter und die 508

Chinesen Bambus- oder Holzstreifen zusammen. Im antiken Rom 573
entstanden Bücher aus Wachstäfelchen, in die mittels eines 634
Griffels Schriftzeichen gegraben wurden. Vorherrschend war im 699
Altertum jedoch die in Ägypten entwickelte Papyrusrolle. Daneben 768

kam immer mehr das Pergament auf. Mit ihm änderte sich auch die 834
Buchform. An die Stelle der Buchrolle trat zunehmend der flache, 903
viereckige sog. Codex, die uns heute geläufige Form des Buches. 970
Dabei schichtete man das Pergament in Lagen oder mehrfach 1031

gefaltet übereinander. Wegen des hohen Preises wurde später oft 1097
die Urschrift entfernt und das Ganze nochmals beschrieben. Als im 1166
Mittelalter die Araber das Papier nach Europa brachten, 1226
verbilligte sich die Herstellung, die zu dieser Zeit ganz in den 1293

Händen der Mönche lag. Mit der Erfindung des Buchdrucks durch 1360
Gutenberg änderte sich die Buchherstellung völlig. An die Stelle 1429
des Einzelexemplars trat allmählich ein Massenmedium. Während 1494
sich die Auflagen der ersten gedruckten Bücher, z. B. der 1555

Gutenbergbibel, auf etwa 100 bis 200 Exemplare beliefen, kamen 1620
einige Jahre später bereits Auflagen von mehreren Tausend heraus. 1688

Warum erhalten Heidi und Heinz den gleichen Brief?

Heidi ist Mitglied in einem Buchclub. Jedes Vierteljahr wird ihr ein Buch zur Auswahl angeboten. Sie hat aber auch die Möglichkeit, einen Schmöker aus einem umfangreichen Katalog auszuwählen.

Regelmäßig wird sie von ihrem Buchclub an die fällige Bestellung erinnert, siehe nebenstehenden Brief. Heidi ist von dem Angebot so überzeugt, dass sie den Brief ihrem Banknachbarn Heinz in den Unterricht mitbringt.

Da beginnen plötzlich beide zu lachen:
Heinz hat einen Brief mit gleichem Text erhalten, nur mit seiner Anschrift.

Es handelt sich um einen **Serienbrief.**

Arbeitsaufgaben

1. Versuche den Begriff „Serienbrief" umschreibend zu erläutern.
2. Berichte, welche Serienbriefe dir schon begegnet sind.
3. Erläutere die einzelnen Bauteile eines Serienbriefes anhand der unten stehenden Grafik.
4. Lies aus der Grafik die einzelnen Handlungsschritte ab, die zum Erstellen eines Serienbriefes notwendig sind, und notiere sie in Stichworten.

DER
BUCHCLUB

DER BUCHCLUB, Lesegasse 13, 93047 Regensburg

Frau
Heidi Hoffmann
Landstraße 10
94469 Deggendorf

Ihr Zeichen, Ihre Nachricht vom	Unser Zeichen, unsere Nachricht vom	Telefon, Name	Datum
	sch-za	0941 73171-599 Zausinger	....-01-25

Unser neuer Katalog

Liebes Mitglied,

endlich ist er da, der neue Katalog zum Selberaussuchen. Wir glauben, dass uns wieder eine hervorragende Zusammenstellung gelungen ist, die bei Ihnen kaum einen Wunsch offen lassen dürfte.

Auch unser Vorschlag für die Vierteljahresbestellung trifft sicher Ihren Geschmack:

Oft verwendet - kurz erklärt

ist ein Nachschlagewerk über Fachbegriffe aus dem Büroalltag.

Sollte Ihnen dieses Buch nicht zusagen oder haben Sie noch weitere Wünsche, wählen Sie bitte aus dem reichhaltigen Angebot aus. Schicken Sie uns die beiliegende Bestellkarte bis Ende des Monats zurück.

Mit freundlichen Grüßen

DER BUCHCLUB

Dr. Schmöker

Anlage
1 Katalog

Welche Bausteine enthält ein Serienbrief?

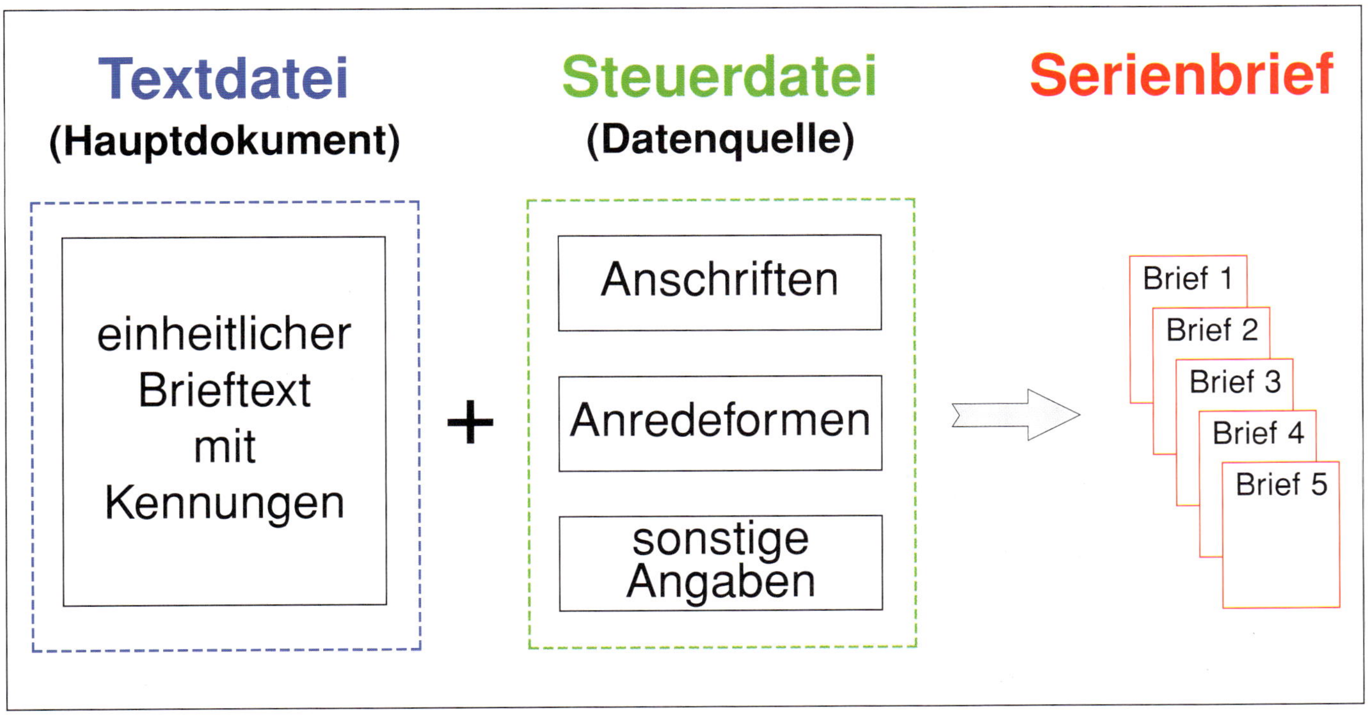

Wie wird ein Serienbrief erstellt?

Besonders für Werbezwecke finden Serienbriefe sehr häufig Verwendung. Schnell lassen sich damit an ein und denselben Kundenkreis Informationen, Aufforderungen etc. versenden.

Ein Serienbrief entsteht aus dem Zusammenwirken einer Textdatei, auch (Haupt-) **Dokument** genannt, mit einer Steuerdatei, die auch als **Datenquelle** bezeichnet wird, siehe Grafik auf Seite 99.

Im Hauptdokument befindet sich der für alle Briefe gleich lautende Text. Für sich ändernde Inhalte (z. B. Vorname und/oder Nachname) können Platzhalter gesetzt werden, wie z. B. Haltepunkte. Neben den Daten des Anschriftfeldes kann, um dem Schreiben eine persönlichere Note zu geben, im Text z. B. der Empfänger mit Namen angesprochen werden. Dazu fügt man ebenfalls Haltepunkte ein, die sich formatieren, etwa durch Fettdruck hervorheben lassen.

Eine wichtige Voraussetzung für das Erstellen eines Serienbriefes ist die Verfügbarkeit von Empfängerdaten. Sie sind häufig in einer Steuerdatei abgelegt, auf die immer wieder zurückgegriffen werden kann.

In einer Steuerdatei folgen einem **Steuersatz** mehrere **Datensätze.** Der Steuersatz beinhaltet notwendige **Feldnamen,** wie Anrede, Vorname usw. Oft stehen häufig vorkommende Feldnamen zur Verfügung, die beliebig ergänzt werden können. Die ausgewählten Feldnamen werden in einer **Datenmaske** angezeigt. Nun sind nur noch die einzelnen Datensätze entsprechend der Maske einzugeben.

In einem Textverarbeitungsprogramm kann die Steuerdatei u. a. mit Hilfe der folgenden Datenmaske erstellt werden:

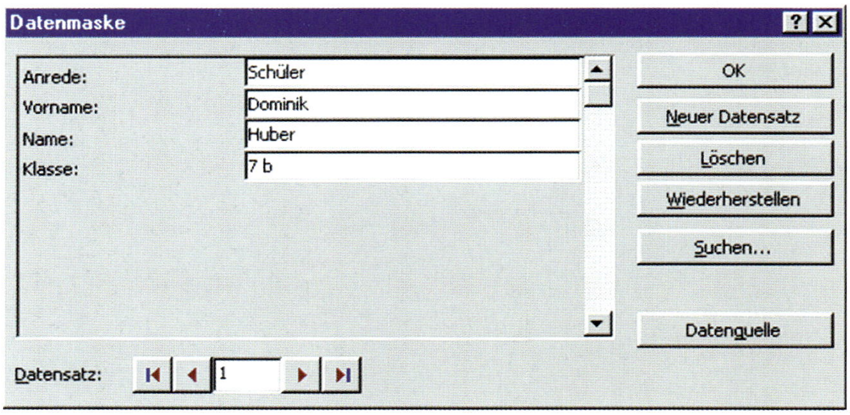

Nach Aufruf (Auswahl) der Seriendruckfunktion erscheint am Monitor die Seriendruck-Symbolleiste. Der Cursor wird nun der Reihe nach an die vorher gesetzten Haltepunkten positioniert, die passenden Feldnamen werden eingesetzt. Ist das Hauptdokument vervollständigt, folgt die Verbindung der Text- mit der Steuerdatei, z. B. über die Schaltfläche „Ausgabe in neues Dokument" oder „Seriendruck an Drucker".

Sind alle Vorarbeiten geleistet, können einzelne oder alle Briefe in Serie gehen, d. h. ausgedruckt und an die einzelnen Empfänger, wie etwa Heidi und Heinz, versandt werden.

Anrede	Vorname	Name	Straße	PLZ	Ort	
						Steuersatz
Frau	Eva	Meixner	Rotweg 3	91413	Neustadt	**Datensatz 1**
Herrn	Andreas	Schäfer	Arberstr. 4 // II	93413	Cham	**Datensatz 2**
Herrn	Martin	Paulsen	Linzer Weg 57	78050	Villingen	**Datensatz 3**
...						**...**

•
•
•
«Anrede»
«Vorname» «Name»
«Straße»
«PLZ» «Ort»
•
•

1. Dieses Anschriftfeld stammt aus einer Textdatei, siehe auch Seite 99. Beschreibe es.

2. Zähle die Inhalte einer Text- und einer Steuerdatei auf.

3. Suche aus dem links stehenden Text einer Steuerdatei Beispiele für folgende Fachbegriffe: Datensatz, Steuersatz, Feldinhalt.

4. Notiere in dem von dir benutzten Textverarbeitungsprogramm die einzelnen Handlungsschritte zum Erstellen eines Serienbriefes.

5. Lade den Brief von Seite 101 oder gib ihn ein.
Erstelle dazu mit den auf Seite 101 stehenden Daten eine Steuerdatei. Drucke die Serienbriefe aus.

6. Lade den Brief an Heidi, siehe Seite 99, oder gib ihn ein.
Erstelle dazu mit den unten stehenden, notwendigen Daten eine Steuerdatei. Drucke die Serienbriefe aus.

A4-Brief verkleinert

Albert-Schweitzer-Realschule
Schülermitverwaltung

Albert-Schweitzer-Realschule, Isarstr. 24, 93057 Regensburg

•
•
•
«Anrede»
«Vorname» «Name»
«Klasse»
•
•
•

•

Ihr Zeichen, Ihre Nachricht vom | Unser Zeichen, unsere Nachricht vom | Telefon, Name | Datum

24. März 20..

•
•
Einladung
•
•
Hallo «Vorname»,
•
du bist ein eifriger Leser unserer Bücher aus der Schülerbücherei.
•
Für Freitag dieser Woche haben wir zwei Jungautoren eingeladen. Sie lesen aus ihren neuesten Krimiwerken. Solltest du Interesse haben, dann melde dich bei der SMV.
•
Mit freundlichen Grüßen
•
SMV
•
•
•
i. A. Huber
•
•
•
•
•
•

Anrede	Vorname	Name	Klasse
Schüler	Dominik	Huber	7 b
Schülerin	Monika	Bayer	9 a
Schüler	Daniel	Weber	8 b
...			

Steuersatz
Datensatz 1
Datensatz 2
Datensatz 3
...

A4-Brief verkleinert

DER
BUCHCLUB

DER BUCHCLUB, Lesegasse 13, 93047 Regensburg

Frau
«Vorname» «Name»
«Straße»
«PLZ» «Ort»

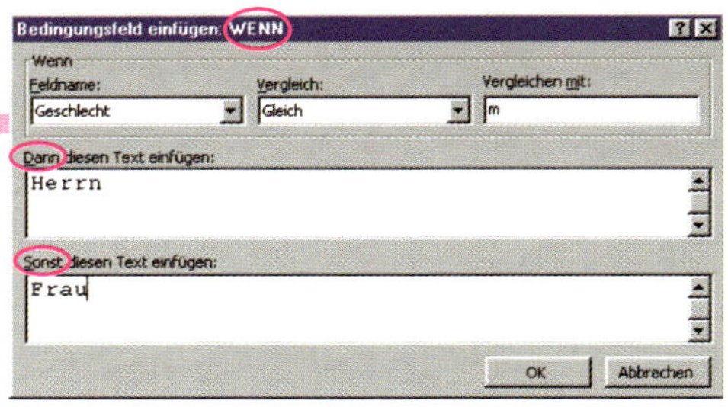

Ihr Zeichen, Ihre Nachricht vom	Unser Zeichen, unsere Nachricht vom	Telefon, Name 0941 73171-	Datum
	sch-za	599 Zausinger	....-01-25

Ihre Bestellung

Sehr geehrte **Frau** «Name»,

vielen Dank für Ihre Bestellung. Wir freuen uns sehr, dass wir Ihnen das Buch

«**Titel**» von «**Autor**»

noch vor unserem Betriebsurlaub liefern können.

Bitte überweisen Sie den Rechnungsbetrag innerhalb der nächsten vier Wochen. Bei Zahlung binnen einer Woche können Sie 3 % Skonto abziehen.

Wir wünschen Ihnen viel Spaß beim Lesen und erwarten bald Ihren nächsten Auftrag.

Mit freundlichen Grüßen

DER BUCHCLUB

Dr. Schmöker

Anlage
1 Katalog

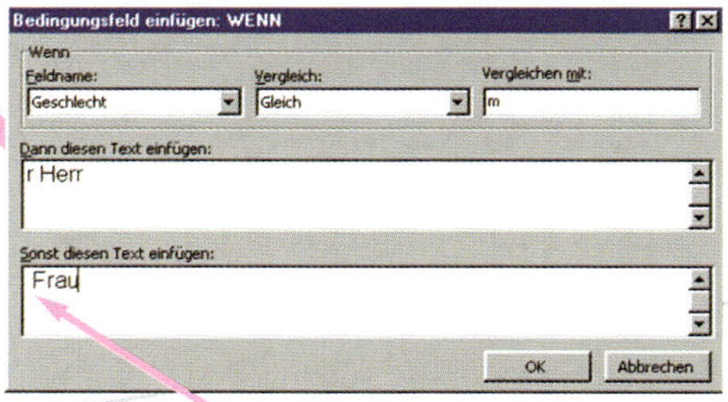

Leerzeichen einfügen

Durch das Einfügen eines Bedingungsfeldes in ein Hauptdokument lassen sich zusätzliche Informationen in ein Seriendruckdokument einbinden, z. B.: WENN Geschlecht gleich m, DANN „Herrn“ einfügen, SONST „Frau“.

Darüber hinaus kann das Zusammenführen von Dokumenten gesteuert werden.

Schreibe diesen Brief mit den unten stehenden Daten.

Geschlecht	Vorname	Name	Straße	PLZ	Ort	Titel	Autor	Steuersatz
w	Eva	Meixner	Rotweg 3	91413	Neustadt	Momo	M. Ende	Datensatz 1
m	Andreas	Schäfer	Arberstr. 4 // II	93413	Cham	Der kleine Prinz	A. de Saint-Exupéry	Datensatz 2
m	Martin	Paulsen	Linzer Weg 57	78050	Villingen	Das kleine Gespenst	O. Preußler	Datensatz 3
...								...

A4-Brief verkleinert

Tennisclub Donaustauf

TC Donaustauf, Auweg 3, 93093 Donaustauf

{..}
{..}
{..}
{..}
{..}
{..}
{..}
{..}
{..}

Ihr Zeichen, Ihre Nachricht vom	Unser Zeichen, unsere Nachricht vom	Telefon, Name	Datum
{..}	ro-la	4567 Herr Rott	{..}

Glückwünsche

Sehr geehrte {..},

die Vorstandschaft und alle Vereinsmitglieder gratulieren Ihnen zu Ihrem

{..}. Geburtstag

ganz herzlich.

Gleichzeitig möchten wir uns für Ihre ehrenamtliche Tätigkeit in der Vereinsarbeit bedanken. Wir hoffen und wünschen, dass Sie auch in den nächsten Jahren Ihre Erfahrungen und Ihre Tatkraft unserem Tennisclub zur Verfügung stellen.

Herzliche Grüße

Tennisclub Donaustauf

Rott

Um einen Serienbrief zu erstellen, sind folgende Arbeiten notwendig:

- **Erstellen der Textdatei (Hauptdokument)**
  - **Text mit entsprechend positionierten Haltepunkten (Feldnamen) eingeben**
  - **gewünschte Formatierungen durchführen**
- **Erstellen der Steuerdatei**
  - **Feldnamen eingeben (Steuersatz)**
  - **Datensätze entsprechend hinzufügen**
- **Feldnamen in Textdatei einfügen**
- **Dokument und Steuerdatei verbinden**

Das Anlegen eines Serienbriefes ist nur dann sinnvoll, wenn ein gleichlautendes Schriftstück an viele verschiedene Adressaten gesandt wird.

Selbstverständlich können die Empfängerdaten bei beliebig vielen Serienbriefen eingesetzt werden.

Arbeitsaufgaben

1. Lade den Text von Seite 103 (Hauptdokument) oder gib ihn ein und ergänze das Tagesdatum.
   Erstelle die Datenquelle und speichere sie unter „Mitglieder-Datenquelle".
   Gib die unten stehenden Daten ein.
   Wähle drei Empfänger aus und drucke die Briefe.
2. Frau Fruth hat geheiratet und heißt jetzt Reichert. Ändere den Namen in der Datenquelle.

Geschlecht	Vorname	Name	Straße	PLZ	Ort	Alter
w	Karla	Kröger	Am Mühlbach 3	93197	Zeitlarn	26
m	Werner	Schneider	Am Alten Schloss 4	93093	Donaustauf	33
m	Mario	Tandler	Nürnberger Str. 2	93059	Regensburg	42
w	Ilse	Bayer	Am Markt 3	93077	Bad Abbach	37
w	Ulla	Bucher	Vilsstraße 1	93059	Regensburg	32
m	Moritz	Olsen	Tulpenweg 139	93093	Donaustauf	26
w	Regina	Fruth	Lessingstraße 39	93093	Donaustauf	20
m	Axel	Aigner	Bergstraße 109	93197	Zeitlarn	27
m	Stefan	Ihle	Römerstraße 44	93077	Bad Abbach	33
w	Doris	Hübner	Yorckstraße 29	93049	Regensburg	38

3. Zwei neue Mitglieder sind in den Verein eingetreten.
   Ergänze die Datenquelle mit folgenden Angaben:
   – Lambert Kahn, Yorckstraße 20, 93049 Regensburg, 51
   – Samira Dressler, Jahnstraße 57, 93093 Donaustauf, 38
4. Sortiere die Namen alphabetisch.
5. Kopiere die Datenquelle, sortiere nach dem Geburtsdatum und drucke die Datei aus.

6. Wandle den Brief des Bastelstudios KREATIV, siehe Seite 66, in einen Serienbrief um. Finde selbst drei Datensätze.
7. Denke dir eine Situation für einen Serienbrief aus und gestalte dieses Schreiben.

Surfen macht Spaß

1. Suche acht sofort lieferbare Bücher über verschiedene Sportarten.
2. Trage die Informationen in eine Tabelle (Querformat) ein und gestalte die Seite.
   Die Kopfzeile beinhaltet folgende Begriffe:
   Nr., Sportart, Titel, Autor, ISBN, Verlag, Preis

Internet

Schnelllesen ist keine Hexerei

Lesestoff Lesetraining Lesetechniken Lesetempo Leseleistung
Bücher Zeitungen Fachzeitschriften Radio Fernsehen Internet

books newspapers magazins gazette radio television internet
Reading latest magazins and newspapers is very interesting. 60

Motivation Phantasie Konzentration Sprachvermögen Vergnügen
physikalische, physiologische, psychologische, gymnastische

Das Lesen verbessert Sprachvermögen und Gedächtnisleistung. 63
Es erweitert auch den Wortschatz und regt die Phantasie an. 62
Jeder sollte sich für das Lesen immer genügend Zeit nehmen. 62

Die Flut an Informationen, die täglich über Fernsehen, Rundfunk 69
und Printmedien auf uns einströmt, ist immer weniger zu 126
bewältigen. Selbst das Angebot an Lesestoff in Fachzeitschriften, 196
Zeitungen, Büchern oder im Internet ist so umfangreich, dass es 264
kaum noch aufgenommen und verarbeitet werden kann. Wer hier 325

Schritt halten und vorankommen will, kann sich der 377
Herausforderung nur durch die Anwendung moderner Lesetechniken 442
stellen. Dabei erweist sich die Leseleistung als komplexer 503
Vorgang, bei dem es physikalische, physiologische und 558
psychologische Einflüsse zu beachten gilt. So spielen 614

Beleuchtung, Blickwinkel, die Haltung des Körpers und Motivation 684
eine erhebliche Rolle. Grundsätzlich schließt eine Schulung der 751
Lesetechnik immer die Steigerung des Lesetempos und der 810
Fassungskraft, den Abbau der Lesefehler und eine Verbesserung der 880
Konzentration ein. Da die Augenmuskulatur sehr hoher Belastung 947

ausgesetzt ist, ruft dies nach Ausgleich, der durch besondere 1010
augengymnastische Übungen erzielt werden kann. Entscheidend ist, 1077
sich vor dem Lesen über das jeweilige Ziel des Lesens im Klaren 1145
zu sein. Denn Lesen ist eben viel mehr als nur ein Mittel zur 1210
raschen Aufnahme von Informationen. Ein langsames Vorgehen erst 1278

ermöglicht z. B. eine intensive Auseinandersetzung mit einem 1341
Stoff. Darüber hinaus verbessert Lesen das Sprachvermögen, 1404
erweitert den Wortschatz, fördert die Gedächtnisleistung, regt 1469
die Phantasie an und ist nicht zuletzt ein köstliches Vergnügen. 1536
Dafür sollte man sich immer genügend Zeit nehmen. 1587

Surfen macht Spaß

Suche zum Thema „Lesen" weitere Informationen im Internet:

- Welche Lesegeschwindigkeiten sind möglich?
- Informiere dich über geeignete Literatur.
- Für Interessierte werden Lesekurse angeboten. Beantworte folgende Stichwörter:
  Wo? Dauer? Kosten? Inhalt des Kurses?

Lesen bildet

In der letzten Sitzung beschloss die SMV der Ingrid-Lanz-Realschule nach langer Diskussion die Einrichtung einer Schülerbücherei. Der an Mitschüler und Firmen gerichtete Appell, gut erhaltene Privatbücher bzw. Buchspenden als „Startkapital“ einzubringen, erbrachte ca. 600 Bücher zu den verschiedensten Sachgebieten.

Ein Raum war schnell gefunden, wie aber sollten Ausleihe und weitere Neuanschaffungen sinnvoll und zeitsparend verwaltet werden?

Die Schülersprecher Sabine und Alexander baten die engagierte IT-Lehrerin Frau Heilmann um Unterstützung. Im Arbeitskreis entschied man sich nach einem kurzen Statement von Frau Heilmann, in dem Karteikartensystem und elektronische Datenverwaltung gegenübergestellt wurden, für die Verwaltung der Bücher mit dem Computer. Ein entsprechendes Programm (Fachbegriff: **Datenbank, auch Datenbanksystem oder elektronische Datenverwaltung**), wie z. B. Access, ist an der Schule vorhanden.

Sabine und Alexander wollten sich gleich an einen Computer stürzen und mit der Arbeit beginnen. Frau Heilmann erinnerte aber an einen altbewährten Grundsatz im Umgang mit Computern:

„Erst das Problem durchdenken, ein Konzept erstellen, dann mit der Arbeit am Computer beginnen.“

Sabine und Alexander überlegen sich, welche Angaben **(Daten)** man beim Anlegen einer elektronischen Verwaltung der Schülerbücherei benötigt; sie notieren: Buchtitel, Buchautor usw.

Diese Daten sind **strukturiert** (in einer bestimmten Ordnung) anzulegen, damit ein schneller Zugriff auf die Daten möglich ist.

Auf einer Karteikarte sind bzw. waren früher alle Informationen über ein Buch enthalten. Diese komplette Zusammenstellung von Informationen bezeichnet man in der EDV als **Datensatz.** Ein solcher Datensatz setzt sich aus mehreren Angaben zusammen, Fachbegriff: **Datenfelder.** Ein Datenfeld enthält immer Informationen gleicher Art, z. B. den Namen des jeweiligen Autors ...
Der Name eines Datenfeldes wird als **Feldname,** der Inhalt als **Feldinhalt** betitelt. Ein Feldinhalt kann in Form von Text, Zahl, Datum ... vorliegen und auch mit Ton oder Bild verknüpft werden. Diese einzelnen Ein- bzw. Ausgabemöglichkeiten bezeichnet man als Feldart, Feldtyp oder **Felddatentyp.**

Ein Datensatz ist wie eine Karteikarte aufgebaut. Die Grafik verdeutlicht dir die Fachbegriffe:

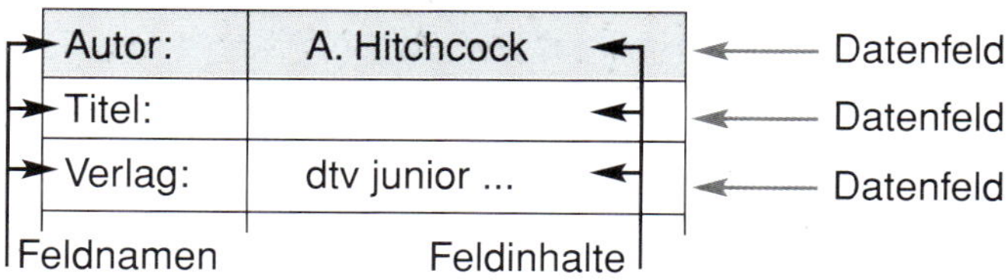

Eine Datenbank (auch Datenbanksystem) ist heute eine Software, mit der Daten verwaltet werden. Früher bezeichnete man auch gesammelte Datenbestände als Datenbank. Folgende Operationen lassen sich mit einer Datenbank beispielsweise durchführen:
Daten sammeln, hinzufügen, ändern, auffinden, löschen, sortieren, zusammenstellen, auswerten, drucken ...

Bücher gesucht!

Für unsere neu einzurichtende Schülerbücherei suchen wir gut erhaltenen oder neuwertigen Lesestoff.

Helft mit!

Euere SMV

Erst denken, dann handeln!

1. Lies die folgende Datenliste. Welche Daten sind für eine Schülerbücherei wichtig:
   - Titel
   - Alter des Autors
   - Verlag
   - Sitz des Verlags
   - Zustand des Buches
   - Haarfarbe des Lesers
   - Neupreis
   - Seitenzahl
2. Ergänze die Liste mit sinnvollen Angaben.

Datenfeld, Feldname, Feldinhalt, Feld(daten)typ

3. Stelle Vor- und Nachteile eines Karteikartensystems und einer Verwaltung mit dem Computer zusammen.
4. Ergänze diese Übersicht nach dem Einrichten der Datenverwaltung, vergleiche und bewerte.

Auch bei der Zusammenstellung einer Datenbank findest du den Objektbegriff wieder. Den **Objekten** (Personen, Gegenständen wie Büchern, Vorgängen wie Ausleihe etc.) werden Merkmale (Fachbegriff: **Attribute**) zugeschrieben:

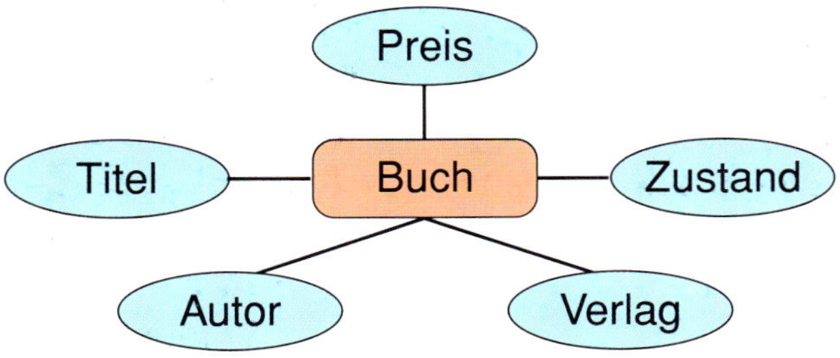

1. Ordne die Begriffe der Grafik nach Objekt und Attributen.
2. Finde weitere Attribute.
3. Notiere zum Objekt „Ausleihe" einige Attribute.

Nachdem Alexander und Sabine notwendige Datenfelder zusammengestellt haben, beginnt die Arbeit mit der elektronischen Datenverwaltung, z. B. mit Access.

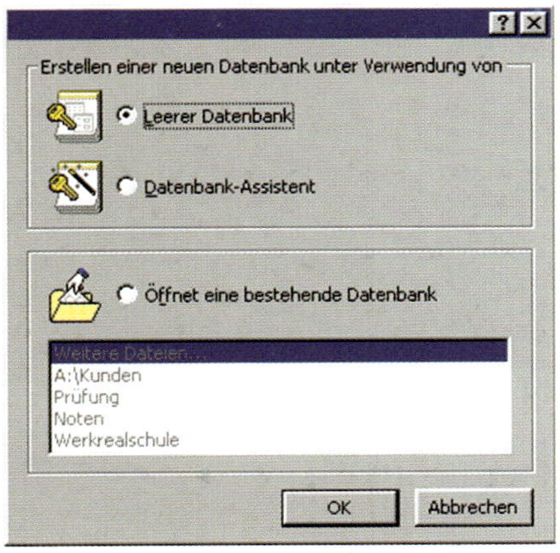

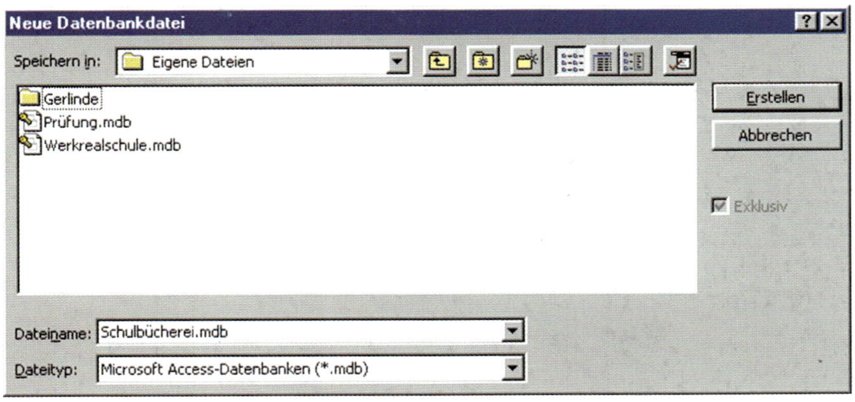

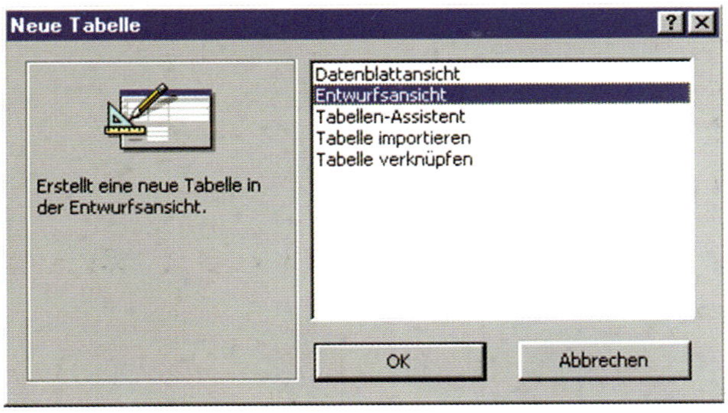

4. Führe die mit den Bildschirmfenstern dargestellten Operationen am PC durch, besprich sie mit deinem Nachbarn und kläre unbekannte Begriffe.
5. Welche Attribute zeigt der unterste Bildschirmausschnitt? Trage sie in dein Tabellenblatt ein.

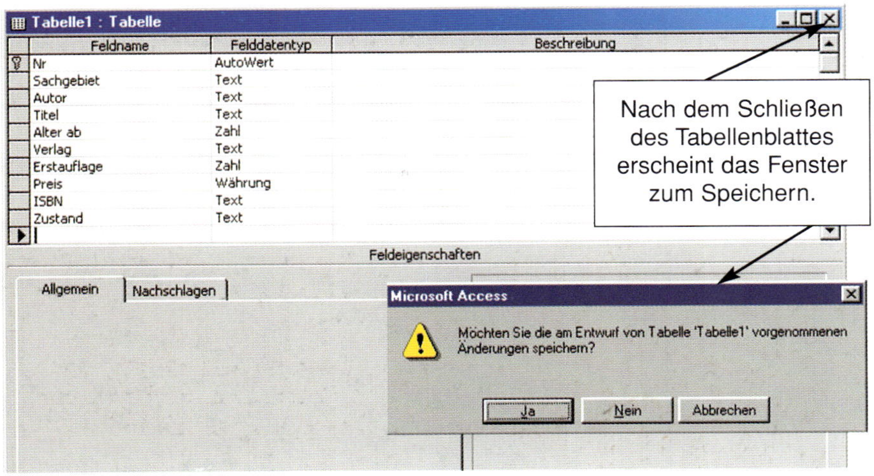

Erstellen einer Tabelle in Entwurfsansicht

Um eine Buchnummer nicht mehrmals zu vergeben, wird dem Attribut „Nr" der Feldtyp „AutoWert" zugeordnet. Damit kann eine mehrmalige Verwendung der gleichen Nummer ausgeschlossen werden.

gebräuchliche Feldtypen

Jedem Feldnamen muss ein Feldtyp zugeordnet werden.

Textfelder (Text)	Kombinationen von Wörtern und Zahlen, z. B. Straße und Hausnummer in der Anschrift, und Zahlen, welche nicht für mathematische Berechnungen verwendet werden, z. B. Telefonnummern
Numerische Felder (Zahl)	nur Zahlen, mit denen Berechnungen durchgeführt werden sollen, z. B. Preisangaben
Datumsfelder (Datum/Uhrzeit)	Datums- und Uhrzeitangaben (Datum in genau festgelegter Schreibweise)
Währungsfelder (Währung)	Währungsangaben, z. B. EURO, Dollar usw.
Logische Felder	Daten mit den Werten Ja/Nein, Ein/Aus oder Wahr/Falsch
Memofelder (Memo)	längere Textpassagen (bis zu 65.535 Zeichen)
OLE-Felder (**O**bject **L**inking and **E**mbedding)	stellen zur besseren Information Verbindung zu Objekten her oder betten Objekte in Datenbanken ein, ohne direkt in die Datenbank eingebunden zu sein, z. B. Bilder, umfangreiche Texte, Videofilme, Landkarten

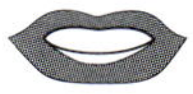

6. Zähle deinem Partner die Feldtypen auf und beschreibe sie.

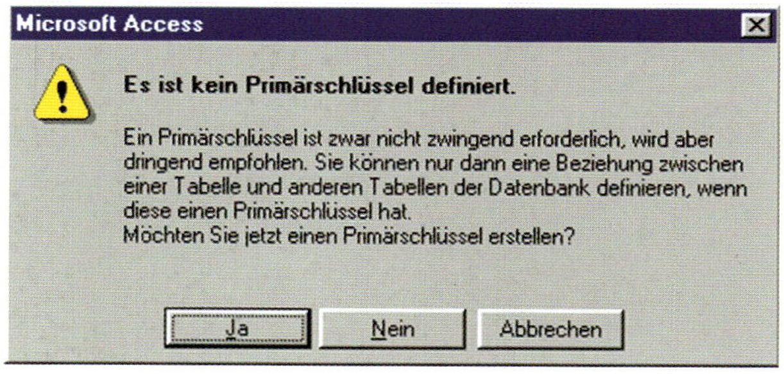

Pimärschlüssel, Schlüsselfeld, Identifikationsschlüssel

Sabine ist über diese Meldung erstaunt. „Wozu ist ein Primärschlüssel wichtig?“, fragt sie ihre Lehrerin.

In einer Datenbanktabelle muss jeder Datensatz vom Datenbankprogramm eindeutig identifiziert werden können. Zu diesem Zweck wird ein Feld zum „Primärschlüssel“ erklärt, dessen Inhalt diese Bedingung erfüllen kann. In unserem Beispiel ist das Schlüsselfeld die Buchnummer (Nr). Sie wird mit „AutoWert“ hochgezählt, wodurch eine Vergabe ein und derselben Buchnummer vermieden wird.

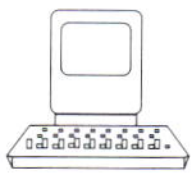

Nach diesen Vorarbeiten geben Sabine und Alexander die Daten in das Tabellenblatt ein.

7. Gib die im Bildschirmfenster dargestellten Daten ein.

Nr	Sachgebiet	Autor	Titel	Alter ab	Verlag	Erstauflage	Preis	ISBN	Zustand
1	Krimi 5/6	Blyton	Treffpunkt Keller	10	dtv junior	1973	5,00 €	3-7817-5403-0	gut
2	Jugendroman	von Rhoden	Der Trotzkopf	13	LeseRiese	1983	10,00 €	3-7855-1945-1	Flecken
3	Krimi 7/10	Collins	Die Mumie	13	Heyne	1999	7,00 €	3-453-15901-1	beschädigt
4	Jugendroman	Blyton	Lilli aus dem Dorf	10	Bertelsmann	1990	6,00 €	3-414-16020-x	neu
5	Krimi 5/6	Hitchcock	Die drei ???	10	dtv junior	1991	7,00 €	3-440-04796-4	gut

Mit einer Datenbank hantieren

In der folgenden Tabelle sind die Daten nicht vollständig dargestellt.

Nr	Sachgebie	Autor	Titel	Alter ab	Verlag	Erstauflage	Preis	ISBN	Zustanc
1	Krimi 5/6	Blyton	Treffpunkt Ke	10	dtv junior	1973	5,00 €	3-7817-5403-0	gut
2	Jugendrom	von Rhoden	Der Trotzkopf	13	LeseRies	1983	10,00 €	3-7855-1945-1	Flecken
3	Krimi 7/10	Collins	Die Mumie	13	Heyne	1999	7,00 €	3-453-15901-1	beschäd
4	Jugendrom	Blyton	Lilli aus dem D	10	Bertelsm	1990	6,00 €	3-414-16020-x	neu
5	Krimi 5/6	Hitchcock	Die drei ???	10	dtv junior	1991	7,00 €	3-440-04796-4	gut

Um den Überblick über die eingegebenen Daten zu behalten, lässt sich eine Tabelle in „optimaler Breite“ darstellen, s. Seite 108, unten.

Nach der Eingabe einiger kompletter Datensätze erfolgt eine erste Testung der Datenbank.

Nr	Sachgebiet	Autor	Titel	Alter ab	Verlag	Erstauflage	Preis	ISBN	Zustand
4	Jugendroman	Blyton	Lilli aus dem Dorf	10	Bertelsmann	1990	6,00 €	3-414-16020-x	neu
1	Krimi 5/6	Blyton	Treffpunkt Keller	10	dtv junior	1973	5,00 €	3-7817-5403-0	gut
3	Krimi 7/10	Collins	Die Mumie	13	Heyne	1999	7,00 €	3-453-15901-1	beschädigt
5	Krimi 5/6	Hitchcock	Die drei ???	10	dtv junior	1991	7,00 €	3-440-04796-4	gut
2	Jugendroman	von Rhoden	Der Trotzkopf	13	LeseRiese	1983	10,00 €	3-7855-1945-1	Flecken

Feldinhalte können nach verschiedenen Kriterien **sortiert** werden. Dabei werden die Feldinhalte einer Spalte z. B. alphabetisch aufsteigend geordnet. Selbstverständlich bleiben zusammengehörende Daten in ein und derselben Zeile.

Die Sortierfunktion beinhaltet in der Regel auch so genannte **Filter,** die z. B. Bücher eines bestimmten Autors auflisten:

Nr	Sachgebiet	Autor	Titel	Alter ab	Verlag	Erstauflage	Preis	ISBN	Zustand
4	Jugendroman	Blyton	Lilli aus dem Dorf	10	Bertelsmann	1990	6,00 €	3-414-16020-x	neu
1	Krimi 5/6	Blyton	Treffpunkt Keller	10	dtv junior	1973	5,00 €	3-7817-5403-0	gut

Mit einer Datenbank lassen sich aus der Vielzahl vorhandener Daten blitzschnell gewünschte Informationen auslesen.

Die Daten einer Datenbank lassen sich in verschiedenen Ansichten darstellen.

Nachdem wir unsere ersten Versuche in der **Entwurfsansicht** gestartet haben, wird im Folgenden die Erstellung eines „Formulars“ erarbeitet. Bei den meisten Programmen ist es sinnvoll, den Programmpunkt „Tabelle mit Hilfe eines Assistenten erstellen“ anzuwählen.

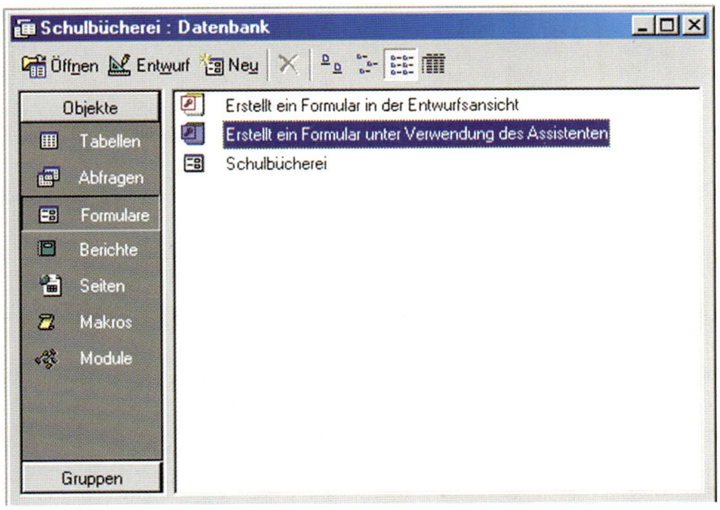

1. Suche in deinem Programm die Einstellung „optimale Breite“.
2. Sollte dein Programm diese Möglichkeit nicht bieten, kannst du die Tabellenbreite durch eine andere Schriftgröße und entsprechende Spaltenbreite variieren. Probiere das aus.
3. Betrachte die nebenstehende Bildschirmdarstellung und beschreibe die Änderung zur vorhergehenden.
4. Sortiere verschiedene Feldinhalte alphabetisch auf- bzw. absteigend.
5. Sortiere nach folgenden Feldinhalten:
   - Alfred Hitchcock
   - neu
   - Krimi 5/6
6. Beschreibe die jeweils notwendigenHandlungsschritte der auf dieser Seite dargestellten Operationen.

Erstellen einer Datenbank als Formular

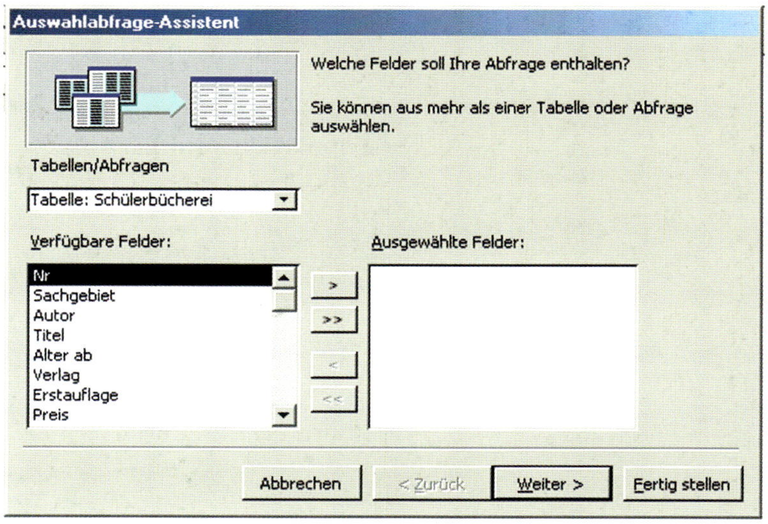

7. Bringe die angegebenen Handlungsschritte in eine sinnvolle Reihenfolge und führe sie durch.
   - Laden der gespeicherten Datei „Schülerbücherei"
   - „Formulare" anklicken
   - „Formularassistent" auswählen
   - „Felder" übernehmen
   - gewünschte Blatteinteilung bzw. „Layout" anklicken
   - Formulartitel eingeben
   - „Fertig stellen"

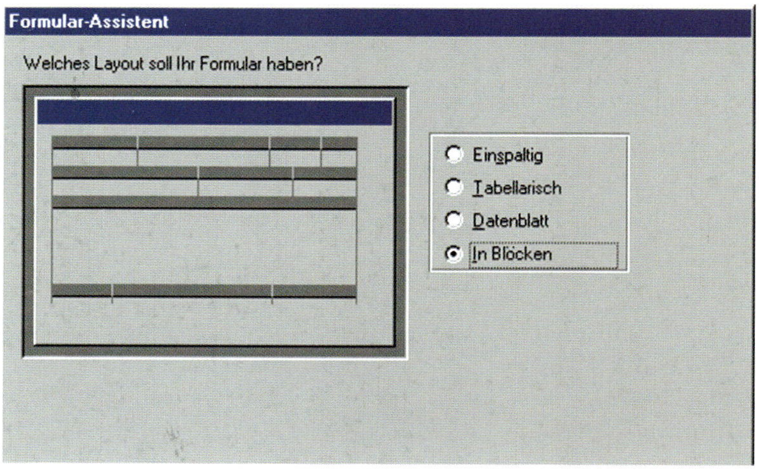

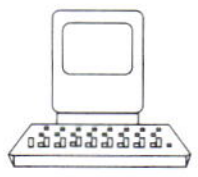

8. Probiere verschiedene Blatteinteilungen aus, z. B. einspaltig, tabellarisch etc.

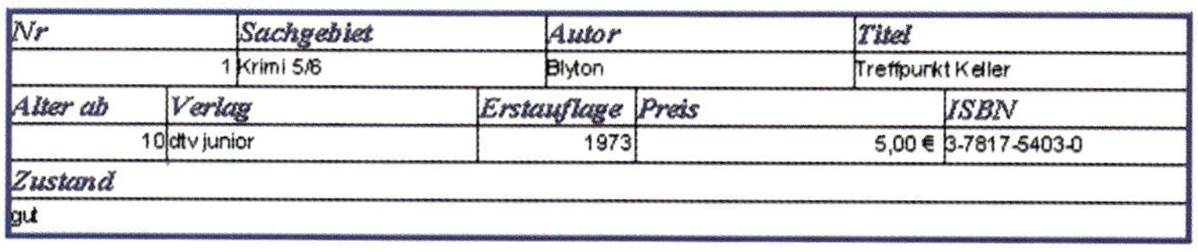

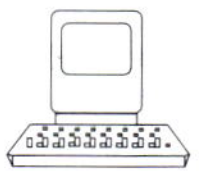

9. Beurteile verschiedene angebotenen Formate, wähle das deiner Meinung nach für eine Schulbücherei günstigste aus und begründe.

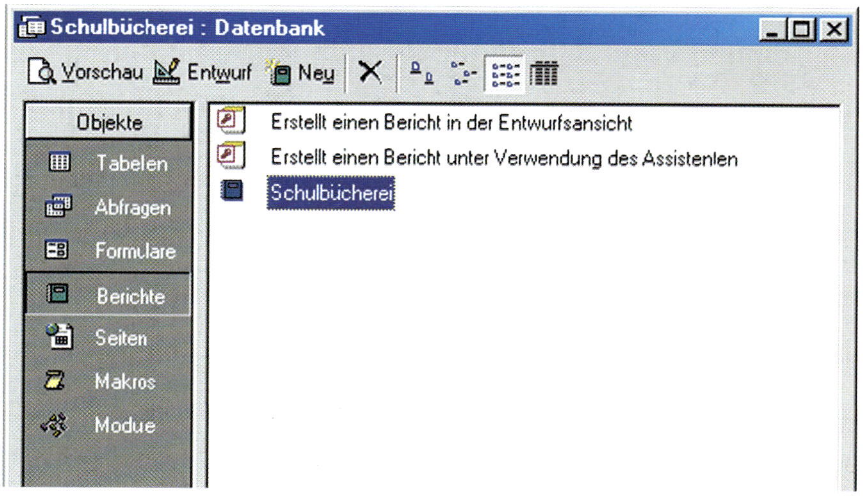

Erstellen einer Datenbank als Bericht

Stelle Vermutungen an, was hinter dem Begriff „Bericht" stecken könnte.

Jetzt sind aber Alexander und Sabine noch neugierig, was hinter dem Register „Berichte“ steckt.

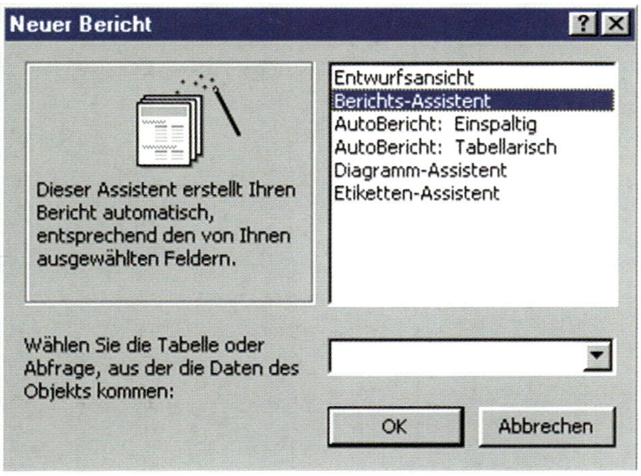

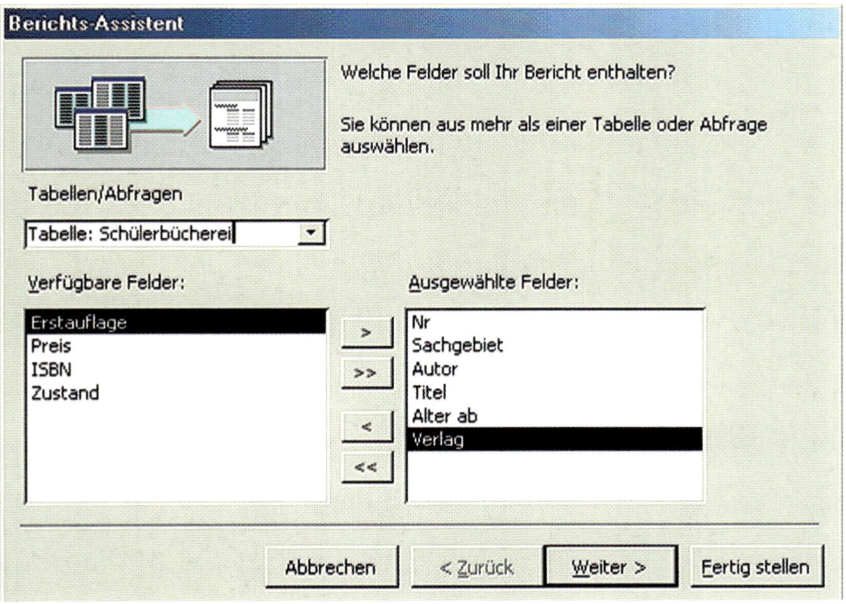

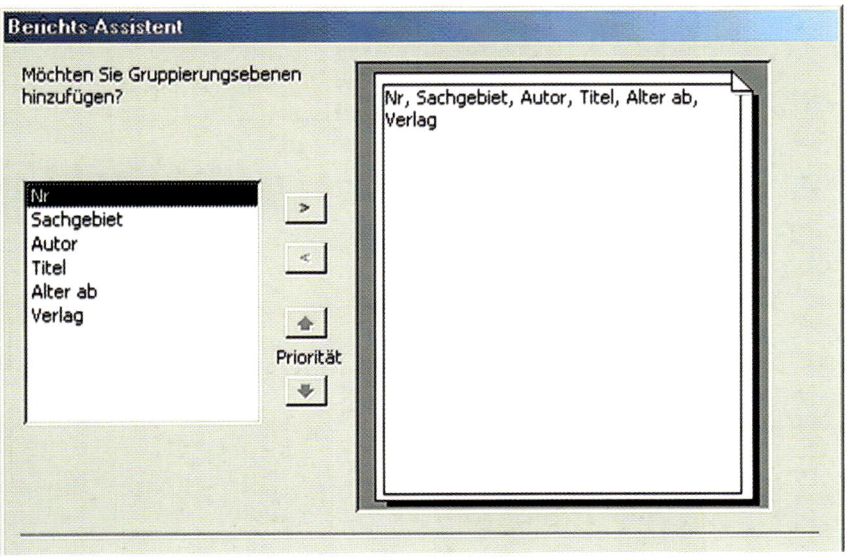

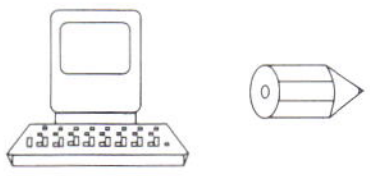

1. Die dargestellten Bildschirmfenster zeigen dir den Ablauf für das Erstellen eines Berichts auf.
   Probiere dies mit deinem Programm aus und halte die Handlungsschritte in Stichpunkten fest.

Assistent auswählen

wichtige Felder zusammenstellen

keine Gruppierungsebenen hinzufügen

☞

Unter **Gruppierungsebenen** versteht man die Oberbegriffe bzw. Überschriften der einzugebenden Daten.

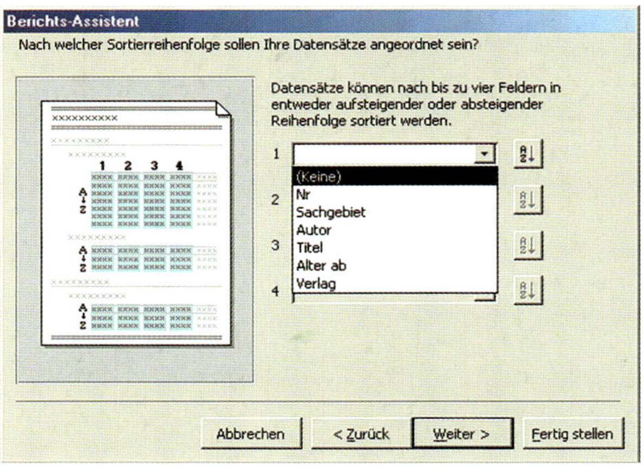

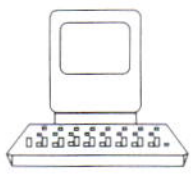

2. Ordne die angegebenen Begriffe den dargestellten Bildschirmfenstern zu.
   Erläutere sie dann deinem Partner.
   – Titel bestätigen oder ändern
   – Layout festlegen
   – keine Sortierreihenfolge angeben
3. Beschreibe die jeweils notwendigen Handlungsschritte der dargestellten Operationen.

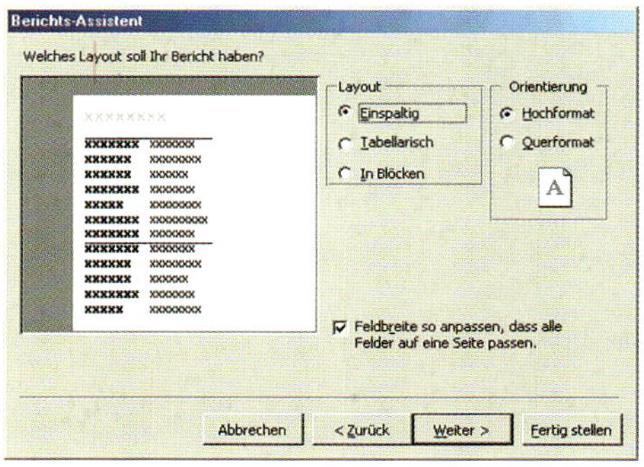

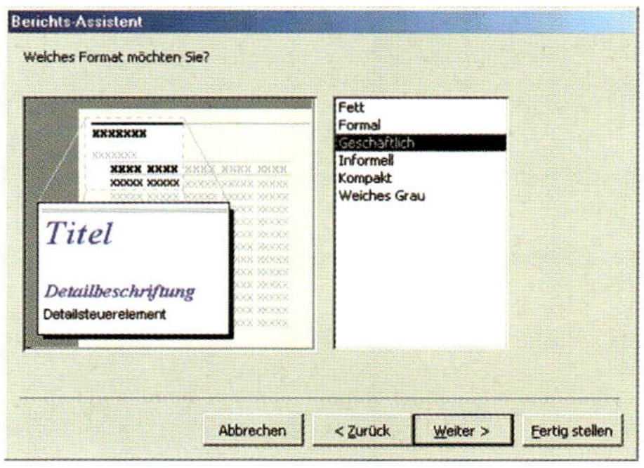

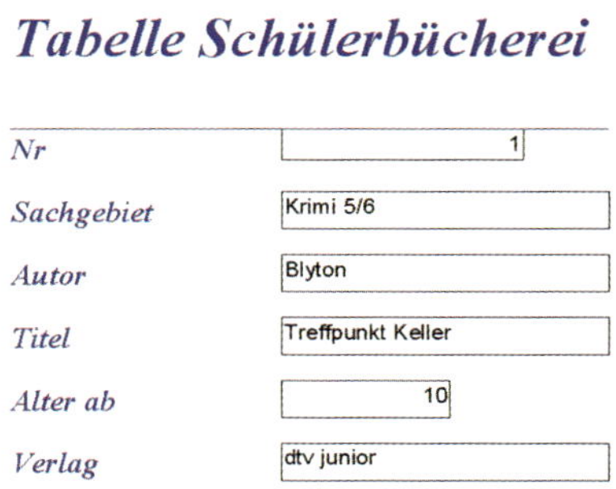

Um schnell Informationen aus einer Datenbank zusammenzustellen, bedient man sich sog. Abfragen.

Mit unserer Datei „Schülerbücherei" lassen sich z. B. alle Bücher, die mehr als 5 Euro kosten, so abfragen:

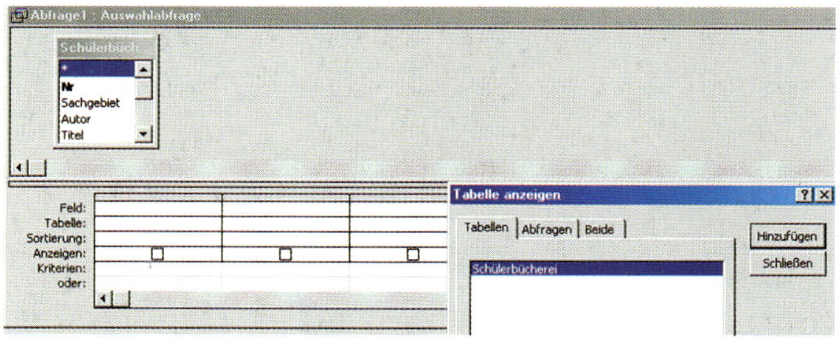

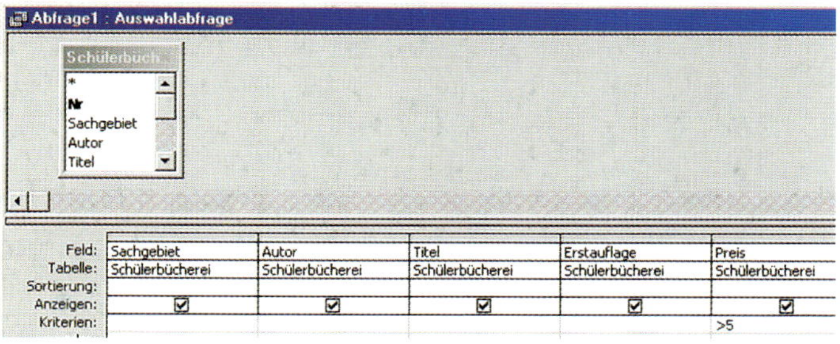

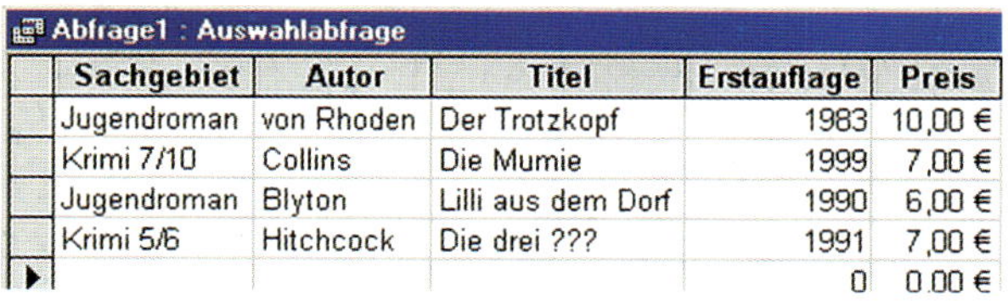

Abfrage1 : Auswahlabfrage

Sachgebiet	Autor	Titel	Erstauflage	Preis
Jugendroman	von Rhoden	Der Trotzkopf	1983	10,00 €
Krimi 7/10	Collins	Die Mumie	1999	7,00 €
Jugendroman	Blyton	Lilli aus dem Dorf	1990	6,00 €
Krimi 5/6	Hitchcock	Die drei ???	1991	7,00 €
			0	0,00 €

Abfragen (Auswahlabfrage)

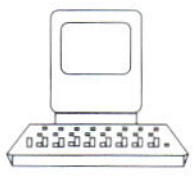

4. Betrachte die nebenstehenden Bildschirmfenster und erläutere den Vorgang. Die folgenden Begriffe helfen dir zwar, sind aber zu ordnen:
   – Ergebnis ansehen
   – Feldnamen hinzufügen
   – in Spalte Preis Kriterium „>5" eingeben
   – in Register „Abfrage" gehen
   – Register „Tabelle" hinzufügen
   – Abfrage erstellen
   – Datei „Schülerbücherei" laden
   – Eingaben speichern
5. Beginne eine neue Abfrage (Datei laden ...): Lass dir alle Bücher ausgeben, die mehr als 6,50 Euro kosten.
6. In einer Datenbank kannst du auch Textbegriffe abfragen lassen.
   Wähle in der Datei „Schülerbücherei" die Auswahlabfrage „Die Mumie" beim Feldnamen „Titel" und lass das Ergebnis anzeigen.

Abfragen (Parameterabfrage)

Neben der Suche nach einem bestimmten Wert, z. B. 5 Euro oder dem Titel „Die Mumie“, lassen sich auch Abfragen nach einem beliebigen Wert durchführen. So soll unsere Datei nach einem beliebigen Autor durchsucht werden. Die Frage lautet:
Welchen Autor suchen Sie?

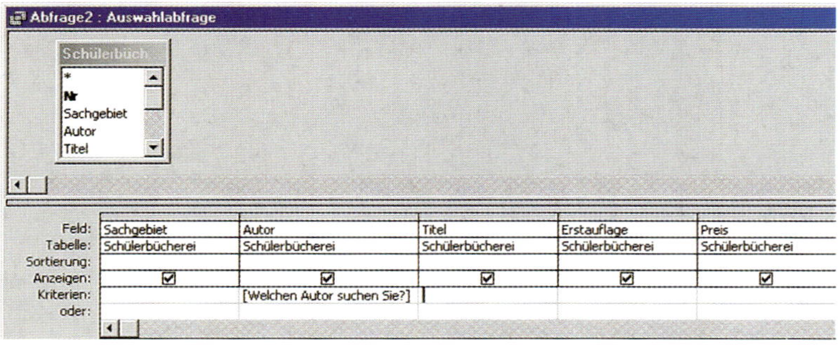

Abfrage2 : Auswahlabfrage

	Sachgebiet	Autor	Titel	Erstauflage	Preis
▶	Krimi 5/6	Hitchcock	Die drei ???	1991	7,00 €
*				0	0,00 €

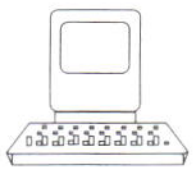

7. Erläutere die Handlungsschritte anhand der nebenstehenden Bildschirmfenster.
8. Erstelle mit der Datei „Schülerbücherei“ die Parameterabfrage „Welchen Titel suchst du?“

In einer elektronischen Datenbank können unzählige Daten erfasst und gespeichert werden. Dem Ziel entsprechend lassen sich die Daten in verschiedenen Ansichten darstellen und ausgeben.

Arbeitsaufgaben

1. Erstelle von deiner Klasse eine Klassenliste mit Anschriften der einzelnen Schüler und Schülerinnen.
   Fertige mit dem Formular-Assistenten Etiketten an.
2. In der folgenden Zusammenstellung sind 10 CD-Titel aufgelistet.
   – Gib die Titel ein.
   – Sortiere die Musikstücke alphabetisch.
   – Filtere die Aufnahmen des Rappers Eminem heraus.
   – Ordne die Titel nach Musikrichtung, dann nach Interpreten.

CD-Liste : Tabelle

	Nr	Titel	Interpret	Musikart
	1	Dilemma	Nelly feat Kelly	Mb-hip hop
✎	2	God is a girl	Groove coverage	Dance-techno
	3	Loose yourself	Eminem	Hip hop
	4	Leuchtturm 2002	Nena	Deutsch rock-pop
	5	Mundian to bach ke	Panjabi mc	Alternative-hip hop
	6	Without me	Eminem	Hip hop
	7	We have a dream	RTL Superstars	Pop
	8	Come with me	Special d.	Dance-techno
	9	Real slim shaddy	Eminem	Hip hop
	10	All the things she said	Tatu	Rock-pop
*	(AutoWert)			

3. Markus sammelt seit der Einführung des Euro die entsprechenden Münzen. Er versucht, aus jedem Euroland Münzen mit den verschiedensten Werten zusammen zu bringen. Um einen schnellen Überblick zu gewinnen, stellt er die Werte in einer Tabelle dar.
   – Gib die unten stehende Tabelle ein.
   – Sortiere die Länder alphabetisch.
   – Filtere die Länder heraus, von denen Markus bereits die 20 Cent- und 2 Euro-Münzen besitzt.
   – Setze weitere Filter, auch Abfragen ein.

Land	1 Cent	2 Cent	5 Cent	10 Cent	20 Cent	50 Cent	1 Euro	2 Euro
Griechenland			0,05 €	0,10 €	0,20 €			2,00 €
Deutschland	0,01 €	0,02 €	0,05 €	0,10 €	0,20 €	0,50 €	1,00 €	2,00 €
Spanien				0,10 €				
Österreich	0,01 €	0,02 €	0,05 €	0,10 €	0,20 €	0,50 €	1,00 €	2,00 €
Italien		0,02 €		0,10 €		0,50 €	1,00 €	
Belgien			0,05 €					
Finnland								
Frankreich			0,05 €			0,50 €	1,00 €	2,00 €
Irland								
Niederlande								
Luxemburg								

4. Ohne Datenbanksysteme könnten viele Informationen in unserer Gesellschaft nicht sinnvoll genutzt werden. Auch du bzw. deine Daten sind in verschiedenen Datenbanken gespeichert.
   – In welchen Datenbanken könnten deine Daten bzw. die Daten deiner Eltern gespeichert sein?
   – Wähle ein Beispiel aus und stelle einen sinnvollen Datensatz zusammen.
   – Welche Gefahren können mit der Vielzahl gespeicherter personenbezogener Daten für den Einzelnen verbunden sein?

Der Sportverein feiert 50-jähriges Jubiläum

Im Sommer veranstaltet die DJK Nord ihr 50-jähriges Bestehen. Hierzu werden Mitglieder und Freunde des Vereins, auch Vertreter des kirchlichen und öffentlichen Lebens eingeladen.

A4-Brief verkleinert

DJK Nord

Deutsche Jugendkraft Regensburg Nord

DJK Nord, Isarstr. 42, 93057 Regensburg

Herrn
«Vorname» «Nachname»
«Straße»
«PLZ» «Wohnort»

Ihr Zeichen:
Ihre Nachricht vom:
Unser Zeichen: ba
Unsere Nachricht vom:

Name: Herr Hauner
Telefon: 0941 41822
Telefax: 0941 41823
E-Mail: djk.nord@aol.de

Datum: ....-02-12

Einladung

Sehr geehrter **Herr** «Nachname»,

in diesem Jahr haben wir Grund zum Feiern. Unser Sportverein wird

50 Jahre alt!

Die Vorstandschaft lädt Sie am 25. Mai .... um 20:00 Uhr zu unserem Festakt ein. Wir würden uns herzlich freuen, wenn Sie mit uns und Ihrer Familie dieses Jubiläum im Zelt auf unserem Vereinsgrundstück mitfeiern könnten. Für das leibliche Wohl wird gesorgt.

Wir bitten Sie, uns Ihre Teilnahme telefonisch, mittels beiliegender Antwortkarte oder per Fax bis spätestens 30. April zukommen zu lassen.

Herzliche Grüße

DJK Regensburg Nord

Hauner

Geschäftsstelle
Isarstr. 2
93057 Regensburg

E-Mail
djk.nord@aol.de

Telefon
0941 41822

Internet-Homepage
http://www.djk-nord.de

Kontoverbindungen
Spardabank Regensburg
BLZ 750 905 00, Kto.-Nr. 630462

1. Benenne die einzelnen Elemente des Serienbriefes der DJK Nord und erläutere sie deinem Partner.

2. Erstelle jetzt ein Hauptdokument für einen Serienbrief mit dem vorgeschlagenen Text.

Der Vereinsvorstand greift für die Einladungsschreiben auf die Datenbank des Kassiers zurück, deren ausgewählte Feldnamen du in folgender Grafik erkennst:

Feldname	Felddatentyp
Mitgliedsnr	AutoWert
Geschlecht	Text
Vorname	Text
Nachname	Text
Straße	Text
PLZ	Text
Wohnort	Text
Teilnahme	Ja/Nein

3. Betrachte die nebenstehende Grafik und erkläre die Wirkung folgender Felddatentypen:
   – AutoWert
   – Ja/Nein

Mitgliedsn	Geschlecht	Vorname	Nachname	Straße	PLZ	Wohnort	Teilnahme
1	m	Walter	Huber	Im Gänskragen 7	83199	Michelsneukirchen	☐
2	w	Elfriede	Brunner	Rich.-Wagner-Str. 3	92331	Parsberg	☐
3	m	Martin	Hetterlein	Prüfeninger Str. 1	93049	Regensburg	☐
4	w	Gisela	Brunner	Sonnenstr. 4	93484	Tiefenbach	☐
5	w	Helga	Grasser	Krummer Weg 2	92676	Eschenbach	☐
6	w	Petra	Albrecht	Katharinenstr. 12	92321	Schwandorf	☐
7	w	Sabine	Lehner	Hauptstr. 34	93138	Lappersdorf	☐
8	m	Christian	Nägeli	Frankenstr. 26	93126	Regenstauf	☐
9	m	Peter	Eng	Am Wanderweg 5	92431	Neunburg v. W.	☐
10	w	Ulrike	Wirkner	Spessartstr. 5	93057	Regensburg	☐
11	m	Ulrich	Hasenberger	Taunusstr. 44	93449	Waldmünchen	☐
(AutoWert)							☐

Abb. 1

12	w	Rektorin	Elisabeth	Prinzinger	Isarstr. 25	93057	Regensburg
13	m	Bürgermeister	Rudolf	Hager	Altes Rathaus 14	93049	Regensburg

Abb. 2

Geschlecht	Beruf	Vorname	Nachname	Straße	PLZ	Wohnort	Teilnahme
m		Walter	Huber	Im Gänskragen	93199	Michelsneukirchen	☑
m		Martin	Hetterlein	Prüfeninger Str. 1	93049	Regensburg	☑
w		Gisela	Brunner	Sonnenstr. 4	93484	Tiefenbach	☑
w		Petra	Albrecht	Katharinenstr. 12	92321	Schwandorf	☑
m		Christian	Nägeli	Frankenstr. 26	93126	Regenstauf	☑

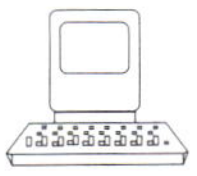

Abb. 3

Arbeitsaufgaben

Jubiläum des Sportvereins DJK Regensburg Nord:

1. Erstelle nach dem oben vorgegebenen Muster eine Datenbank als Tabelle in der Entwurfsansicht.
2. Speichere die Tabelle unter dem Namen „Sportverein“.
3. Lade die Datei „Sportverein“ und öffne das Register „Entwurf“.
4. Füge über das Menü „Einfügen“ zwischen Geschlecht und Vorname den Feldnamen „Beruf/Titel“ ein.
5. Schließe die Datei und speichere die Änderungen dieser Tabelle.
6. Öffne die Datei „Sportverein“ und füge neue Datensätze ein, siehe Abb. 2.
7. Klicke in deinem Datensatz fünf Personen unter „Festakt“ an, welche sich zur Veranstaltung angemeldet haben könnten.
8. Erstelle davon eine eigene Liste, s. Abb. 3. Wähle dazu in der Symbolleiste „Auswahlbasierter Filter“.

Weitere Übungsaufgaben

9. Erstelle ein Einladungsschreiben zu einer Geburtstagsfeier mit den Anschriften der Gäste. Füge eine Spalte mit Kästchen zur Eintragung der Teilnahme an dieser Veranstaltung ein.
10. Deine Klasse unternimmt im Sommer eine 3-Tages-Fahrt nach Tirol in die Wildschönau. Erstelle ein Anschriftenverzeichnis mit den Adressen der Schülereltern. Verfasse ein entsprechendes Anschreiben.

Kostenabrechnung für das Schulfest

Die Tabellenkalkulation kennst du bereits aus der 7. Jahrgangsstufe. Um dir das Gelernte wieder in Erinnerung zu rufen, hier eine Situation, die sinnvoll mit einem Tabellenkalkulationsprogramm zu lösen ist:
Die SMV veranstaltete letzte Woche für die Schüler der 5. bis 7. Jahrgangsstufen einen Unterstufenball. Schülersprecher Peter muss für den Elternbeirat, der diese Veranstaltung sponsert, eine Abrechnung erstellen.

	A	B	C	D	E	F	G
1	Unterstufenball						
2		Einkaufs-menge	Einkaufs-preis - Euro	Unkosten	Verkaufs-menge	Verkaufs-preis - Euro	Verkaufte Waren
3	Cola	40	0,72		17	0,90	
4	Orangensaft	45	0,56		39	0,70	
5	Mineralwasser	30	0,40		30	0,50	
6	Wiener (Paar)	30	0,90		25	1,15	
7	Bratwürste	60	1,44		57	1,80	
8	Knackwürste	30	1,44		30	1,80	
9	Brezen	25	0,32		25	0,40	
10	Zwischensumme						
11							

1. Erfasse die Angaben der links vorgegebenen Tabelle.
2. Errechne mit Hilfe der entsprechenden Operationen den Gewinn.
3. Gestalte die Tabelle sinnvoll, z. B. optimale Spaltenbreite, Zellen verbinden, evtl. Schriftgröße verändern ...).
4. Erstelle ein Balkendiagramm.

☞

In den meisten Tabellenkalkulationsprogrammen kann man mit der Tastenkombination

ALT und **RETURN**

einen Umbruch des Textes in der gleichen Zelle erreichen.

Rauchen gefährdet die Gesundheit!

Dieser Spruch steht auf Zigarettenschachteln. Ergänzt wird dieser Satz durch die Anmerkung: Wer das Rauchen aufgibt, vermindert das Risiko schwerer Erkrankungen.

Aus diesen Gründen wurde in der Schule in Zusammenarbeit mit zahlreichen Ärzten eine Anti-Raucherwoche veranstaltet. In mehreren Befragungen konnten die Mitschüler ihre Meinung kundtun. Eine solche Befragung ist in der folgenden Darstellung abgebildet.

1	**8. Jahrgangsstufe**				
2	**Befragung der Nichtraucher**			**Ex-Raucher**	
3	Anzahl der Schüler			122	
4	Anzahl der befragten Schüler	91		13	
5		männl. %	weibl. %	männl. %	weibl. %
6		57	34	9	4
7	**Fühlst du dich durch Tabakrauch belästigt?**				
8	Ja	34	18	6	0
9	Nein	23	15	3	4
10					
11	**Wenn Ja, wo fühlst du dich belästigt?**				
12	Im privaten Bereich	26	12	1	0
13	Als Mitfahrer im Auto	22	3	2	0
14	In Cafés oder Gaststätten	20	13	3	0
15					
16	**Wie sollte der Nichtraucherschutz geregelt werden?**				
17	Keine Beschränkungen	12	4	0	0
18	Nicht rauchen, wenn ...	29	25	0	0
19	Generelles Rauchverbot	10	4	0	0

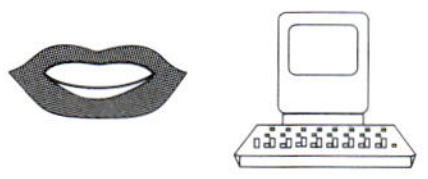

5. Besprich die dargestellte Tabelle mit deinem Partner.
6. Kläre die Begriffe
   – Spalte, Zeile, Zelle
   – Eingabe-, Ausgabefeld
   – Datentyp, aktive Zelle
   – Tabellenblatt
7. Erfasse die Angaben mit deinem Tabellenkalkulationsprogramm und lasse die jeweiligen Prozentsätze berechnen.
8. Erstelle mit den Angaben des Beispiels Diagramme, die die Ergebnisse der Befragung übersichtlich darstellen.
9. Beurteile die Grafiken mit deinem Partner und zeige Anliegen und Ergebnis der Befragung in einem Aushang wirkungsvoll auf.

Arbeitsaufgaben

A) Frau Hendlmeier möchte sich einen Überblick über ihre Lebenshaltungskosten im 1. Halbjahr verschaffen. Sie teilt die Ausgaben in Fixkosten und laufende Kosten ein.

1. Lade die unten stehende Tabelle bzw. gib sie ein.
2. Kopiere die Beträge für die Fixkosten und setze sie an den entsprechenden Stellen ein.
3. Gib verschiedene Beträge für die laufenden Kosten ein.
4. Berechne folgende Summen: Fixkosten, laufende Kosten, Gesamtausgaben.
5. Im Juni erhöht sich die Miete um 10 %; berechne den neuen Mietpreis.
6. Erstelle Diagramme, die folgende Bereiche übersichtlich darstellen:
   - Fixkosten
   - laufende Kosten
   - Gesamtausgaben (Summe der Fixkosten, Summe der laufenden Kosten)

   Drucke aussagekräftige Beispiele aus.

	A	B	C	D	E	F	G
1		Januar	Februar	März	April	Mai	Juni
2	**Fixkosten (Euro)**						
3	Miete	700					
4	Strom	120					
5	Wasser/Abwasser	30					
6	Lebensvers.	15					
7	Krankenzusatzvers.	91					
8	Autovers.	82					
9	Zeitung	24					
10	**Summe der Fixkosten**						
11	**Laufende Kosten (Euro)**						
12	Lebensmittel	400					
13	Benzin	200					
14	Freizeit	100					
15	Reparaturen	150					
16	Telefon	34					
17	**Summe der laufenden Kosten**						
18	**Gesamtausgaben**						

B) Die 25 Schülerinnen und Schüler der Klasse 8 c fahren in zwei Wochen zu Orientierungstagen in den Bayerischen Wald. Für zwei Übernachtungen werden je 3 €, für drei Tage Verpflegung jeweils 4 € verlangt. Die Busfahrt kommt auf insgesamt 300 €.

1. Skizziere mit deinem Partner handschriftlich eine Tabelle mit den wichtigsten Angaben.
2. Erstelle mit dieser Struktur eine Tabelle und gib die oben genannten Daten ein.
3. Berechne die voraussichtlichen Kosten.
4. Am Tag der Abfahrt werden zwei Schüler krank und können an den Orientierungstagen nicht teilnehmen. Wie viele Euro muss jeder Schüler an Mehrkosten tragen?
   Ergänze deine Tabelle dementsprechend.

C) Erstelle mit deinem Partner eine Liste mit mindestens 12 Elektroartikeln und lege die Preise fest. Gib die Daten in ein Tabellenkalkulationsprogramm ein und gestalte die Berechnungen so, dass Einzel- und Gesamtpreis und die dazu gehörende Mehrwertsteuer für eine „Bestellung deiner Nachbargruppe“ übersichtlich ausgegeben wird.

Sieger- oder Ehrenurkunde - das ist hier die Frage

Beim Leichtathletiksportfest wurden die Leistungen im 100-m-Lauf, Weitsprung und Kugelstoßen ermittelt. Jetzt geht es an die Auswertung der erreichten Werte.

In der Klasse 8 c erklärt sich Peter bereit, mit Hilfe einer Tabellenkalkulation festzustellen, ob die 14-jährigen Wettkampfteilnehmer eine Sieger- (ab 900 Punkten) oder Ehrenurkunde (ab 1125 Punkten) erreicht haben.

	A	B	C	D	E
1	Name	Punktezahlen in den Wettbewerben			
2		Sprint	Sprung	Stoß	Urkunde
3	Albert	345	412	415	
4	Ben	422	402	199	
5	Claus	376	345	312	
6	Dieter	543	486	414	
7					

1. Richte eine Tabelle mit den nebenstehenden Daten ein.

Erinnere dich an die Syntax:

=Summe(B3:D3) oder
=B3+C3+D3

Peter überlegt: Wenn ein Schüler mehr als 1.125 Punkte erreicht, dann bekommt er eine Ehrenurkunde, sonst eine Siegerurkunde.

Einen solchen Zusammenhang nennt man eine **Wenn-dann-sonst-Bedingung oder -Formel.** Diese Funktion wird mit vielen anderen in jedem Tabellenkalkulationsprogramm angeboten.

wenn … dann … sonst

In jedem Programm ist für jede Formel eine bestimmte Struktur oder Reihenfolge von Zeichen (Fachbegriff: **Syntax)** vorgeschrieben. Nützliche und schnelle Hilfe findest du in den jeweiligen Hilfsprogrammen.

WENN-Funktion (auch Wenn-dann-sonst-Funktion):

Eine Wenn-Funktion besteht aus folgenden Teilbereichen:
- der Wahrheitsprüfung
- dem Dann-Wert
- dem Sonst-Wert

Wenn die Wahrheitsprüfung **erfüllt** ist, **dann** wird der Dann-Wert in die Zelle eingetragen.

Wenn die Wahrheitsprüfung **nicht erfüllt** ist, **dann** wird der Sonst-Wert in die Zelle eingetragen.

Wenn die „Wahrheit überprüft“ wird, werden zwei Angaben oder Werte miteinander verglichen.
Dazu sind **Vergleichsoperatoren** nötig: =, >, <, <>, <=, >=

Als Wahrheitsprüfung wird z. B. der Zellbezug B3 verwendet. Die Bedingung ergibt den Wahrheitswert **WAHR,** wenn sich ein Wert in dem Feld befindet. Ist das Feld leer, ergibt sich der Wahrheitswert **FALSCH.**

Als **Dann-Wert** kann ein Zahlenwert, eine Formel oder eine Funktion eingesetzt werden. Soll das Ergebnis ein Text sein, ist dieser in Anführungszeichen zu setzen. Soll das Feld als Ergebnis leer sein, sind direkt hintereinander zwei Anführungszeichen zu setzen.

Beim **Sonst-Wert** gelten die gleichen Regeln wie für den DANN-Wert.

WENN-Funktion,
auch WENN-Bedingung
Syntax:
(Wenn(Aussage=wahr;dann;sonst))

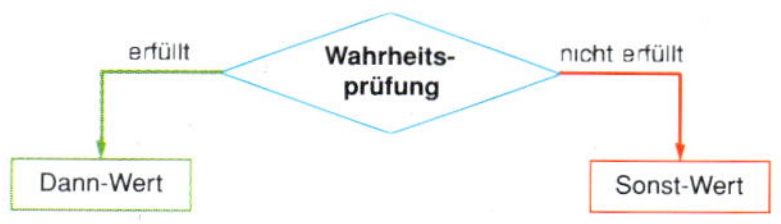

Bei der Entscheidung, ob eine Sieger- oder Ehrenurkunde erreicht wird, lautet die Wenn-Funktion wie folgt:

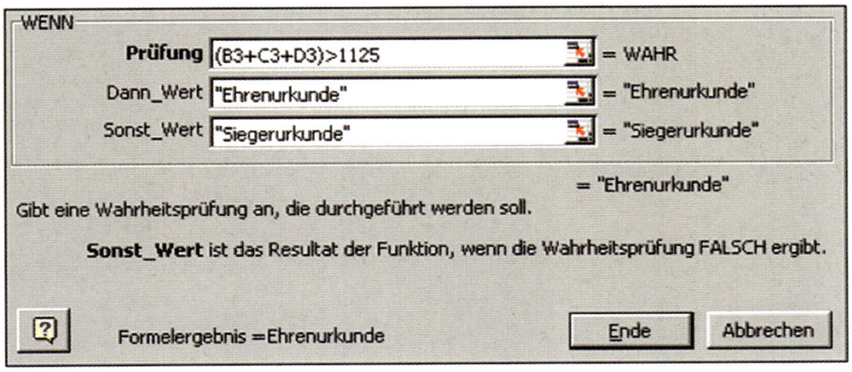

Als Ergebnis der Wenn-Funktion wird Folgendes ausgegeben:

	A	B	C	D	E
1	Name	Punktezahlen in den Wettbewerben			
2		Sprint	Sprung	Stoß	Urkunde
3	Albert	345	412	415	Ehrenurkunde
4	Ben	422	402	199	Siegerurkunde
5	Claus	376	345	312	Siegerurkunde
6	Dieter	543	486	414	Ehrenurkunde
7					

Bezüge, Bezüge, Bezüge

Eine wichtige Rolle spielen in Tabellenkalkulationsprogrammen so genannte Bezüge. In einem Handbuch findet man zu diesem Themenbereich z. B. folgende Informationen:

Ein **Bezug** bezeichnet eine Zelle oder einen Zellbereich in einem Tabellenblatt und teilt einem Tabellenkalkulationsprogramm mit, wo sich die in einer Formel zu verwendenden Werte oder Daten befinden. Mit Hilfe von Bezügen kann man Daten aus unterschiedlichen Teilen eines Tabellenblatts in einer einzigen Formel verwenden oder den Wert einer Zelle in verschiedenen Formeln verwenden.

In Abhängigkeit von der Aufgabe, die auszuführen ist, sind entweder **relative Zellbezüge** oder **absolute Zellbezüge zu** verwenden. Relative Zellbezüge sind Bezüge auf Zellen, die relativ zur Position der Formel angegeben werden (z. B.: A5 oder A10:E20), absolute Bezüge (z. B.: A1) sind Zellbezüge, die immer auf Zellen an einer bestimmten Position verweisen.

Achtung:
Relative Bezüge werden beim Kopieren automatisch angepasst, absolute Bezüge nicht.

2. Erläutere die Prüfungsbedingung.

So wird eine Funktion eingefügt:
- Cursor in Ziel-Zelle setzen
- Menü „Einfügen" aufklappen
- „Funktion" anwählen
- hier Funktion einfügen: WENN

3. In den folgenden Anweisungen wird der Ablauf der Eingabe einer Wenn-dann-sonst-Bedingung beschrieben. Vorsicht, die Reihenfolge ist durcheinander geraten:
   - Klicke in das Feld SONST, anschließend in E2 und ergänze: „Siegerurkunde"
   - Gib ein: >1125
   - Klicke in die Zelle E2; automatisch wird in das Feld Prüfung E2 geschrieben
   - Klicke in das Feld DANN, anschließend in Zelle E2 und ergänze: „Ehrenurkunde"
4. 15-jährige Mädchen erhalten schon ab 1 075 Punkten eine Ehrenurkunde, sonst eine Siegerurkunde.
   Erstelle mit den notwendigen Angaben ein entsprechendes Tabellenblatt.

5. Lies den nebenstehenden Informationstext und erläutere den Unterschied zwischen relativem und absolutem Bezug, Beispiele siehe Seite 122.

Ein Preisvergleich lohnt sich

Monika hat sich Geld für eine neue Computeranlage mit Drucker und CD-Brenner zusammengespart. Ihr Vater gibt ihr den Tipp, sich in mehreren Geschäften umzusehen und die Preise der Komplettpakete in einer Liste miteinander zu vergleichen.

Monika erkundigt sich in drei Geschäften:

	A	B	C	D	E
1		**Preisvergleich in Euro**			
2	**Artikel**	**Geschäft A**	**Geschäft B**	**Geschäft C**	
3	Rechner	933	956	998	
4	Drucker	120	110	125	
5	CD-Brenner	75	67	80	
6	50 CD-Rohlinge	18	17	15	
7	Druckerpatrone	75	65	60	
8	**Summe**				
9	**Minimalwert**				
10	**Maximalwert**				
11	**Mittelwert**				

Jede Funktion beginnt mit einem Gleichheitszeichen, z. B.

=A1+A2-A3
=Min()
=Max()
=Mittelwert()

Jedes Tabellenkalkulationsprogramm erleichtert dir die Arbeit, indem es viele Funktionen zur Verfügung stellt. Unter einem kennzeichnenden Namen findest du schnell ein „fertiges“ Angebot.

Ein Klick in die angebotene Funktion, und schon wird sie in die vorher markierte Zelle kopiert, z. B.:

=Min()

Nun musst du nur noch den Zellenbereich angeben, mit dem die Berechnung durchgeführt werden soll, z. B.:

=Min(B8:D8)

In der oben stehenden Tabelle wird der Minimalwert in Zelle B9 berechnet und dort auch das Ergebnis ausgegeben.

Die Formel für den Minimalwert muss ebenso in die Zellen C9 und D9 kopiert werden.

Zwar erkennt man über die Summenausgabe sofort den billigsten Anbieter. Trotzdem kann es bei einer großen Anzahl zu vergleichender Zahlenwerte sinnvoll sein, sich die Minimal-, Maximal und Mittelwerte anzeigen zu lassen.

Arbeitsaufgabe

Klaus ist ein Computerfreak. Stundenlang hockt er vor dem Kasten. Da bleibt wenig Zeit zum Lernen. Deshalb erstellt er eine Tabelle mit seinen Schulfächern und errechnet aus den Einzelnoten den Notendurchschnitt. Wird ein Schnitt von 3,0 erreicht, wird „Sofort lernen!“ ausgegeben.

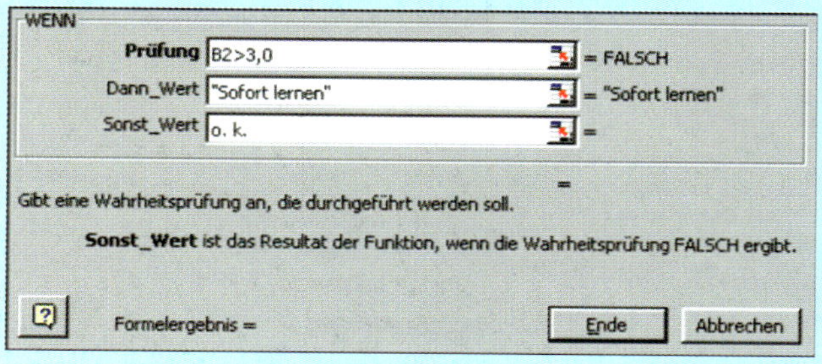

	A	B	C
1	Fächer	Notendurch-schnitt	Sofort lernen bzw. o. k.
2	Religion	2,76	
3	Deutsch	4,56	
4	Mathematik	3,34	
5	Geschichte	4,57	
6	Erdkunde	4,50	
7			

So lässt sich der aktuelle Notenstand berechnen

Daniel möchte immer genau wissen, wie es um seine Noten steht. Dazu hat er sich folgende Tabelle zusammengestellt:

	A	B	C	D	E	F	G	H	I	J	K	L
1	Multiplikator	2										
2	Fächer	Schul-aufgaben		Gesamt-note schrift-lich	Stegreif-aufgaben		münd-lich		Anzahl der Stegreif-aufgaben und mündl. Noten	Durch-schnitt der Stegreif-aufgaben u. mündl. Noten	Gesamt-note	Notenstand am 20. Febr.
3	**1. Halbjahr**	**1**	**2**		**1**	**2**	**1**	**2**				
4	Religion				3	2	2					
5	Deutsch	4	4		3	4	1					
6	Englisch	3	4		5	3	4					
7	Mathematik	2	2		1	1	1					
8	Physik	2			2		2					
9	Chemie	2			3	2	2	3				
10	Biologie				3	1	2					
11	Geschichte				6	5	2					
12	Erdkunde				1	1	1					
13	Musik				4	1	2					
14	Kunsterziehung				1	4	5					
15	Informationstechnologie				2	3	2	1				

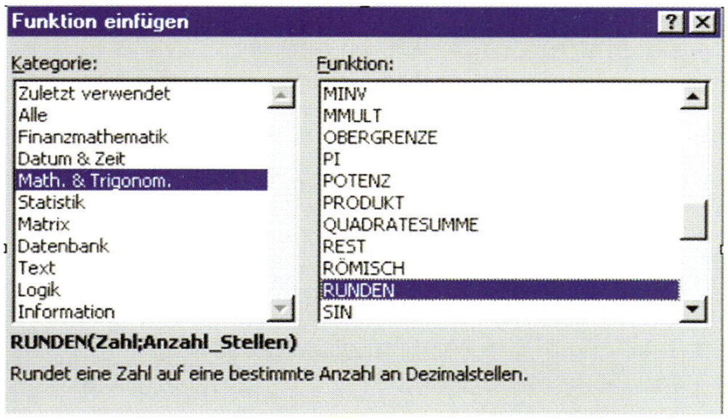

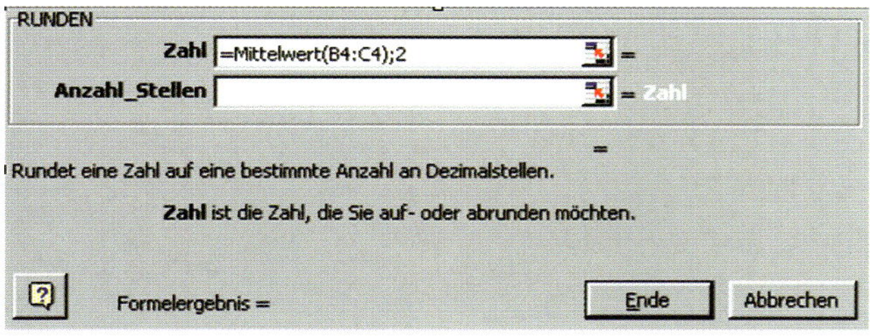

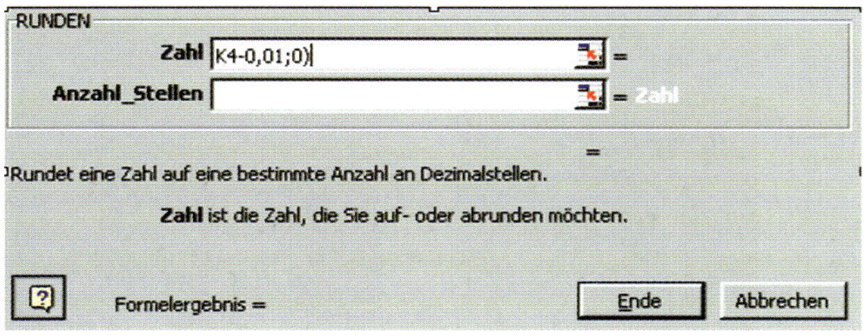

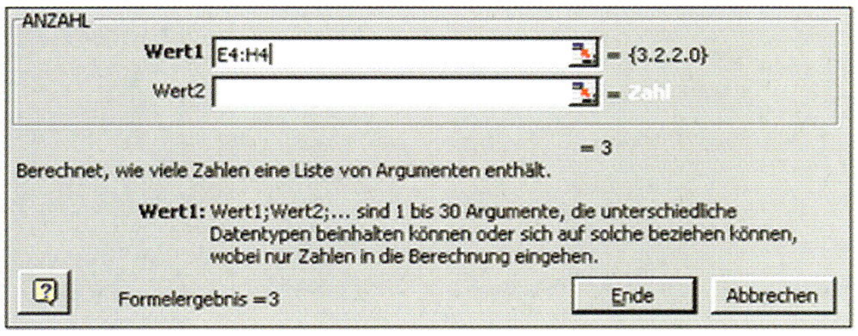

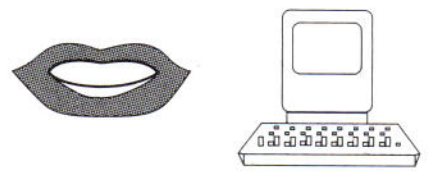

1. Betrachte die Tabelle und erläutere sie deinem Partner.
2. Löse die Aufgabe mit Hilfe der Bildschirmausschnitte.

☞

Formeln halten sich an die üblichen Rechenregeln:

- **Punkt vor Strich**
- **Klammer zuerst**

☞

Tipp

So könnte die Formel für die Durchschnittsnote lauten:

=(Summe(B4:C4)*B1+Summe(E4:H4))/(B1*Anzahl(B4:C4)+Anzahl(E4:H4))

Keine Leerzeichen setzen!

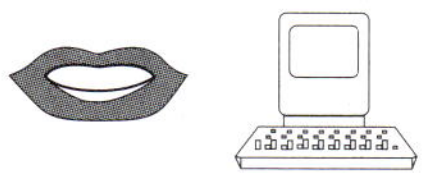

3. Aus Erfahrung weißt du, dass die Anzahl der Spalten für die Noteneingabe nicht reicht.

   Lege ein Tabellenblatt für schriftliche Noten, ein zweites für Stegreifaufgaben und mündliche Noten an.

   Gestalte die Ausgabe des Notenstandes übersichtlich in einem dritten Tabellenblatt.

Arbeitsaufgaben

1. Überarbeite die Tabelle Leichtathletiksportfest so, dass z. B. für die 14-jährigen Jungen bei weniger als 900 Punkten der Kommentar „leider keine Urkunde“ ausgegeben wird. (Siehe Seiten 118 und 119.)

2. Arbeite eine ähnliche Ausgabe in die Tabelle für die 15-jährigen Mädchen ein.

3. Die Schüler nehmen am jährlichen Bayerischen Schülerleistungsschreiben teil. Es interessiert sie, ob sie eine Urkunde erhalten. Mindestens 800 Anschläge müssen in 10 Minuten geschafft werden.
   Die Daten lauten:

G21 =

	A	B	C	D	E
1	Name	Anschläge	Fehler	Urkunde	
2	Walter H.	800	3		
3	Herrmann W.	788	0		
4	Ursula K.	1200	2		
5	Josef B.	800	1		
6	Monika Sch.	1540	2		
7	Florian L.	799	0		
8					

4. In den Möbelfilialen des Möbelhauses Fleischmann in München, Nürnberg und Regensburg werden die Filialleiter mit einer Umsatzprovision belohnt: Wenn der Durchschnittsumsatz mehr als 800.000 € beträgt, dann erhält der jeweilige Filialleiter eine Provision von 7 % vom Durchschnittsumsatz, sonst beträgt die Provision 4 % vom Durchschnittsumsatz.
   Berechne die Provisionen mit Hilfe eines Tabellenblattes.

	A	B	C	D
1	Möbelhaus Fleischmann			
2	Filiale	Umsatz	Umsatzprov. in Prozenten	Umsatz-provision
3	München	855.000		
4	Nürnberg	760.000		
5	Regensburg	540.000		

5. Im Frühjahr organisiert die Gärtnerei Pflanzenfit einen Blumenverkauf mit Garten- und Balkonblumen.
   Entnimm die Werte dem Bildschirmausschnitt und errechne die in der Tabelle geforderten Beträge.
   Suche den entsprechenden Mehrwertsteuersatz im Internet.

	A	B	C	D	E	F
1			Frühjahrsblumenverkauf			
2						
3			Verkaufsergebnis in Euro			
4						
5						
6	Blumenart	Anzahl	Nettostück-Verkaufspreis	Mehrwert-steuer-Betrag/Stck.	Bruttostück-Verkaufspreis	Gesamt-Verkaufspreis
7	Geranien	43	2,10			
8	Buschnelken	35	0,95			
9	Moosröschen	50	0,80			
10	Lilien	27	1,35			
11	Dahlien	42	1,90			
12	Summe					
13						
14		MwSt				

6. Bald ist es soweit - die Abschlussfeier für die 10. Klassen naht. Viel gibt es noch zu besprechen, zu organisieren ... Beim letzten Treffen wurden die Arbeiten auf die Mitglieder der SMV verteilt. Doris erklärte sich bereit, für den Einkauf zu sorgen. Bei verschiedenen Getränkelieferanten holt sie Angebote ein.
   Ab einer Abnahme im Wert von 250 €, das entspricht 20 Kästen mit je 20 Flaschen, erhält sie bei der Firma Water 3 % Rabatt, bei der Firma Nass 1 Kasten zusätzlich.
   Welcher Einkauf ist für Doris günstiger?
   Berechne mit einer Tabelle.

7. Ein Uhrenhändler aus München kauft über einen schweizer Großhändler Uhren ein. Auf dem Lieferschein sind die Preise in Schweizer Franken angegeben.
   Berechne Einzel- und Mengenpreise, ebenso den Gesamtbetrag in Euro (Internet!).
   Gestalte die Tabelle.

	A	B	C	D	E	F
1	**Bestell-Nr.**	**Artikel**	**Anzahl**	**Preis in CHF**	**Preis in EUR**	**Gesamtpreis in EUR**
2	84659	Herrenquarzuhr	15	150		
3	39495	Designuhr Abacus	10	105		
4	25878	Damenuhr Ginkgo	5	85,95		
5	31039	Sammleruhr Klimt	8	104,95		
6	56789	Eisenbahnarmbanduhr	12	24,9		
7						
8	1 CHF =					
9						

Wirkungsvoll präsentieren

die ein und der sie mit vor bei den hat zum des als ist man
neue oder sich auch dass alle sind dazu eine gute kann sein
durch dabei ihnen neben darin rasch desto führt sogar alles

nam tsi sla sed muz tah ned ieb rov tim eis red dnu nie ied
nies nnak etug enie uzad dnis ella ssad hcua hcis redo euen
sella ragos trhüf otsed hcsar nirad neben nenhi iebad hcrud

medienwirksam benutzerfreundlich unkompliziert verständlich
aktualisieren unterstützen anpreisen darstellen weitergeben

Vortragsfolien, Behaltensquote, Prozentraten, Aufbereitung,
Präsentationsgrogramme, Tonaufzeichnungen, Lernpsychologie,

Geeignete Präsentationsprogramme erleichtern unsere Arbeit. 62
Sachverhalte lassen sich oftmals verständlicher darstellen. 60
Hilfreich ist eine sorgfältige Planung von Inhalt und Form. 63

Die Ergebnisse eines Projekts wirkungsvoll darstellen, neue 63
Produkte oder Dienstleistungen medienwirksam anpreisen oder ein 129
Referat multimedial unterstützen - dabei helfen geeignete und 192
benutzerfreundliche Präsentationsprogramme. Mit ihnen lassen sich 260
neben statisch dargestellten Informationen auch Animationen, 323

Tonaufzeichnungen, Musik, Diaserien oder Filme einbinden. Die 390
einzelnen Vortragsfolien können dabei schrittweise aufgebaut, 453
Elemente rasch ein- und ausgeblendet werden. Der Referent startet 522
seine Präsentation durch Mausklick und führt sie mit Hilfe eines 590
Beamers vor. Weitere Vorteile solcher Programme bestehen darin, 658

dass alle Elemente in einer Datei gespeichert sind und sich die 724
Daten bei Bedarf rasch und unkompliziert aktualisieren, 782
verbessern, ergänzen und weitergeben lassen. Der Einsatz von 845
Präsentationsprogrammen trägt auch dazu bei, umfangreiche oder 909
komplizierte Sachverhalte verständlicher darzustellen und die 972

Behaltensquote bei den Zuhörern erheblich zu erhöhen. In der 1036
Lernpsychologie hat man herausgefunden, dass Eindrücke in 1096
folgenden Prozentraten behalten werden: 10 Prozent durch Lesen, 1164
20 Prozent durch Hören, 30 Prozent durch Sehen und 50 Prozent 1231
durch Hören und Sehen. Zum Erfolg einer Präsentation trägt eine 1300

gute Aufbereitung sowohl des Inhalts als auch der Form wesentlich 1369
bei. Je genauer dabei die Zielgruppe bekannt ist, desto besser 1434
kann das Ganze geplant und eine Unter- bzw. Überforderung der 1499
Zuhörer vermieden werden. 1526

Ein Bild sagt mehr als tausend Worte

Beate und Dominik, Mitglieder der SMV, erreichten bei der Schulleitung auch in diesem Schuljahr, einen Skikurs für die 8. Klassen arrangieren zu dürfen. Selbstverständlich können sie auf die Erfahrung und Unterstützung ihrer Lehrkräfte zurückgreifen.

SMV ist die Abkürzung für **S**chüler**mitv**erwaltung.

In einer Pause wollen sie ihre Mitschülerinnen und -schüler auf das Wesentliche hinweisen und auch den „Appetit“ auf diese Veranstaltung wecken. Da die für diese Information zur Verfügung stehende Zeit sehr knapp ist, entscheiden sie sich für eine Bildschirmpräsentation. Dabei werden die wichtigsten Aussagen mit verschiedensten Objekten in einem entsprechenden Programm, z. B. Powerpoint, aufbereitet und mittels PC und Beamer z. B. an einer Wand dargestellt.

Folgende **Objekte** können in einer Bildschirmpräsentation vertreten sein:
Text, Grafik, Foto, Audio, Video, Animation, Hintergrund, Tabelle, Hyperlink

Auch mit den Erkenntnissen der Lernpsychologie lässt sich die Entscheidung für eine Bildschirmpräsentation begründen. Menschen behalten „Eindrücke“ mit folgenden Prozentraten:

Verbalisiere die nebenstehenden Prozentzahlen.

Mit Grundkenntnissen aus anderen Programmen lässt sich schnell eine ansprechende Bildschirmpräsentation erstellen.

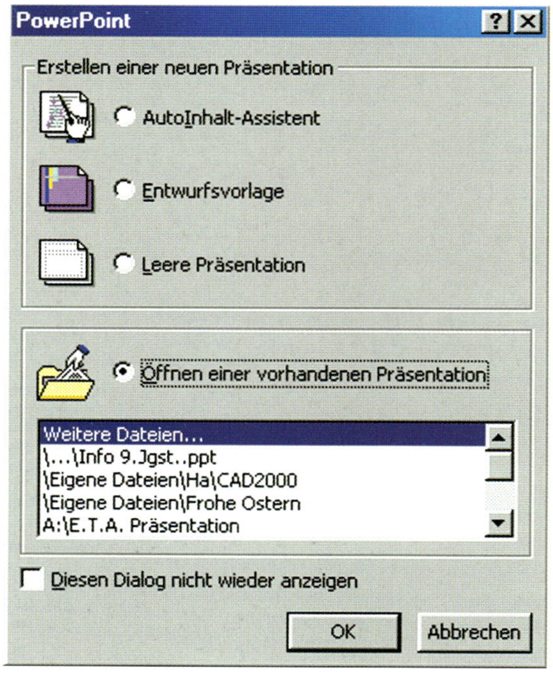

Nach dem Starten des Programms, z. B. Powerpoint, erkennt man das links stehende Fenster.

Der **AutoInhalt-Assistent** unterstützt uns bei der Erstellung der neuen Präsentation.

Die Schüler wählen **„Leere Präsentation“** und bestätigen mit OK.

Zunächst erscheint das Dialogfenster **„Neue Folie“.** Um die erste Folie zu erstellen, wählen Beate und Dominik **„Leere Folie“**, da sie nur den Titel eingeben und eine Grafik einfügen wollen.

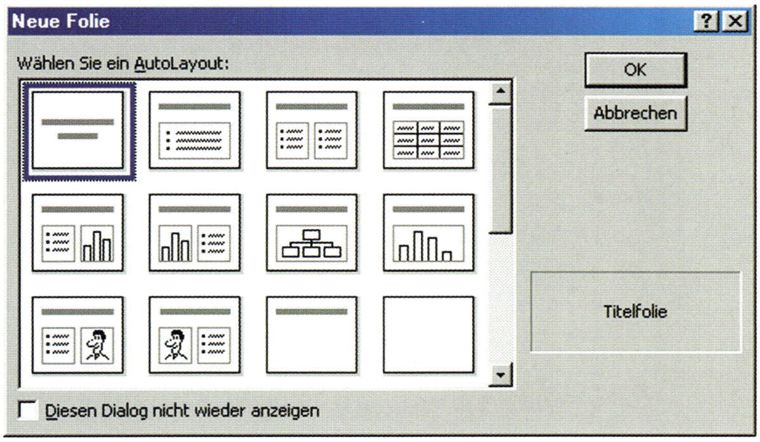

So soll die erste Folie aussehen:

Eine **Leere Präsentation** ist eine Option, welche standardmäßig in Programmen vorgegeben ist. Sie lässt vollkommene Freiheit bei der Erstellung einer Präsentation.

Gib der Datei den Namen „Skikurs“.

Der Text wird bei **„Titel durch Klicken hinzufügen“** mit „Skikurs“, bei **„Untertitel durch Klicken hinzufügen“** mit „für alle 8. Jahrgangsstufen“ in WordArt eingefügt.

Die Grafik „Skifahrer“ erhält durch Kopieren und Einfügen das links stehende Aussehen.

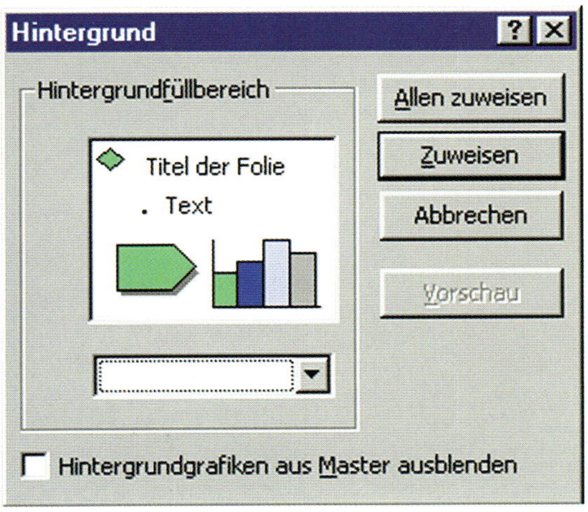

Hintergrund und **Schriftfarbe** spielen bei einer Präsentation eine große Rolle. Die Grundregeln lauten:

- Dunkle Schriftfarben auf hellem Hintergrund,
- helle Schriftfarben auf dunklem Hintergrund

Folie 2
Wohin?
Berger Hochalm
Saalbach/Hinterglemm
Abfahrt
• 11. Febr. 20..
• 07:00 Uhr
• Haltestelle an unserer Schule
Rückkehr
• 17. Febr. 20..
• 16:30 Uhr

Diese **Grundregeln** sollen bei der Beschriftung beachtet werden:

- Verwende mindestens Schriftgröße 20 Punkt.
- Benutze in der Regel gleiche Schriftarten, für gleichrangigen Text gleiche Schriftgrößen.
- Achte auf die Wirkung der Schriftfarbe, Blau vermittelt z. B. Harmonie.
- Setze wenige Wörter in eine Zeile.
- Achte insgesamt auf einen möglichst geringen Textumfang.

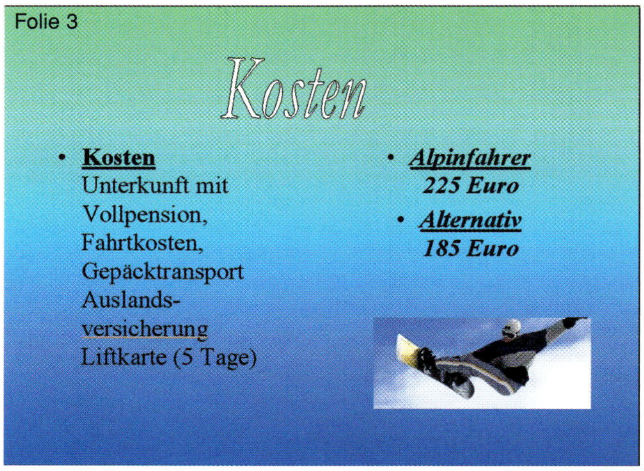
Folie 3
Kosten
• Kosten
Unterkunft mit Vollpension, Fahrtkosten, Gepäcktransport Auslands-versicherung Liftkarte (5 Tage)
• Alpinfahrer
225 Euro
• Alternativ
185 Euro

Folie 4
Viel Spaß beim Ski fahrn, fahrn, fahrn, fahrn!

Die meisten Programme zur Bildschirmpräsentation bieten als zusätzlichen Effekt Möglichkeiten zur Animation einzelner Objekte. Meist können im Menü **„Bildschirmpräsentation“** benutzerdefinierte Animationen eingestellt werden.

Gestalte die Folien nach.

Einige Möglichkeiten von benutzerdefinierten Animationen sind hier am Beispiel der 1. Folie aufgezeigt:

- Überschrift Skikurs:
  ➢ Horizontal blenden
- Untertitel "für ...":
  ➢ Von innen einblenden
- 1. Skifahrer: Erscheinen
- 2. Skifahrer: Erscheinen
- 3. Skifahrer: Erscheinen
- 4. Skifahrer: Erscheinen
- 5. Skifahrer. Langsam von links

Mit einem Klick auf **„Vorschau“** kannst du die Animation ansehen.

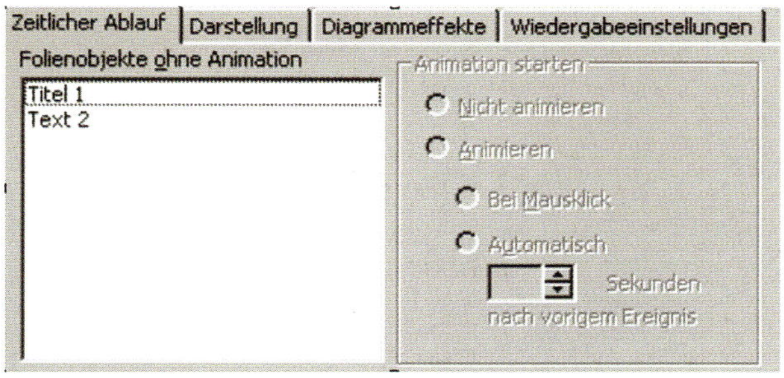

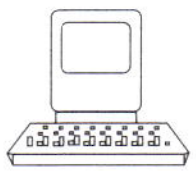

Mit der **Registerkarte „Zeitlicher Ablauf“** wählen Beate und Dominik die Reihenfolge des Erscheinens der einzelnen Objekte aus. Sie entscheiden sich für die Option **„Bei Mausklick“** und bestätigen mit der RETURN-Taste.

Wenn du die einzelnen Schritte an deinem PC nachvollzogen hast, wird es Zeit, die Datei erneut zu speichern.

Selbstverständlich lassen sich die bisherigen Ergebnisse der Arbeit auf den Drucker ausgeben.

Die Folien stehen in verschiedenen Ansichten zur Verfügung:

 Folienansicht

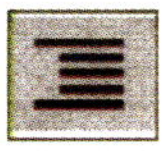 Gliederungsansicht

 Foliensortierung

 Notizseitenansicht

 Bildschirmpräsentation

 Normalansicht

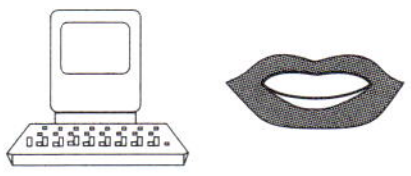

1. Drucke die Datei aus.
2. Probiere die verschiedenen Ansichten aus und besprich Vor- und Nachteile mit deinem Partner.

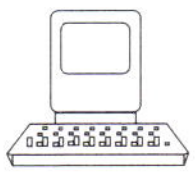

3. Bearbeite weitere Folien mit dem Menüpunkt „Benutzerdefinierte Animation“.
4. Bei Folie 4 kann der Text mit einem geeigneten Sound verbunden werden.

Die gewünschten Animationen sind jetzt eingestellt. Durch Klicken auf das Symbol **„Bildschirmpräsentation“** in der Symbolleiste bzw. über das Menü **„Bildschirmpräsentation - Bildschirmpräsentation vorführen“** besichtigen Beate und Dominik ihr Werk.

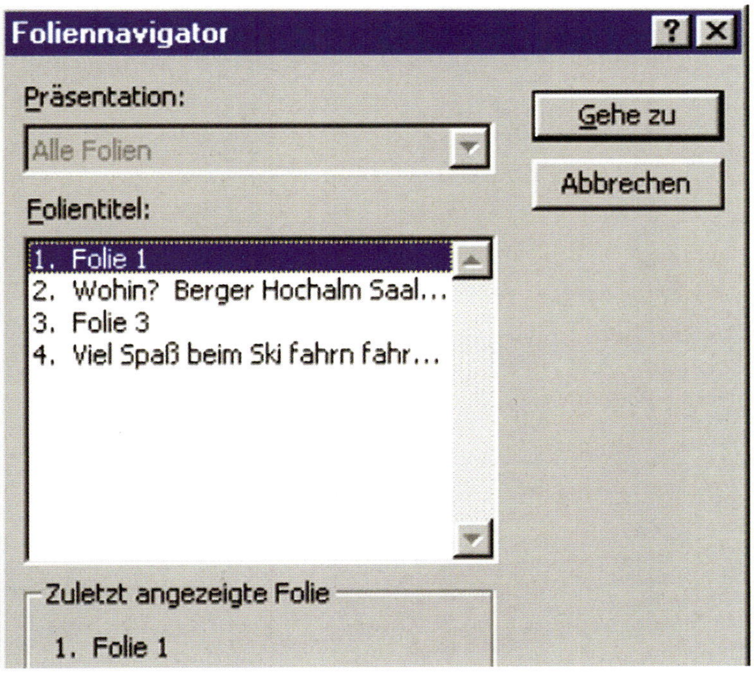

☞

Eine laufende Bildschirmpräsentation kann in der Regel mit der **ESC-Taste** unterbrochen bzw. beendet werden.

Durch Klicken auf die Folie mit der rechten Maustaste kann zwischen **„Folie weiter“** und **„Folie zurück“** ausgewählt werden.

Bei laufender Bildschirmpräsentation ist es möglich, mit dem Untermenü **„Gehe zu - Foliennavigator“** zu jeder beliebigen Folie zu wechseln.

Die Möglichkeiten der Programme zur Bildschirmpräsentation sind schier unerschöpflich, hier noch zwei Tipps:

Von großem Vorteil für den Vortragenden der Präsentation ist die **Notizseitenansicht.** Sie wird bei der Folie nicht sichtbar ausgedruckt, ist aber sehr hilfreich.

Über die **Symbolleiste** wird durch Anklicken des Symbols **„Notizseitenansicht"** die Möglichkeit eröffnet, Notizen einzuschreiben.

Der Übergang von einer Folie zur anderen lässt sich verschiedenartig gestalten. Dies erhöht die Erwartung auf die nächste Folie.

Durch das Kontextmenü **„Folienübergang"** oder durch das Menü **„Bildschirmpräsentation - Folienübergang"** oder über das Symbol **„Folienübergang"** kann die Befehlsfolge aufgerufen werden.

Animiere bei deinen 4 Folien verschiedene Folienübergänge und diskutiere die Wirkung mit deinem Partner.

Arbeitsaufgaben

1. Für den Englischunterricht stellst du ein Referat über den Thanksgiving-Day in den USA zusammen.
   - Besorge Informationen, Grafiken und Fotos aus dem Internet.
   - Gestalte einige Folien zu deinem Referat mit einer Bildschirmpräsentation.
2. Gestalte eine Bildschirmpräsentation bezüglich der Erstellung eines Serienbriefes.

Bildschirmpräsentationen sollten immer diese **Grundprinzipien** beachten:

1. So wenig Text wie möglich! Die Ausssage soll sich „auf einen Blick" einprägen.
2. Möglichst einheitliche Gestaltung! Die Übersichtlichkeit leidet, wenn sehr viele unterschiedliche Schriftarten, Schriftgrößen ... und Grafikelemente auf allen Seiten auftauchen.

Eine Präsentation setzt sich aus unterschiedlichsten Objekten zusammen, denen Attribute zugeordnet sind. Einige Beispiele findest du in der folgenden Übersicht:

Objekte	Attribute	Beispiele
Text z. B. Zeichen, Wort, Wörter, Absatz	Zeichenformatierung, Absatzformatierung, Zeilenabstand ...	Skikurs für alle 8. Jahrgangsstufen
Grafik Vektorgrafik, Pixelgrafik	Form, Randfarbe, Position, Farbwert ...	Verteilung der Ausgaben Süßigkeiten Trinken Kino CD-Rom Hobby
Foto	Grafikformat ...	
Hintergrund	Farben, Verlauf, Muster ...	Titel durch Klicken hinzufügen Text durch Klicken hinzufügen
Tabelle z. B. Zeilen, Spalten, Zellen	Größe, Schrift, Hintergrund, Rahmenlinie ...	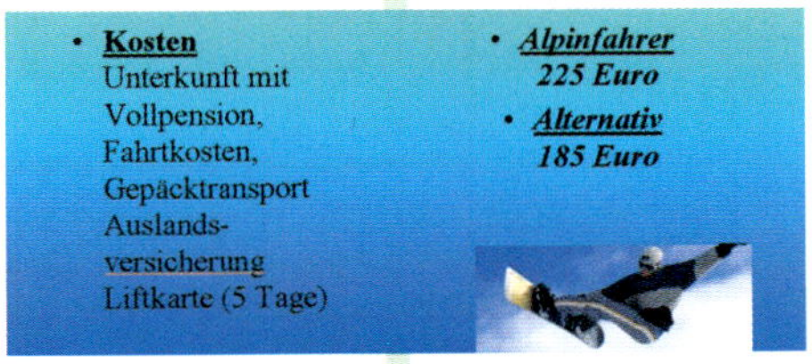Kosten Unterkunft mit Vollpension, Fahrtkosten, Gepäcktransport Auslands-versicherung Liftkarte (5 Tage) Alpinfahrer 225 Euro Alternativ 185 Euro
Animation	Bildformat, Bildgröße, Farbanzahl ...	Skikurs für alle 8. Jahrgangsstufen
...		

Weitere Objekte sind z. B. Videosequenz (Attribute: Format, Bildgröße, Bilder/Sekunde ...), Ton (Attribute: Format, Frequenzbereich ...), Hyperlink (Attribute: Zieladresse, Träger ...).

Sport, Spiel, Spannung

In der letzten Sitzung der SMV wurde lange über Möglichkeiten diskutiert, den Mitschülerinnen und -schülern ein attraktives Freizeitangebot anzubieten. Neben dem Unterhaltungswert sollten nicht nur die Schulgemeinschaft gestärkt, sondern auch Kontakte zu den gleichaltrigen Schülern der Hauptschule und des Gymnasiums intensiviert werden. Zudem darf die individuelle Fitness nicht zu kurz kommen.

Klar war jedem Sitzungsteilnehmer, dass man mit einer Bildschirmpräsentation im eigenen Schulhaus die Schüler der Nachbarschulen nicht erreichen konnte. Mehrere Möglichkeiten der Kontaktaufnahme wurden diskutiert. Mund-zu-Mund-Propaganda oder Flyer erschienen manchem nicht mehr zeitgemäß. Nach langer Diskussion entschloss man sich, eine Webseite zu erstellen und diese in die Homepage der Schule zu integrieren. Als Angebote wurden Tischtennis, Badminton, Aerobic und Fußball vereinbart.

Für die Erstellung von Webseiten braucht man ein dafür geeignetes Programm, wie z. B. **Frontpage.** Klaus, ein Mitglied der SMV, hat damit schon seine eigene Homepage erstellt. „Vor Beginn der Arbeit muss man sich erst Inhalte und Strukturierung einer Präsentation überlegen!“, meint er zu seinen Mitschülern.

Die Inhalte sind mit den üblichen Reporterfragen - wer, was, wann, wo - schnell gefunden.

Mögliche Strukturierungen zeigt Klaus in folgenden Skizzen auf.

Die **Art der Präsentation,** z. B. Bildschirmpräsentation oder Webseite im Internet, hängt wesentlich von der **Zielgruppe** ab, die mit den Inhalten erreicht werden soll.

1. Beantworte die Reporterfragen in deiner Gruppe und notiere wichtige geeignete Inhalte für die geplanten Webseiten.

Strukturierungsmöglichkeiten von Webseiten:

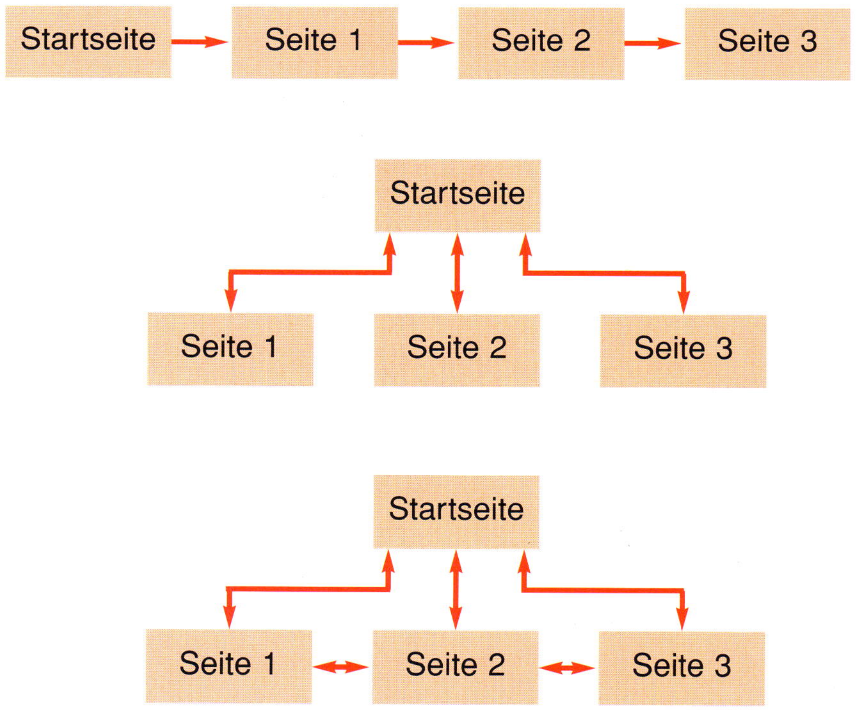

2. Eine Präsentation kann verschieden strukturiert sein. Beschreibe und erläutere die links dargestellten Möglichkeiten.
3. Ordne den Strukturen folgende Begriffe zu:
   - hierarchisch
   - hierarchisch mit Weiterleitung
   - linear
4. Wähle eine Struktur für die geplanten Webseiten und begründe.

Klaus schlägt folgende **Gliederung** für die Webseiten vor:

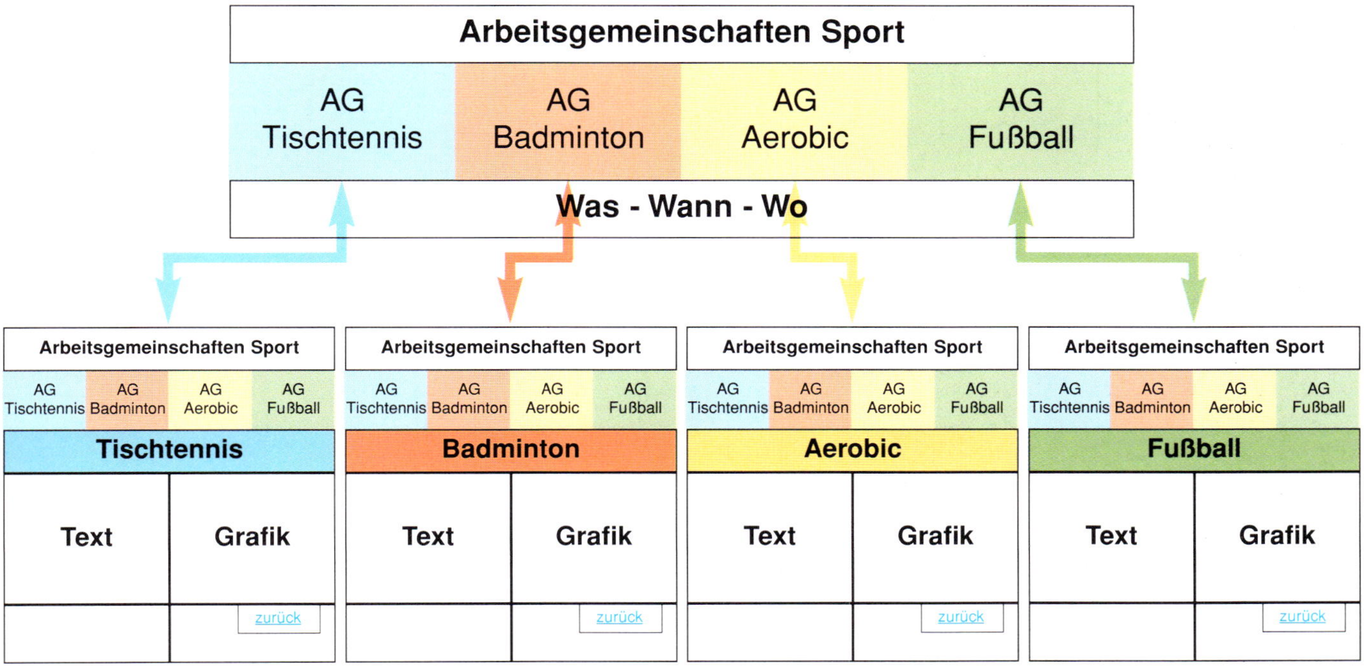

Nachdem die **Struktur** für die Webseiten festgelegt worden ist, kann z. B. mit einem geeigneten Programm begonnen werden, die Ideen umzusetzen.

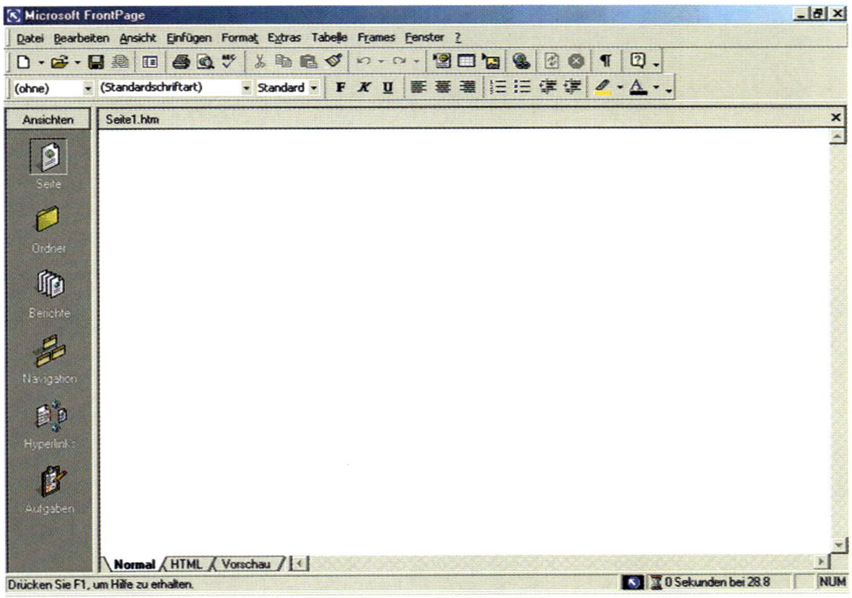

1. Starte das Programm, z. B. Frontpage.
2. Betrachte die Symbolleisten und erläutere dir Bekanntes deinem Partner.

Um von Anfang an eine gewisse Ordnung bei der Erstellung der Webseiten einzuhalten, schlägt Klaus vor, nach dem Programmstart den Ordner „Arbeitsgemeinschaften“ über das Menü DATEI, dann ÖFFNEN anzulegen. In diesem Ordner werden die **Verzeichnisse „Bilder“** bzw. **„Seiten“** angelegt, um Grafiken von Seiten getrennt zu verwalten.

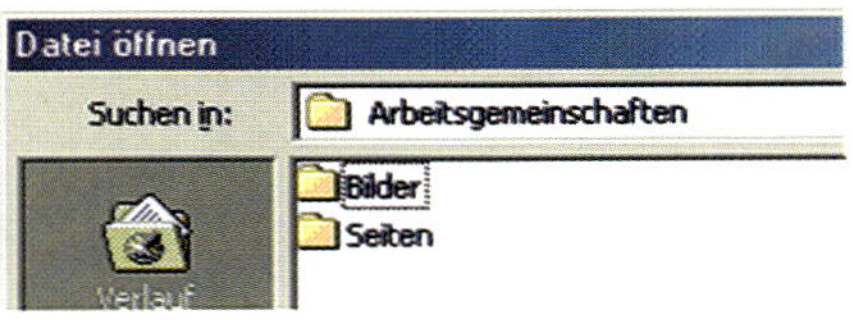

Im Menü DATEI wird über „Neu“ und „Seite“ eine Webseite in den Ordner „Seiten“ gespeichert. Viele Programme bieten hier **Vorlagen** mit verschiedenen Layout-Möglichkeiten an.

Im Menü DATEI ist es unter Eigenschaften möglich,
- einen **Titel** für die Seite einzugeben, der in der Titelleiste des Browsers angezeigt wird,
- den **Hintergrund** zu variieren,
- **Ränder** einzustellen usw.

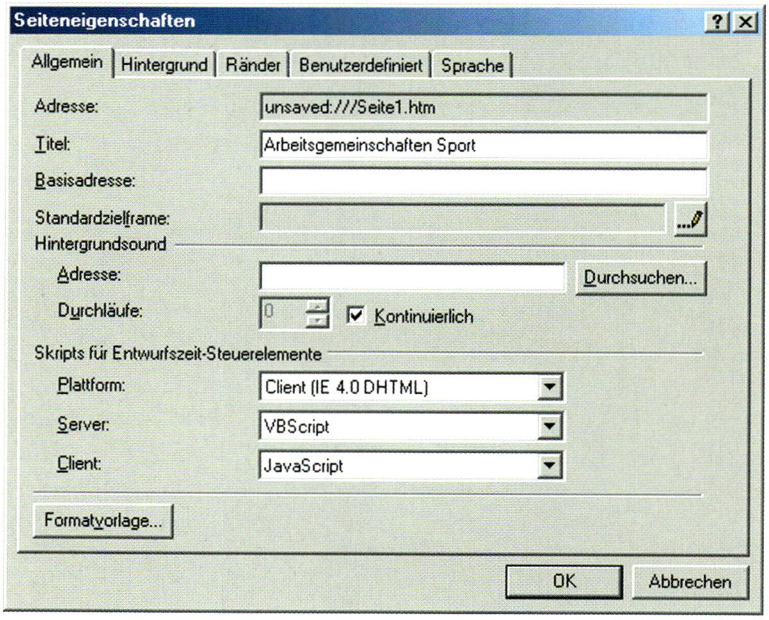

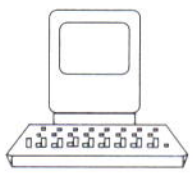

1. Klicke nach dem Eintrag des Titels, siehe linkes Bildschirmfenster, die einzelnen Register an und erkläre, soweit möglich.
2. Experimentiere mit den Registern „Hintergrund“ und „Ränder“.
3. Um fortzufahren, bestätige mit OK.

Um die Informationen übersichtlich anzuordnen, ist auf der Webseite eine **Tabelle** zu erstellen. Hier kannst du auf dein Wissen aus anderen Programmen zurückgreifen.

Arbeitsgemeinschaften Sport			
AG Tischtennis	AG Badminton	AG Aerobic	AG Fußball
Was - Wann - Wo			

Arbeitsgemeinschaften Sport			
AG Tischtennis	AG Badminton	AG Aerobic	AG Fußball
Was - Wann - Wo			

4. Betrachte die Bildschirmdarstellungen und erläutere die Handlungsschritte deinem Partner.

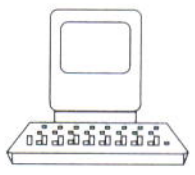

5. Erstelle mit deinem Programm die links stehenden Tabellen; unter anderem sind folgende Handlungsschritte durchzuführen. Ordne in einer sinnvollen Reihenfolge:
   - Text eingeben und formatieren
   - Zellen verbinden
   - Startseite unter „Arbeitsgemeinschaften Sport“ speichern
   - Zeile einfügen
   - Zellen formatieren
   - Zellenhöhe einstellen
   - Zellen teilen
   - Tabelle erstellen
   - Hintergrund einstellen

Wenn noch nicht geschehen, müssen nun die **Texte** erstellt werden, Vorschläge siehe Seite 134.

Grafiken sind für die Gestaltung von Webseiten unerlässlich. Als ideale Quelle bietet sich das Internet an, das Urheberrecht ist zu beachten. Auch einige Programme, wie z. B. Word, bieten eine Vielzahl von Cliparts an.

Nun werden in die entsprechenden Zellen der Webseite „Tischtennis“ **Text und Grafik** eingebunden.

Eine **Verknüpfung** zur Startseite lässt sich leicht erstellen:
Füge über das Menü TABELLE eine Zeile hinzu. Schreibe das Wort „Zurück“ ein, markiere und formatiere es rechtsbündig.
Füge einen **Hyperlink** (Menü EINFÜGEN - Hyperlink) ein, verknüpfe ihn mit der Startseite, klicke als **Zielframe** „Ganze Seite“ an und bestätige mit OK, siehe folgende Grafik.

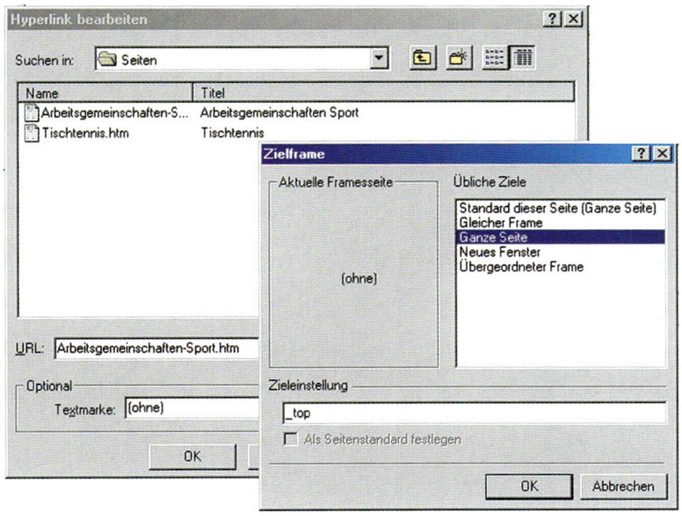

Suche aussagekräftige Grafiken zu den vier Arbeitsgemeinschaften und lege sie in den Ordner „Bilder“, siehe Seite 131.

So kannst du eine Grafik oder ein Clipart einfügen:

Die jeweiligen Arbeitsergebnisse lassen sich mit einem Klick auf das Register **„Vorschau“** begutachten und, wenn notwendig, berichtigen:

Nicht nur das mehrmalige Setzen des Hyperlinks von der Angebots- zur Startseite kann man sich ersparen, wenn zuerst die Webseite „Tischtennis“ fertiggestellt, gespeichert und anschließend z. B. unter „Badminton“ kopiert wird. Text und Bild der **Ursprungsseite** können dann durch Text und Bild der anderen Sportarten ersetzt werden.

Sind alle fünf Webseiten erstellt, so müssen noch Hyperlinks von der Startseite zu den Angebotsseiten eingefügt werden.

Nun gilt es noch, die erstellten Webseiten mit der Homepage der Schule zu verknüpfen. Dies bleibt der zuständigen Lehrkraft vorbehalten.

Der **Seitentitel** der neu zu speichernden Seite kann gleichzeitig mit dem Speichervorgang eingegeben werden. Somit ist eine getrennte Eingabe über das Fenster „Eigenschaften“, siehe Seite 132, nicht notwendig.

Die Texte für die einzelnen Arbeitsgemeinschaften könnten so lauten:

Tischtennis

Unser Elternbeirat spendete im letzten Schuljahr zwei Tischtennisplatten. Viele von euch nutzen die Gelegenheit in den Freistunden und „kämpfen“ bereits miteinander. Um die Technik zu verbessern und noch mehr Spiellaune aufkommen zu lassen, bieten wir ein wöchentliches Training an:

montags von 14:00 bis 16:00 Uhr
Treffpunkt: Aula

Badminton

Wer spielt gerne Badminton oder wer will es lernen? Wir wollen eine Mannschaft bilden und miteinander lebendigen Sport treiben.

Wir teffen uns mittwochs um 13:15 Uhr in der Sporthalle!

Mitmachen macht Spaß!

Aerobic

Aerobic ist der Hit!
Bleibe fit und mache mit!

Für alle „Just-for-Fun-Interessierten“ wird jeweils montags von 13:15 bis 14:30 Uhr in unserer Sporthalle trainiert.

Fußball

Fit for Fun! Wer macht mit?

Fußballerinnen und Fußballer der Jahrgangsstufen 8 - 10 sind gefragt.

Wir treffen uns dienstags von 13:15 bis 14:00 Uhr in der Sporthalle!

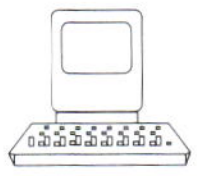

1. Erstelle die Webseiten zu den Arbeitsgemeinschaften Badminton, Aerobic und Fußball.
2. Füge Hyperlinks von der Start- zu den jeweiligen Angebotsseiten ein.
3. Suche Lösungen, um die einzelnen Angebotsseiten miteinander zu verknüpfen.

Arbeitsaufgaben

Ideen, Webseiten zu erstellen, gibt es viele. Hier sind einige Möglichkeiten aufgezeigt:

- Stelle ein Projekt aus dem Fach Erdkunde vor.
- Schreibe einen Bericht über eure Klassenfahrt, füge Bilder ein.
- Gib Informationen zum „Tag der offenen Tür“.
- Stelle deine Schule für die neuen Schüler im kommenden Schuljahr vor.
- Die SMV stellt sich vor.

Ganz so einfach wie auf den letzten Seiten erarbeitet, ist der Vorgang der Web-Seiten-Erstellung nicht. Vergleiche die folgende Gegenüberstellung:

Arbeitsgemeinschaften Sport			
AG Tischtennis	AG Badminton	AG Aerobic	AG Fußball

```
<html>

<head>
<meta http-equiv="Content-Language" content="de">
<meta http-equiv="Content-Type" content="text/html; charset=windows-1252">
<meta name="GENERATOR" content="Microsoft FrontPage 4.0">
<meta name="ProgId" content="FrontPage.Editor.Document">
<title>Arbeitsgemeinschaften Sport</title>
</head>

<body>

<table border="1" width="100%">
  <tr>
    <td width="100%" align="center" colspan="4"><b><font face="Arial">
      ArbeitsgemeinschaftenSport</font></b></td>
  </tr>
  <tr>
    <td width="25%" align="center" bgcolor="#00FFFF"><font face="Arial">AG</font>
      <p><font face="Arial">Tischtennis</font></td>
    <td width="25%" align="center" bgcolor="#FF9966"><font face="Arial">AG</font>
      <p><font face="Arial">Badminton</font></td>
    <td width="25%" align="center" bgcolor="#FFFF66"><font face="Arial">AG</font>
      <p><font face="Arial">Aerobic</font></td>
    <td width="25%" align="center" bgcolor="#99FF33"><font face="Arial">AG</font>
      <p><font face="Arial">Fußball</font></td>
  </tr>
</table>

</body>

</html>
```

Um auf den verschiedensten Betriebssystemen mit unterschiedlichen Programmen Informationen im WWW übertragen und ansehen zu können, wurde eine spezielle Programmiersprache entwickelt: HTML (**H**yper**T**ext **M**arkup **L**anguage).

Diese Sprache ermöglicht neben einer Strukturierung der Dokumente v. a. die Definition von Verknüpfungen innerhalb eines Dokuments aber auch mehrerer Dokumente miteinander, sog. Hyperlinks. Die einzelnen Elemente eines Dokuments (Überschriften, Abschnitte, Farben ...) werden dabei mit Hilfe von Struktureinheiten (Fachbegriff: Tags) definiert. Die Textdarstellung erfolgt durch Browser, so dass ein HTML-Dokument bei verschiedenen Browsern verschieden aussehen kann, die Struktur des Dokuments bleibt jedoch immer die gleiche.

Die Aufbau einer HTML-Seite sieht immer so aus:

```
<html>          (1)

<head<          (2)
<title>Meine erste Webseite</title>    (3)
</head>         (2)

</body>         (4)
Arbeitsgemeinschaften Sport
</body>         (4)

</html>         (1)
```

Um die einzelnen Datensätze zu markieren bzw. zu trennen werden sog. **Tags** verwendet. Sie kennzeichnen in Auszeichnungssprachen (SGML, HTML ...) ein bestimmtes Element in einem Dokument, wie z. B. eine Überschrift, einen Absatz ... So werden die Informationen in einem Dokument strukturiert und darauf aufbauend formatiert, indiziert oder verknüpft. Tags treten meist paarweise als Anfangs- und Endmarkierung auf.

Um eine Web-Seite in HTML zu erstellen, muss man diese Programmiersprache beherrschen. So eröffnet z. B. *<p>* einen neuen Absatz, * * steht für ein Leerzeichen (engl.: non breaking space) oder *&ouml* für den deutschen Buchstaben ö.

Dank benutzerfreundlicher Programme, die heute zahlreich angeboten werden, kann auch „Otto Normalverbraucher“ seine Webseite im WYSIWYG (What you see is what you get.) gestalten.

Erinnerst du dich? (siehe auch IT 7, S. 124 ff.)

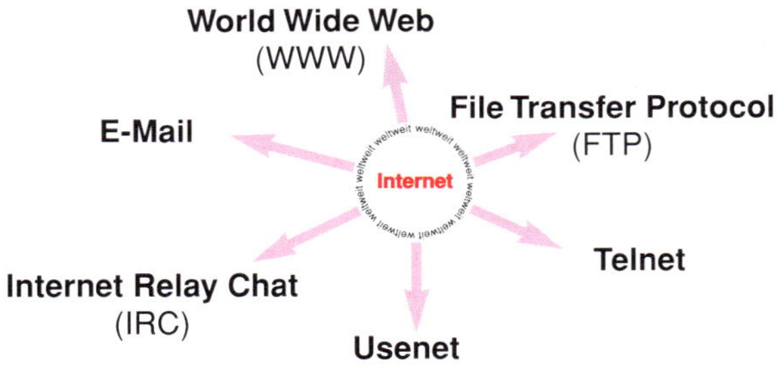

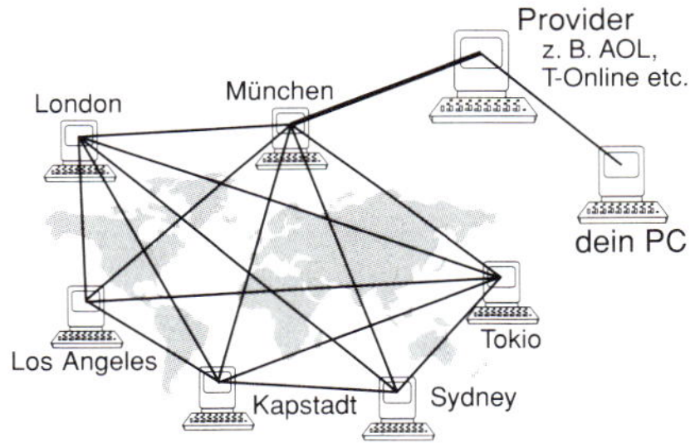

1. Betrachte die Grundstruktur einer Web-Seite, s. grüner Informationskasten, und erläutere Aufbau, Bedeutung und Zusammenhang der einzelnen Fachbegriffe

2. In einem benutzerorientierten Programm, wie z. B. Frontpage, kannst du zwischen einzelnen Programmebenen wechseln.

   Probiere dies an Beispielen aus und beschreibe die Struktur der jeweiligen Web-Seite.

Hier sind alle Wörter nach dem Alphabet geordnet

1 alles beide circa deine eilig falls gehen halte immer jeder
2 koste legen melde nenne offen parke quitt reite singe trage
3 unten viele wieso x-mal young zähle älter öfter übrig außen

4 anfangen bearbeiten computern durchlesen ergänzen festlegen
5 gestalten herstellen illustrieren jonglieren katalogisieren
6 leiten mitbestellen nachprüfen ordnen platzieren quittieren
7 registrieren sortieren terminieren unterschreiben variieren
8 wiederbeschaffen zentralisieren äußern öffnen überschreiben

9 ausgearbeitet besprochen chiffrieren dienstlich erfolgreich
10 fertigen gratulieren hereinbitten innerbetrieblich jährlich
11 kennen loben maßgeblich neugierig ordentlich praktisch quer
12 reisefertig stellenweise textlich unterzeichnungsberechtigt
13 verändern widerlegen zeitlich äußerlich ökonomisch überlegt

14 Alarm Basis Choke Dunst Essay Filme Glanz Hitze Insel Jumbo
15 Karte Lehre Musik Natur Osten Party Quarz Reise Szene Takte
16 Union Villa Werke Xenia Ytong Ziele Äther Ölgas Übung Atlas

17 Adresse Brief Chefin Display Eilbrief Firma Geschäft Handel
18 Industrie Job Kredite Liste Maschine Nummer Objekte Papiere
19 Qualität Rechner Schriftbild Tasten Umsatz Vordruck Werbung
20 Xerokopie Yuppie Zustimmung Änderungen Ökonomie Überlastung

21 Arbeitsplatzumgebung Brieffalzmaschinen Computerbezeichnung
22 Durchschreibepapier, Einzelplatzsysteme Fensterbriefhüllen,
23 Gewerbeaufsichtsamt, Handelsvertretung, Informationsbedarf,
24 Jubiläumsausstellung Kalkulationsfehler Lautsprecheranlagen

25 Magnetkartentelefone Nebenstellenanlage Ordnungsmöglichkeit
26 Posteingangsstempel, Querinformationen, Registraturschrank,
27 Schriftgutverwaltung Telefonverzeichnis Unterschriftenmappe
28 Vervielfältigungsart Wirtschaftlichkeit Zahlenkombinationen

29 area back call date ever fact good help idea joke king last
30 mine none over past quit rent send tall ugly very wild your
31 zero also best care disk even fine goal high idol jeep kind

32 actor build catch dance enter faith guide house image judge
33 knife legal model nurse often press queen reach sorry trade
34 under vowel write yacht zebra agree break clean dirty earth

35 agreement breakfast candidate drinkable exclusion footnotes
36 goldsmith happiness insurance jollyness kilometer letterbox
37 medicinal nevermore overcrowd patchwork questions residence
38 schoolboy telephone uninjured variation worldwide xylophone
39 yesterday zoologist autograph blackbird character discovery

1 Afghanistan Brasilien Ceylon Deutschland England Frankreich
2 Großbritannien Honduras Indien Jordanien Kolumbien Lettland
3 Malediven Nicaragua Obervolta Philippinen Rumänien Schweden
4 Taiwan Ungarn Vietnam Westsamoa Zypern Äthiopien Österreich

5 Athen Berlin Chikago Djakarta Essen Frankfurt Genf Hongkong
6 Istanbul Jerusalem Kopenhagen Liverpool Manchester Nagasaki
7 Ottawa Philadelphia Queenstown Rangun Saigon Tirana Utrecht
8 Verona Washington Xanten Yokohama Zermatt Öblarn Überlingen

9 Ammersee Baikalsee Chiemsee Donau Elbe Fulda Gardasee Havel
10 Isar Jordan Kochelsee Lech Mississippi Nordsee Oder Plansee
11 Rhein Salzach Tiber Unstrut Vils Walchensee Yukon Zürichsee

12 Angelika Barbara Caroline Dorothea Elisabeth Felicitas Gabi
13 Hannelore Ida Jasmina Katharina Linda Martina Nadine Ortrud
14 Pia Rita Sandra Tanja Ulla Vera Walburga Xenia Yolande Zita

15 Andreas Bernhard Christian Dimitri Erik Franz Gerhard Heinz
16 Igor Josef Klemens Ludwig Martin Norbert Otto Peter Richard
17 Stefan Thomas Ulrich Viktor Walther Xaver Yannick Zacharias

18 Augenoptiker, Büroinformationselektroniker, Chemielaborant,
19 Datenverarbeitungskauffrau, Edelsteingraveurin, Fotografin,
20 Gartenbautechnikerin, Hotelfachfrau, Industriemechanikerin,
21 Juwelengoldschmied, Krankengymnast, Lokomotivführer, Maler,
22 Notarsgehilfin, Orgelbauer, Pferdewirtin, Raumausstatterin,
23 Silberschmiedin, Tierpflegerin, Uhrmacher, Verlagskaufmann,
24 Wirtschaftskorrespondentin, Zahnarzthelferin, Übersetzerin,

25 Architekt Betriebswirt Chirurg Dirigent Elektronikingenieur
26 Fußballlehrer Geografielehrerin Historikerin Informatikerin
27 Journalistin Kunsterzieherin Logopädin Meteorologin Notarin
28 Orthopäde Pilot Richter Staatsanwalt Tierarzt Unteroffizier
29 Versicherungsmathematiker Wirtschaftsprüfer Zahnarzt Ärztin

30 Adler Bär Chinchilla Dromedar Elefant Frosch Giraffe Hummer
31 Iltis Jaguar Kuckuck Löwe Maulwurf Nachtigall Okapi Pinguin
32 Qualle Reh Schmetterling Tiger Uhu Viper Wolf Zecke Ölkäfer

33 Alpenveilchen, Buschwindröschen, Chrysantheme, Dotterblume,
34 Enzian, Felsennelke, Gerbera, Herbstzeitlose, Iris, Jasmin,
35 Kornblume, Lilie, Märzenbecher, Narzisse, Orchidee, Primel,
36 Rose, Stiefmütterchen, Tagetes, Usambaraveilchen, Veilchen,
37 Weihnachtsstern, Zwergbegonie, Aster, Blauglocke, Clematis,

Diese Wörter kommen sehr häufig vor

1 aus bei die ein für gar hat ihr kam lag mir nur oft sei tun
2 uns von wie zur auf bis der gut her ich mit nun sie und vom
3 wen zum bin das ihm mal nie war den ihn man vor was des weg

4 auch beim dein eine frei ganz hier ihre jede kann dass mehr
5 nach oder rede sehr viel weil zwar über aber bald dich erst
6 fort geht hoch kein lege mein noch ohne sein voll weit zwei

7 außer beide deren einer frage ganze hatte ihrem jeder kommt
8 lasse meine neben sagen trage unter wegen damit eines falls
9 geben haben immer jetzt keine lange macht schon trete wenig

10 an dessen große in stellt nächst je einmal waren vielleicht
11 dort können führt einem sollte meiner diesen wird werden im
12 gewesen denn gleich ja mittel hätte euch dieses gehen rasch

13 nehmen einzelnen fahren diese zusammen seinen wollen rechts
14 leben hervor gegen welches großen halb sind sagt während es
15 ihrer kommen nieder solche wider doch andere nahmen welcher

16 etwas seiner heute mein gibt dar setzen zurück einen nichts
17 halten anderen all kann eben welche fort wieder hin sondern
18 darauf selbst durch wurden habe denen dies wer zwischen wir

19 dir würde ihnen hatten weiter soll mich dieser nicht konnte
20 machen wissen dann seine ihren nahm du ins mit wenn drei er
21 seinem dazu ist um wäre sich dem will wurde zu fest da wohl

22 Art Augen Blick Frau Gemeinde Grund Herren Mann Mark Muster
23 Nacht Natur Ordnung Rechnung Richtung Sache Satz Gesetz Tag
24 Schrift Seite Sicht Stadt Steuer Vater Welt Wesen Wort Zeit

Bei den folgenden Übungen werden die Wörter zunächst mit der linken Hand, dann mit der rechten Hand geschrieben. Ab Zeile 28 erfolgt der Wechsel buchstabenweise.

25 ab in er im der hin das ihm was nun wer zum fast nimm raste
26 Tag Nil Wetter Juni Wasser Juli Start Kimono Sage Pol Rasse
27 Fee Polo Farbe Kino Terrasse Monopol Treffer Pikkolo Trasse

28 dir die alt aha auf aus gut elf rot vor gib pro hat neu mal
29 viel nahe doch laut dich halb auch mehr vorn fiel also sich
30 richtig wichtig tüchtig wirken süchtig manche zeitig eignen

31 Zeit Auto Land Buch Jahr Zelt Toto Wien Riem Tuch Witz Krug
32 Spaß Wucht Woche Sucht Urlaub Röcke Macht Bucht Form Orient

33 Island England Spanien Türkei Japan Jemen Kairo Toskana Goa
34 Haiti Ghana Nairobi Panama Laos Birma Sofia Borneo Uri York

Schnelligkeit ist keine Hexerei

Anhand der folgenden Zeilensätze kannst du deine Schreibsicherheit und Schreibschnelligkeit trainieren.

1 Vielleicht sollten Sie noch die wichtigen Nachrichten erhalten. 65
2 vielleicht sollten sie noch die wichtigen nachrichten erhalten 62

3 Die Wichtigkeit der Richtigkeit zu erkennen ist noch wichtiger. 66
4 die wichtigkeit der richtigkeit zu erkennen ist noch wichtiger 62

5 Sie haben sicherlich eine richtige und wichtige Reise vor sich. 65
6 sie haben sicherlich eine richtige und wichtige reise vor sich 62

7 Vielleicht wirkt sich die Leichtigkeit auf die Richtigkeit aus. 65
8 vielleicht wirkt sich die leichtigkeit auf die richtigkeit aus 62

9 Die Firmen haben gleichzeitig eine wichtige Nachricht erhalten. 65
10 die firmen haben gleichzeitig eine wichtige nachricht erhalten 62

11 Sicherlich wirkt sich die Leichtigkeit bei einigen richtig aus. 65
12 sicherlich wirkt sich die leichtigkeit bei einigen richtig aus 62

13 Diese englischen Postnachrichten enthalten wichtige Richtsätze. 66
14 diese englischen postnachrichten enthalten wichtige richtsätze 62

15 Vor der Schnelligkeit sollte sicherlich die Richtigkeit stehen. 66
16 vor der schnelligkeit sollte sicherlich die richtigkeit stehen 62

17 Sicherlich erhalten die neuen Schreiber gleich die Nachrichten. 66
18 sicherlich erhalten die neuen schreiber gleich die nachrichten 62

19 In den folgenden Wochen hat sie viele wichtige Reisen vor sich. 66
20 in den folgenden wochen hat sie viele wichtige reisen vor sich 62

21 Vielleicht ist dies auch gleich dem neuen Richter aufgefallen. 65
22 vielleicht ist dies auch gleich dem neuen richter aufgefallen 61

23 Diese Zeitungen enthalten doch auch viele wichtige Nachrichten. 67
24 diese zeitungen enthalten doch auch viele wichtige nachrichten 63

25 Manches Buch soll doch sicherlich noch oft neu aufgelegt werden. 67
26 manches buch soll doch sicherlich noch oft neu aufgelegt werden 64

27 Die Richtigkeit ist noch viel wichtiger als die Geschwindigkeit. 68
28 die richtigkeit ist noch viel wichtiger als die geschwindigkeit 64

Textverarbeitung setzt sich immer mehr durch

als zum das mit dem für man auf ist vom ein sie den die vor
dazu oder dies beim soll kann mehr groß etwa sein jede sich

geschäftlich speziell riesengroß unterschiedlich alltäglich
verwendet, ausgebildet, eingerahmt, zentriert, dargestellt,

Textverarbeitungsprogramm, Produktvielfalt, Produktwechsel,
Einsatz Arbeitsmittel Schriftstücke Vordergrund Vermittlung
Objekte Attribute Operationen Auslösung Begriffe Funktionen

private und geschäftliche Bereiche, Schriftstücke erstellt,
ein rascher Produktwechsel, Umstellung auf andere Produkte,
allgemeine Begriffe und Funktionen, Operationen ausgeführt,

Mit Textverarbeitungsprogrammen wird immer mehr gearbeitet. 61
Sie verkürzen die Arbeitszeit und sparen erhebliche Kosten. 62
Beim täglichen Arbeiten lernt man sehr schnell die Befehle. 62

Der Einsatz von Textverarbeitungsprogrammen nimmt in privaten und 69
geschäftlichen Bereichen immer mehr zu. Standardprogramme werden 136
dabei als alltägliche Arbeitsmittel zum Erstellen der 192
unterschiedlichsten Schriftstücke verwendet. Die Produktvielfalt 260
ist inzwischen riesengroß, der Produktwechsel zum Teil sehr 322

rasch, so dass man im Berufsleben nicht immer mit der Software 387
arbeiten kann, in der man ausgebildet worden ist. Beim Erlernen 453
eines Programms sollte deshalb nicht der Umgang mit einem 513
speziellen Produkt, sondern die Vermittlung allgemeiner Begriffe 581
und Funktionen im Vordergrund stehen. Das erleichtert später die 649

Umstellung auf andere Softwareprodukte. Zunächst ist es wichtig, 717
die Objekte, die gängige Textverarbeitungsprogramme bearbeiten, 783
kennen zu lernen. Dies sind z. B. Zeichen, Wort, Zeile, Satz, 851
Absatz, Seite und Bereich. Jedem Objekt werden verschiedene 916
Attribute zugeordnet. So können Wörter etwa in Fettdruck oder in 985

Kursivschrift dargestellt, Absätze zentriert oder eingerahmt und 1052
Seiten mit verschiedenen Randeinstellungen versehen sein. An den 1120
Objekten lassen sich wiederum bestimmte Operationen ausführen. 1185
Dazu gehören u. a. Löschen, Einfügen, Überschreiben oder 1246
Tabulieren. Die Befehle für die Auslösung der einzelnen 1306

Operationen sind von Programm zu Programm verschieden. Bei der 1373
täglichen Arbeit mit derselben Software gehen sie rasch in 1434
Fleisch und Blut über. 1458

Software kann Gefahren beinhalten

frfr juju ftft jzjz fvfv jmjm fvfv jnjn dede kiki dcdc k,k,
swsw lolo sxsx l.l. aqaq öpöp ayay ö-ö- öäöä öüöü ößöß frfr

mehr hält auch wenn dies oder muss sich über weit alle viel
nicht alles jedem durch einer deren wirkt damit folgt diese

privat illegal größer urheberrechtlich lukrativ gewissenlos
gewaltverherrlichenden, jugendgefährdender, aufputschenden,

Spiel Computerspiel Programm Computerprogramm Spielprogramm
Kopien Raubkopien Übel Urheberrechtsgesetz Vervielfältigung
Eigentum Jugendlicher Geldstrafe Staatsanwaltschaft Polizei

Ein Programm ist geistiges Eigentum allein des Herstellers. 63
Seine Verwendungsmöglichkeit ist im Lizenzvertrag geregelt. 62
Wer eine Raubkopie herstellt oder vertreibt, wird bestraft. 61

Je mehr der Computer in der Berufswelt und in privaten Haushalten 70
Einzug hält, um so größer ist die Gefahr des Missbrauchs, der mit 139
Computerprogrammen möglich ist. Manchmal erliegt man leicht der 205
Versuchung, von illegalen Anwendungspraktiken Gebrauch zu machen. 274
Nicht alles, was technisch machbar ist, ist auch erlaubt. 333

Computerprogramme sind urheberrechtlich geschützt! Selbst wenn 399
Programme und Spiele praktisch auf jedem Heimcomputer kopiert 464
werden können, in den allermeisten Fällen ist dies durch das 526
Urheberrechtsgesetz verboten. Ein Programm ist geistiges Eigentum 596
allein des Herstellers. Wer dennoch Raubkopien produziert oder 662

verbreitet (tauscht, verkauft, verschenkt), muss dies in der 725
Regel mit einer saftigen Geldstrafe teuer bezahlen. Darüber 788
hinaus entstehen der Wirtschaft durch unerlaubte Kopien und deren 856
Vervielfältigung jährlich Verluste in Höhe von mehreren hundert 923
Millionen Mark. Dies wirkt sich natürlich auf den Preis der über 992

den Ladentisch erworbenen Software aus und schadet damit allen 1057
anderen Benutzern. Ein weiteres Übel folgt aus der steigenden 1122
Beliebtheit von Computerspielen gerade bei jungen Leuten. Sie 1188
eröffnet gewissenlosen Produzenten jugendgefährdender 1243
Spielprogramme einen weit verzweigten und lukrativen Markt. Mit 1310

pornografischen und gewaltverherrlichenden, oft auch rassistisch 1375
aufputschenden Machwerken bereichern sie sich auf Kosten der 1438
Jugendlichen. Um die Verbreitung dieser Software wirklich 1500
einzudämmen, sind Staatsanwaltschaft und Polizei auf die Mithilfe 1569
betroffener Jugendlicher angewiesen. 1606

Das Papiergeld ist schon 700 Jahre alt

reich einer erste nötig viele große indem durch wurde damit
prägte zahlte formte verwendete begründete stammte handelte
verschiedene bequemer unterwertig gewichtsgleich europäisch

Lyderkönig Krösus, Kleinasien, Altertum, Tribut, Goldmenge,
Venezianer Marco Polo, Chinareise, Ming-Dynastie, Chinesen,
Goldscheiben Kurantmünzen Scheidemünzen Papiergeld Münzgeld

99 Kurantmünzen, 8 Jahre, 7 Jahrhunderte, 33 Scheidemünzen,
1 Altertum, 10 Lyder, 2 Auszahlungen, 4 Chinesen, 3 Siegel,
55 Venezianer, 66 Goldmünzen, 4 Erfindungen, 9 Königreiche,

king ruler antiquity gold seal trade money specie bank-note
commerce tribute kingdom emperor world century ming-dynasty
The invention of species by the Lyder was a great progress. 61

.glofrE neßorg nenie etetuedeb sedlegznüM sed gnudnifrE eiD 63
.sginöK serhi legeiS sad nebiehcsdloG fua netgärp redyL eiD 64
.slairetaM netztuneb sed med hcarpstne eznüM renie treW reD 63

Die Erfindung des Münzgeldes bedeutete einen großen Erfolg. 63
Die Lyder prägten auf Goldscheiben das Siegel ihres Königs. 64
Der Wert einer Münze entsprach dem des benutzten Materials. 63

Einer der reichsten Männer des Altertums, der Lyderkönig Krösus, 70
ließ als erster Herrscher der Welt Münzen als Zahlungsmittel 135
prägen. Vor über 2 500 Jahren begründete er eine Großmacht, indem 204
er verschiedene kleinasiatische Königreiche unterwarf. Durch den 271
Tribut, den die Unterlegenen zahlen mussten, erhielt er riesige 337

Mengen Gold, das im Handel als Zahlungsmittel diente. Damit bei 406
den einzelnen Geschäftsvorgängen die jeweils zu zahlende 464
Goldmenge nicht mehr abgewogen werden musste, formten die Lyder 530
einheitliche, gewichtsgleiche Scheiben und prägten darauf das 593
Siegel ihres Königs. Damals entsprach der Wert einer Münze 657

(Kurantmünze) dem des verwendeten Materials. Heute sind dagegen 726
unterwertige Münzen (Scheidemünzen) in Umlauf. Die Erfindung des 798
Münzgeldes ist zweifellos ein großer Fortschritt. Doch machte 863
eine Ausweitung des Handels und damit des Geldverkehrs eine 926
bequemere Zahlungsart nötig. Bereits im 13. Jahrhundert 987

berichtete der Venezianer Marco Polo nach der Rückkehr von seiner 1055
Chinareise von kaiserlichen Banknoten aus Papier, die dort 1117
gültiges Zahlungsmittel waren. Wie so vieles stammt also auch die 1185
Erfindung des Papiergeldes von den Chinesen. Der älteste noch 1251
erhaltene Geldschein der Welt wurde im 14. Jahrhundert von der 1217

Ming-Dynastie in China in Umlauf gebracht. Das erste europäische 1387
Papiergeld ist wesentlich jünger. Der Schwede Johan Palmstruch, 1456
Gründer einer Privatbank, gab es 1661 heraus. 1503

Das Papiergeld ist schon 700 Jahre alt

zentrieren
serifenlose Schrift, Schriftgröße 17, schattiert, fett

Durch den Tribut, den die Unterlegenen zahlen mussten, erhielt er ~~große~~ Mengen Gold, das im Handel als Zahlungsmittel diente. Damit bei den einzelnen Geschäftsvorgängen die jeweils zu zahlende Goldmenge nicht mehr abgewogen werden musste, formten die Lyder einheitliche, gewichtsgleiche Scheiben und prägten darauf das Siegel ihres Königs. ~~Das war das erste Geld im heutigen Sinn.~~

riesige

Einer der reichsten Männer des Altertums, der Lyderkönig Krösus, ließ als erster Herrscher der Welt Münzen als Zahlungsmittel prägen. Vor über 2 500 Jahren begründete er eine Großmacht, indem er verschiedene kleinasiatische Königreiche unterwarf.

Schriftgröße 16

Damals entsprach der Wert einer Münze (Kurantmünze) dem des verwendeten Materials. Heute sind dagegen unterwertige Münzen (Scheidemünzen) in Umlauf.

nicht unterstreichen

Die Erfindung des Münzgeldes ist zweifellos ein großer Fortschritt. Doch machte eine Ausweitung des Handels und damit des Geldverkehrs eine bequemere Zahlungsart nötig. Bereits im 13. Jahrhundert berichtete der Venezianer Marco Polo nach der Rückkehr von seiner Chinareise von kaiserlichen Banknoten aus Papier, die dort gültiges Zahlungsmittel waren.

Proportionalschrift, Schriftgröße 13
(Leerzeichen)
geschütztes Leerzeichen
unterstreichen

Wie so vieles stammt also auch die Erfindung des Papiergeldes von den Chinesen. Der älteste noch erhaltene Geldschein der Welt wurde im 14.Jahrhundert von der Ming-Dynastie in China in Umlauf gebracht. Das erste europäische Papiergeld ist wesentlich jünger. Der Schwede Johan Palmstruch, Gründer einer Privatbank, gab es 1661 heraus.

fett, Kontur, Schriftgröße 13
Kapitälchen

1. Füge neben dem 3. Absatz eine Grafik Münzen oder eine ähnliche ein, Textfluss links, und skaliere sie auf 65 %.
2. Füge eine Grafik Scheine oder eine ähnliche in den 4. Absatz ein, Textfluss rechts, und skaliere sie auf 80 %.
3. Setze den Seitenrand links auf 4 cm, den Seitenrand rechts auf 2,91 cm.
4. Führe die Worttrennung durch.
5. Setze alle Absätze in Blocksatz.

Diskutieren will gelernt sein

und was die wie ist von für zur nur wer mit das vom hat der
wird sind gilt soll etwa kann sich eine fair gute alle auch
unser viele bevor damit alles sorgt dafür keine jeder nicht

bedenken reden sprechen erörtern diskutieren weiterarbeiten
kompliziert sinnvoll geeignet ordentlich vernünftig konkret
worüber unerlässlich schriftlich zumindest könnte alle hält

Konzentration Diskussion Diskussionsteilnehmer Entscheidung
Teilnehmer Lösungsbeiträge Zwischenergebnisse Problemlösung
Aufträge Resultat Gesprächsverlauf Telefonanruf Besprechung

.nethcaeb uz nlegerdnurG egithciw dnis noissuksiD renie ieB 62
.nies tetierebrov lamitpo nellos remhenlietsnoissuksiD ellA 61
.netlahegtsef hciltfirhcs nedrew etatluserdnE dnu -nehcsiwZ 61

Bei einer Diskussion sind wichtige Grundregeln zu beachten. 62
Alle Diskussionsteilnehmer sollen optimal vorbereitet sein. 61
Zwischen- und Endresultate werden schriftlich festgehalten. 61

Unser Leben wird immer komplizierter. Daher sind viele einzelne 67
Faktoren zu bedenken und zu erörtern, bevor sinnvolle 122
Entscheidungen getroffen werden können. Damit solche Diskussionen 191
effektiv sind, gibt es einige wichtige Grundregeln zu beachten. 256
Für die Besprechung braucht man einen geeigneten Ort. Alles, was 325

die Konzentration stören könnte, wie etwa Telefonanrufe, ist von 392
vornherein auszuschalten. Jeder Diskussionsteilnehmer muss 453
wissen, worüber geredet wird und welche Probleme zur Lösung 515
anstehen. Nur wer optimal vorbereitet ist, kann sich sinnvoll am 581
Gespräch beteiligen und Lösungsbeiträge liefern. Unerlässlich ist 650

es, eine geeignete Person mit der Diskussionsleitung zu 708
beauftragen. Sie sorgt dafür, dass das Ziel der Besprechung nicht 777
aus den Augen verloren wird, der Gesprächsverlauf fair und 838
sachlich bleibt und es keine Abschweifungen vom Thema gibt. Des 905
Weiteren muss sichergestellt werden, dass jeder Teilnehmer zu 969

Wort kommt und Gelegenheit hat, seine Gedanken zu entwickeln. 1034
Damit gute Ideen nicht verloren gehen, werden alle gewonnenen 1098
Zwischenergebnisse schriftlich festgehalten. Eine ordentlich 1161
geführte Diskussion hält sich auch zeitlich in vernünftigen 1222
Grenzen und endet mit einem Resultat oder zumindest damit, dass 1288

die Teilnehmer konkrete Aufträge erhalten, um an der 1343
Problemlösung weiterarbeiten zu können. 1383

Gestalten macht Spaß

Gestalte die folgenden Sprichwörter:

- Zwei können zur gleichen Zeit singen, aber nicht reden.
- Der Herrgott hat dem Menschen zwei Ohren,
  aber nur eine Zunge gegeben.

Selbstständigkeit bringt nicht nur Vorteile

die den von für der vom ein man neu wie und des mit bei ist
sein sich gibt dann auch mehr hält oder kann wenn wird weil
schon einen lange keine alles etwas jetzt allem meist nicht

tsi ieb tim sed dnu eiw uen nam nie mov red rüf nov ned eid
liew driw nnew nnak redo tläh rhem hcua nnad tbig hcis nies
thcin tsiem mella tztej sawte sella eniek egnal nenie nohcs

many young people, to become independent, a new friendship,
numerous advantages and disadvantages, his self-confidence,
to arrange his life reasonable, to gain experience of life,

eigenverantwortlich, vernünftig, selbstständig, frühzeitig,
erwachsen eigenständig unbequem belastend spärlich dringend
genießen bestimmen verlangen einrichten gestalten einkaufen

F Fo For Form Forma Formal Formalit Formalität Formalitäten
F Fr Freu Freund Freunde Freundes Freundeskre Freundeskreis
L Le Leb Leben Lebens Lebenser Lebenserfahr Lebenserfahrung

Viele junge Menschen möchten frühzeitig selbstständig sein. 61
Selbstständigkeit bringt oft zahlreiche Vor- und Nachteile. 62
Manche Erfahrung hilft, sein Leben vernünftig zu gestalten. 63

Die meisten jungen Menschen haben den dringenden Wunsch, endlich 68
erwachsen zu sein und sich von den Eltern lösen zu können. Für 133
viele bringt der Beginn einer Ausbildung fernab vom Elternhaus 199
die Gelegenheit, schon frühzeitig einen ersten Schritt in ein 263
eigenständiges Leben zu tun. Wie genießt man die neu gewonnene 328

Freiheit? Niemand bestimmt, wie oft und wie lange man ausgeht, 394
welche Freunde einen besuchen, wie man sein Zimmer einrichtet und 462
in Ordnung hält und was man anzieht. Jedoch gibt es dann auch 526
keinen mehr, der die lästigen Dinge des Alltags mit erledigt. Die 595
Freiheit verlangt Selbstständigkeit. Es ist keine Mutter mehr da, 665

die einkauft, kocht und alles in Ordnung hält. Geht etwas kaputt 732
oder müssen Formalitäten bei Behörden erledigt werden, ist jetzt 799
Selbstständigkeit gefragt. Ein bisschen unbequem und belastend 864
kann das alles schon werden. Vor allem dann, wenn auch noch die 934
Einteilung der meist spärlichen Geldmittel Probleme aufwirft oder 998

das Alleinsein zur Plage wird, weil ein neuer Freundeskreis nicht 1067
so rasch wie geplant gefunden wird. Letztlich aber bringen diese 1133
Erfahrungen den Jugendlichen Schritt für Schritt zu dem nötigen 1201
Selbstbewusstsein und der Lebenserfahrung, die er braucht, um 1265
sein Dasein vernünftig und eigenverantwortlich zu gestalten. 1326

Lago di Garda - Gardasee

den und dem ist von mit aus vor des hat dar gut zum die wer
liegt zieht allem jedes üppig bunte trotz mäßig heiße neben

to sail, to surf, to climb, to bike, to walk, to run, to go
Nowadays you can find surfer, biker and jogger at the lake. 60

Lago di Garda, Gardone, Limone, Malcesine, Riva, Bardolino,
Palmen Oleander Zedern Magnolien Agaven Ginster Steineichen

Der Gardasee zieht seit Jahrhunderten Maler und Dichter an. 63
Heute sind hier viele Wassersportler und Biker anzutreffen. 62

Der tiefblaue Gardasee, Italiens größter und schönster See, liegt 70
zwischen den Alpen und dem Mittelmeer. Er ist umgeben von 131
Ortschaften, die mit Oliven und Lorbeeren, Zedern und Zypressen 200
geschmückt sind. Seit Jahrhunderten zieht er Maler und Dichter 267
aus ganz Europa an. Heutzutage ist er vor allem ein Paradies für 335

Segler und Surfer, Kletterer und Mountainbikefahrer. An den Ufern 407
des Lago di Garda laden zahlreiche Orte zum Verweilen ein: 471
Sirmione und Gardone, Limone und Malcesine, Riva und Bardolino. 541
Fast jedes Städtchen hat einiges zu bieten, das dem Besucher den 609
Aufenthalt verschönern kann: mittelalterliche Mauern, Kastelle, 677

Hafen, Strandpromenade und üppige Gärten mit Palmen, Oleander, 745
Zedern, Magnolien und Agaven. Dazu kommen freundliche Bewohner, 814
einladende Ristoranti, bunte Läden und Stände. Entlang des Lago 883
di Garda führen malerische Straßen. Besonders berühmt ist die 948
westliche Gardesana. Sie stellt mit ihren zahlreichen in die 1011

Felsen gehauenen Galerien und Tunnels ein Meisterwerk moderner 1078
Straßenbaukunst dar und erschließt zugleich eine äußerst 1136
reizvolle Landschaft. Trotz der Nähe schneebedeckter Alpengipfel 1205
herrscht ein ausgeglichenes Klima mit milden Wintern und mäßig 1270
heißen Sommern. Oliven und Trauben gedeihen hier besonders gut. 1337

Daher zählen Öl und Wein zu den typischen Produkten dieser Region 1408
und bilden neben dem Fremdenverkehr eine wichtige Einnahmequelle. 1475

Gestalten macht Spaß

Lade den Text oder gib ihn ein und gestalte eine A4-Seite mit dem folgenden Text.

Große Oper unter freiem Himmel vor einer überwältigenden Kulisse.
Erleben Sie Giuseppe Verdis AIDA in der Arena von Verona und erkunden Sie diese geschichtsträchtige Stadt mit ihren Prachtbauten. Schon zur Römerzeit war Verona wichtiger Verkehrsknotenpunkt und Handelsplatz. Und die Römer waren es auch, die der Stadt ihre bedeutendste Sehenswürdigkeit hinterließen: Das antike Amphitheater, in dem bereits im Jahre 290 n. Ch. Gladiatoren- und Tierkämpfe stattfanden. Seit 1913 pilgern alljährlich über eine halbe Million Menschen dorthin, um faszinierenden Opernaufführungen beizuwohnen.

Weltberühmt wurde Verona auch als Schauplatz der unglücklichen Liebe zwischen Romeo und Julia im gleichnamigen Drama von William Shakespeare.
Gönnen auch Sie sich einen unvergesslichen Urlaubstag und lassen Sie sich von der stimmungsvollen Atmosphäre in der Arena begeistern. Der Gesamtpreis für Busfahrt, Stadtführung und Eintrittskarte beträgt pro Person 70 Euro.
Termine: Sonntag, 4. Juli .... und Samstag, 9. Juli ....
Abfahrt in Bardolino: 14:00 Uhr, Ankunft in Verona: ca. 14:45 Uhr
Abfahrt in Verona: ca. 01:00 Uhr, Ankunft in Bardolino: ca. 01:45 Uhr
Tourist Information, Via Garda 56, 37011 Bardolino, Lago di Garda, Telefon: 7222222

Lago di Garda - Gardasee

Der tiefblaue Gardasee, Italiens größter und schönster See, liegt zwischen den Alpen und dem Mittelmeer. ~~Er ist umgeben von Ortschaften, die mit Oliven und Lorbeeren, Zedern und Zypressen geschmückt sind.~~ Seit Jahrhunderten zieht er Maler und Dichter aus ganz Europa an. Heutzutage ist er vor allem ein Paradies für Kletterer und Segler Surfer undMountainbikefahrer.

Schriftgröße 14, schattiert, fett — *einfach* — *1 - 4* — *r,*

Entlang des Lago di Garda führen malerische Straßen. Besonders berühmt ist die westliche Gardesana. Sie stellt mit ihren zahlreichen in die Felsen gehauenen Galerien und Tunnels ein Meisterwerk moderner Straßenbaukunst dar und erschließt zugleich eine äußerst reizvolle Landschaft.

unterstreichen

An den Ufern des Lago di Garda laden zahlreiche Orte zum Verweilen ein: Sirmione und Gardone, Limone und Malcesine, Riva und Bardolino. Fast jedes Städtchen hat einiges zu bieten, das dem ~~Touristen~~ den Aufenthalt verschönern kann: mittelalterliche Mauern, Kastelle, Hafen, Strandpromenade und üppige Gärten mit Palmen, Oleander, Zedern, Magnolien und Agaven. Dazu kommen freundliche Bewohner, einladende Ristoranti, bunte Läden und Stände.

fett — *Besucher* — *Schriftgröße 14, Kontur*

Trotz der Nähe schneebedeckter Alpengipfel herrscht ein ausgeglichenes **Klima** mit milden Wintern und mäßig heißen Sommern. Oliven und Weintrauben gedeihen hier besonders gut.

nicht fett — *kursiv*

Daher zählen Öl und Wein des Lago di Garda zu den typischen Produkten dieser Region und bilden neben dem Fremdenverkehr eine wichtige Einnahmequelle.

1. Ersetze im Text (nicht in der Überschrift) Lago di Garda durch Gardasees.
2. Gib die Überschrift zwei Leerzeilen über dem Text - z. B. in WordArt - ein und gestalte sie: Courier New, 28 pt, fett
3. Füge an der angegebenen Position im 3. Absatz eine solche oder ähnliche Grafik ein, Textfluss rechts.
4. Führe die Worttrennung durch und setze alle Absätze in Blocksatz.

Therapeutisches Reiten

Schriftgröße 20
Schriftart Arial

Reiten ist nicht bloß ein exklusiver Sport für Gesunde. Das Pferd verhilft behinderten Menschen zu erstaunlichen Erfolgen bei der Behandlung ihrer Leiden.

gerade

Beim therapeutischen Reiten werden unter Anleitung eines ~~ganz besonders~~ erfahrenen Krankengymnasten verschiedene Übungen auf dem Pferd durchgeführt.

unterstreichen

Die Bewegungen des Tieres über tragen sich von seinem Rücken auf den Körper des Kranken. Sie fördern seinen Gleichgewichtssinn und kräftigen seine Muskulatur. Durch die unterschiedlichen Bewegungsabläufe des Pferdes, denen sich der **Reiter** anpassen muss, wird seine eigene Beweglichkeit verbessert. Gleichzeitig regt die mit dem Reiten verbundene Körperbelasstung die Atemfunktion ~~und~~ die Herz- und Kreislauftätigkeit an.

unterstreichen
nicht fett
sowie

Bei der Hippotherapie, wie das therapeutische Reiten auch genannt wird, werden besonders geeignete und geschulte Pferde von Therapeuten geführt. Während das Pferd in Bewegung ist, muss der Patient eine spezelle Gymnastik ausführen. Das Pferd stärkt aber nicht nur den kranken Körper. Auch seelische Störungen lassen sich günstig beeinflussen. Der Umgang mit dem Tier stärkt Selbstbewusstsein und Vertrauen des Behinderten. Hemmungen und Ängste werden abgebaut. Aus der Freude an der Zutraulichkeit und dem Bewegungsgefühl der Tiere entsteht neue Lebensfreude, die hilft, mit der Last der Behinderung besser fertig zu werden.

groß
Kapitälchen
zi
unterstreichen
1 – 5

1. Lade den Text von deiner Diskette.
2. Bearbeite ihn mit Hilfe der Korrekturzeichen.
3. Führe die Worttrennung durch.

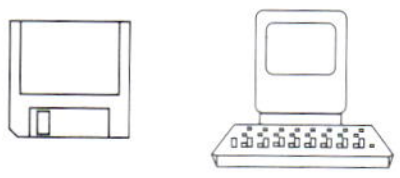

1. Lade die Datei „Therapeutisches Reiten“.
2. Führe die Autorenkorrektur von Seite 148 durch.
3. Gestalte den Text nach dieser Vorgabe.
4. Setze den Text in Garamond 14.
5. Führe die Worttrennung durch.

Therapeutisches Reiten

Reiten ist nicht bloß ein exklusiver Sport für Gesunde. Das Pferd verhilft behinderten Menschen zu erstaunlichen Erfolgen bei der Behandlung ihrer Leiden.

Das Pferd stärkt aber nicht nur den kranken Körper. Auch seelische Störungen lassen sich günstig beeinflussen. Der Umgang mit dem Tier stärkt Selbstbewusstsein und Vertrauen des Behinderten. Hemmungen und Ängste werden abgebaut. Aus der Freude an der Zutraulichkeit und dem Bewegungsgefühl der Tiere entsteht neue Lebensfreude, die hilft, mit der Last der Behinderung besser fertig zu werden.

Die Bewegungen des Tieres übertragen sich von seinem Rücken auf den Körper des Kranken. Sie fördern seinen Gleichgewichtssinn und kräftigen seine Muskulatur. Durch die unterschiedlichen Bewegungsabläufe des Pferdes, denen sich der Reiter anpassen muss, wird seine eigene Beweglichkeit verbessert. Gleichzeitig regt die mit dem Reiten verbundene Körperbelastung die Atemfunktion sowie die Herz- und Kreislauftätigkeit an.

Beim therapeutischen Reiten werden unter Anleitung eines erfahrenen Krankengymnasten verschiedene Übungen auf dem Pferd durchgeführt.

Bei der Hippotherapie, wie das therapeutische Reiten auch genannt wird, werden besonders geeignete und geschulte Pferde von Therapeuten geführt. Während das Pferd in Bewegung ist, muss der Patient eine spezielle Gymnastik ausführen.

1. Lade die Datei „Berittene Polizei“ oder gib den Text ein.
2. Ergänze die fehlenden Textteile und positioniere die Grafiken entsprechend der Vorlage.
3. Setze die Überschrift in WordArt, Schriftgröße 36 Punkt.
4. Halte dich bei der Gestaltung an die Vorlage.
5. Führe die Worttrennung durch.

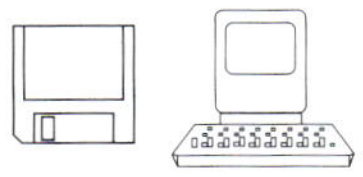

Berittene Polizei

In einigen größeren deutschen Städten gibt es noch berittene Polizei. Ihre Aufgabe beschränkt sich keineswegs darauf, bei Feierlichkeiten oder Umzügen einen repräsentativen Blickfang zu bilden.

Die Polizeipferde und ihre Reiter arbeiten wie alle anderen Polizeieinheiten nach einem festen Dienstplan zum Schutz der Bevölkerung.

Polizeipferde sind unverzichtbare Helfer.

Ihre Hauptaufgabe ist der Ordnungsdienst bei Großereignissen aller Art, z. B. auch bei Sportveranstaltungen und Kundgebungen.

In folgenden Städten kommen sie besonders zum Einsatz:

Stadt	Einsätze pro Dienstjahr
Bremen	81
Regensburg	3
Düsseldorf	42
Hamburg	97
München	34
Baden Baden	12
Berlin	128

Mit dem Pferd ist der Polizist bei großen Menschenmassen weitaus beweglicher als zu Fuß oder mit einem Dienstfahrzeug. Vom Pferderücken aus hat er zudem einen recht guten Überblick. Die mächtigen Tiere schaffen Respekt und symbolisieren ein Gefühl der Stärke. Auch zum Umweltschutz, wie bei der Überwachung von Fluren und Feldern oder zur Verkehrsregelung wird die berittene Polizei herangezogen. Polizeipferde erhalten eine sorgfältige Ausbildung. Sie müssen ein ausgeglichenes, ruhiges Temperament und einen gut verträglichen Charakter aufweisen. Durch entsprechendes Training werden sie an Lärm und ungewöhnliche Geräusche ebenso gewöhnt wie an extreme optische Einflüsse. Verkehrslärm macht ihnen genauso wenig aus wie fahnenschwingende, grölende Menschenmengen und Rauchbomben, laute Musik oder Schussgeräusche. Viele Polizeipferde sind in ihrer „Freizeit“ im Reitsport engagiert und starten mit guten Erfolgen als Dressur- oder Springpferde auf Reitturnieren.

Kleines ABC der Informationstechnologie

Absoluter Bezug

In der Tabellenkalkulation bezieht sich ein absoluter Bezug immer auf eine ganz bestimmte Zelle bzw. auf einen ganz bestimmten Zellenbereich, die bzw. der an einer festgelegten Position bleibt, z. B. $B4.

Bezug

Dieser Begriff bezeichnet eine Zelle oder einen Zellbereich in einem Tabellenblatt und teilt einem Tabellenkalkulationsprogramm mit, an welcher Position (Spalte/Zeile) sich die in einer Formel zu verwendenden Werte oder Daten befinden.

Browser (engl.: to browse = durchsuchen, durchstöbern, durchblättern)

Softwareprogramm, z. B. Netscape Communicator, MS-Explorer etc., zum Durchstöbern („Surfen") und zur gezielten Informationssuche im Internet. Ein Browser stellt die WWW-Informationen grafisch anschaulich dar und ermöglicht das Anwählen verschiedener Dienste.

Daten

Daten setzen sich im Allgemeinen aus Buchstaben, Ziffern oder Sonderzeichen zusammen. Sinnvoll zusammengesetzt ergeben sie Informationen zu einem bestimmten Gegenstand, zu einer Person oder auch zu einem Vorgang.

Datenbank

Anwendungsprogramm zum Erfassen, Sortieren und Verwalten gößerer Datenmengen, in dem die Daten nach einem festen Schema organisert sind.

Datenfeld

Ein Datensatz, wie z. B. eine Kundenanschrift, setzt sich aus mehreren Angaben (Name, Vorname, Straße …) zusammen, die man Datenfelder nennt. Ein Datenfeld enthält immer Informationen gleicher Art, z. B. Namen.

Datennetz

System von Übertragungswegen für den Datenverkehr zwischen räumlich getrennten Datenstationen und Datenverarbeitungsanlagen.

Datensatz

Eine Zusammenstellung von Informationen, z. B. Kundenanschrift, bezeichnet man in der EDV als Datensatz.

Download

Hierunter versteht man das Herunterladen von Daten und Programmen von einem fremden Rechner (Server) auf den eigenen PC. Die heruntergeladenen Dateien stehen dann auf der eigenen Festplatte zur Nutzung oder Weiterverarbeitung bereit.

Empfangsabruf (Polling)

Funktion von Telefaxgeräten, um bei anderen Telefaxgeräten oder von Fax-Datenbanken bereitgestellte Dokumente „abzuholen".

Faxspeicher

Das Faxgerät „merkt" sich eingehende Faxseiten und auch einige Vorlagen. Dieser Speicher ermöglicht einen späteren Ausdruck bzw. vereinfacht das Rundsenden.

Faxweiche

Diese ist beim Betrieb von Fax und Anrufbeantworter/Telefon an einem Anschluss erforderlich. Es gibt zwei Weichentypen. Aktive Weichen nehmen den Anruf entgegen und erkennen ein Fax am Faxton CNG. Passive Weichen treten erst in Aktion, wenn ein Anrufbeantworter oder Telefon die Verbindung übernommen hat. Erkennen sie dann den Faxton, wird der Anruf vom Fernkopierer übernommen.

Feldname

Der Name eines Datenfeldes wird als Feldname bezeichnet, z. B. Ort.

Feldinhalt

Der Inhalt eines Datenfeldes wird als Feldinhalt betitelt. Ein Feldinhalt kann in Form von Text, Zahl, Datum … vorliegen und auch mit Ton oder Bild verknüpft werden.

Feldtyp

Die einzelnen Ein- und Ausgabemöglichkeiten eines Feldinhalts bezeichnet man als Feldart, Feldtyp oder Felddatentyp, z. B. Text, Zahl, Datum …

Firewall

Im Deutschen bedeutet dies Brandschutzmauer. Wie eine Mauer umgibt diese Sicherheitsvorkehrung einen Rechner und schirmt unberechtigte Zugriffe von außen oder auch nach außen ab.

Gruppe-3-Fax

Faxgeräte werden in Gruppen eingeteilt, die bestimmte Anforderungen, wie z. B. Übertragungsgeschwindigkeit, Auflösungsfähigkeit usw. erfüllen. Eine Gruppe-3-Fax steht dabei für analoge, ein Gruppe-4-Fax für ISDN-Faxgeräte.

Homepage

Dieser Begriff meint eine Seite im Internet, auf der man „sich heimisch fühlt". Das kann ein beliebiges WWW-Dokument sein, welches der benutzte Browser einladen soll. Auch eine selbst erstellte Seite, auf der man sich den anderen Nutzern im Internet vorstellt, kann als Homepage verwendet werden.

HTML (**H**yper**T**ext **M**arkup **L**anguage)

Mit HTML wird eine Seitenbeschreibungssprache zur Präsentation von Informationen in Form von Seiten im WWW bezeichnet. Der größte Vorteil dieser „Sprache" liegt in den Möglichkeiten zu Querverbindungen, so genannten Links, zu anderen Seiten. Klickt man auf einen solchen Link, gelangt man automatisch zur verbundenen Seite.

Hyperlink (engl.: Verbindung), Kurzform: **Link**

Dieser Begriff bezeichnet die Kurzform von Hyperlink. In HTML-Dokumenten verweisen Links auf andere Textstellen, Medien und Dokumente und verknüpfen damit verschiedene HTML-Dokumente miteinander. Durch Anklicken einer als Link markierten Stelle gelangt man zu dem verbundenen Dokument bzw. zu einer verbundenen Textstelle.

Public Domain (dt.: öffentliches Gut)

Hier handelt es sich um Software, die von ihrem Autor freigegeben wurde. Solche Software darf nicht nur frei kopiert, sondern auch beliebig verändert werden.

Primärschlüssel

In einer Datenbanktabelle muss jeder Datensatz vom Datenbankprogramm eindeutig identifiziert werden können. Zu diesem Zweck wird ein Feld zum „Primärschlüssel" erklärt, dessen Inhalt diese Bedingung erfüllen kann, z. B. AutoWert

Relative Bezüge

Im Gegensatz zum absoluten Bezug weist ein relativer Bezug immer auf Zellen hin, die relativ zur Position der Ausgangszelle angegeben werden. Wird z. B. eine Tabellenzeile dazwischen eingefügt, bleibt der Bezug zur ursprünglichen Zielzelle trotzdem erhalten.

Rundsenden

Damit wird die komfortable Möglichkeit bei Telefaxgeräten bezeichnet, eine Nachricht an eine vorher gespeicherte Gruppe von Adressaten automatisch, also ohne erneute Anwahl, zu versenden.

Sendebericht

Nach der Sendung einer Faxnachricht können die protokollierten Faxdaten, wie z. B. Rufnummer, Zeit, Datum, Ort oder Fehlermeldung, in einer Zusammenstellung ausgedruckt werden.

Sendeerkennung

Bei Telefaxgeräten bezeichnet man hiermit die Datenzeile des Senders. In der Kopfzeile eines Dokuments werden dort z. B. Datum, Uhrzeit, Fax-/Telefonnummer des Senders etc. angegeben.

Speichersendung

Eine Speichersendung beschreibt eine Sendemethode bei Faxgeräten, bei der das Dokument umgehend in den Speicher eingelesen und von dort aus gesendet wird. Somit erhält man das Original unmittelbar nach dem Einlesen zurück und muss den Sendevorgang nicht abwarten.

Syntax

Für jede Formel, Funktion etc. ist in einem Programm eine bestimmte Struktur oder Reihenfolge von Zeichen (= Syntax) vorgeschrieben.

Tabellenkalkulation

Mit diesem Begriff wird in der EDV eine Software bezeichnet, die Tabellen, also eine Anordnung von Daten in Zeilen und Spalten, meist menügesteuert erstellt und/oder auswertet. So können z. B. bei der Eingabe eines neuen Wertes alle dazugehörenden Werte blitzschnell erneut berechnet, mehrere Tabellen zusammengefasst und Tabellen als Grafik (z. B. Balkendiagramm) dargestellt werden.

Telnet (**Tel**ephone-**Net**work)

Dieser Begriff bezeichnet eine Software, die das Einklinken in andere Rechner per Telefonleitung ermöglicht, um z. B. Datenbanken zu durchforsten.

Thermopapier

Manche Faxgeräte benötigen lichtempfindlich beschichtetes Papier für den Faxempfang.

Übertragungsrate

Die Anzahl von bit pro Sekunde, die im analogen Telefonnetz oder im ISDN vom PC oder Telefax aus übertragen wird. Im ISDN ist z. Z. ein Datenaustausch bis zu 64.000 bit/s möglich.

WENN-Funktion

Eine Wenn-Funktion besteht aus den Teilbereichen Wahrheitsprüfung, Dann-Wert und Sonst-Wert.

Zeitversetztes Senden

Fähigkeit von Faxgeräten, ein Dokument zu einem festgelegten späteren Zeitpunkt automatisch zu versenden.